湾区经济：
探索与实践

卢文彬 ／ 著

Bay Area Economy
Exploration and Practice

社会科学文献出版社
SOCIAL SCIENCES ACADEMIC PRESS (CHINA)

目　录

引　言

2017 年 7 月 1 日，习近平总书记在香港回归 20 周年庆祝大会上指出"支持香港在推进'一带一路'倡议、粤港澳大湾区建设、人民币国际化等重大战略中发挥优势和作用"，并见证了国家发改委、广东省政府、香港特区政府及澳门特区政府签署《深化粤港澳合作推进大湾区建设框架协议》。由此，粤港澳大湾区成为全国关注的热点话题，湾区经济等以往在政界、学界小范围讨论的名词逐渐被公众知晓。

2017 年 10 月 18 日，在中国共产党第十九次全国代表大会上，习近平总书记在报告中指出："香港、澳门发展同内地发展紧密相连。要支持香港、澳门融入国家发展大局，以粤港澳大湾区建设、粤港澳合作、泛珠三角区域合作等为重点，全面推进内地同香港、澳门互利合作，制定完善便利香港、澳门居民在内地发展的政策措施。"粤港澳大湾区作为国家重要的区域发展战略，得到了国家最高层的认可和支持。

深圳对湾区经济、粤港澳大湾区等问题开展了一些前瞻性研究，并较早地将其纳入了官方文件表述。2014 年 1 月 27 日，时任市长（现任河北省省长）许勤在深圳市五届人大六次会议上做政府工作报告时提出：

> 打造产业发达、功能强大、开放互动、区域协同的湾区经济，在更大范围、更高层次参与全球经济竞争合作，实现更高质量、更高层次发展，一是优化湾区经济发展布局，形成片区协调互动的湾区经济发展形态；二是增强湾区经济核心功能……三是提升湾区经济国际影

响力……四是推动湾区经济协同发展……

在中共深圳市委五届七次全体会议上，许勤对"湾区经济"做了详细阐述：

> 湾区经济是国际经济版图的突出亮点，是世界一流海滨城市的显著特征。我们提出发展湾区经济，就是要用全新的国际视野审视深圳经济社会发展的大方向、大目标、大市场，在新的国际化坐标系中统筹谋划深圳的定位和未来发展目标，在更大范围、更高层次参与全球竞争合作，推动深圳实现更高质量、更高能级的发展，努力与世界著名湾区经济城市比肩。第一，要善抓重大机遇，抓住全球产业技术变革的重大机遇，形成打造湾区经济的新优势；第二，要强化整体统筹，进一步加强全市规划布局统筹、产业发展布局统筹、海陆空和信息资源统筹，形成推动湾区经济发展的整体合力；第三，要加强区域协同，要突出抓好关键……

在深圳市政府五届十八次全体会议上，许勤再次对湾区经济做了阐述：

> 湾区经济具有开放的经济结构、高效的资源配置能力、强大的集聚外溢功能、发达的国际交往网络，是世界一流城市的显著特征。深圳提出湾区经济，就是要及早进行统筹规划布局，强化区域协同，以新的经济形态和新的纽带关系，促进经济全面提质增效升级。一是打造高质量的滨海产业集群，二是着力提高贸易、航运、金融等资源配置能力，三是更加主动参与全球竞争与合作，四是构建内联外通的国际交流网络……

2015年2月，许勤在《人民论坛》上发表《加快发展湾区经济，服务国家"一带一路"战略》的署名文章，指出：

从世界范围来看，随着全球化全面推进，经济要素加快向湾区集聚，逐步形成了以纽约、东京、旧金山为典型代表的世界级经济集群。深圳要在粤港澳大湾区框架下，努力建设创新能力卓越、产业层级高端、交通网络发达、基础设施完善、生态环境优美、辐射功能强大的一流湾区城市……

总体而言，以许勤市长为代表的深圳官方提出发展湾区经济，其初衷是为深圳寻找全球化发展的新坐标，以新的思维、新的视角谋划新的发展，通过优化城市产业和空间布局，推动区域协调互动，为城市国际化注入新的发展动力。许勤市长对湾区经济的表述，已成为国内湾区经济的经典表述，对纽约、东京、旧金山等各大湾区的划分等，被各种学术论文引用转载，尤其是湾区经济"具有开放的经济结构"等特征的描述，基本上成了标准解释（也被百度百科采用）。目前国内学界对湾区经济的研究深度、广度基本上尚未有实质性超越。

在时任市长许勤的推动下，深圳市发改委、深圳市政府研究中心等单位就湾区经济诸多问题做了进一步的深化研究。对湾区经济内涵、范围的进一步研究发现，如果就深圳单一城市推动湾区经济发展，很难得到中央和省里的支持，也不利于推动深圳成为全球一流的湾区城市。研究认为，在经济全球化迅猛发展的新形势下，区域竞争正在出现新的格局，具有国际影响力的旧金山、东京、纽约湾区在全球经济竞争中呈现突出的竞争优势，在全球发展中发挥着强大的引领作用。如将珠江三角洲九市与香港、澳门看作一个整体，所形成的珠江口湾区（即粤港澳大湾区），在GDP、进出口、集装箱吞吐量、机场客货运量合计等方面，与旧金山、东京、纽约湾区相差不大，虽然在全球经济发展控制能力等方面还有差距，但通过整合提升，珠江口（即粤港澳）湾区完全可以成为比肩纽约、东京、旧金山湾区的世界一流湾区。而珠江口湾区改革开放以来一直是国内发展的重要增长极，但在国家新一轮区域发展战略板块中，北有京津冀、中有长三角，南边这一板块尚不明晰，恰恰是这一板块不但继续承担国内重要增长极的重任，更在国家南海战略、促进港澳长期繁荣稳定中作用无可替代。

　　基于以上认识，深圳市发改委牵头撰写了打造粤港澳世界一流湾区、服务新时期国家战略的相关研究报告，呈报给国家发改委及广东省委省政府。研究报告指出，旧金山、纽约、东京等世界一流湾区已成为世界经济发展的重要引擎，粤港澳大湾区完全可以打造成为世界一流湾区，成为代表中国参与国际竞争的"第一方队"。国家发改委和广东省在深圳研究报告基础上继续做了深化研究，之后在国家"一带一路"倡议与行动、"十三五"规划纲要、泛珠三角区域合作意见中对"打造粤港澳大湾区"做了表述，粤港澳大湾区由此逐步上升为国家区域发展的重大战略。2017 年 3 月 5 日，李克强总理在全国"两会"上的政府工作报告中明确提出"要推动内地与港澳合作，研究制定粤港澳大湾区城市群发展规划"。2017 年 7 月 1 日，国家发改委与广东、香港、澳门签署的框架协议，明确"将粤港澳大湾区建设成为更具活力的经济区、宜居宜业宜游的优质生活圈和内地与港澳深度合作的示范区，携手打造国际一流湾区和世界级城市群"，标志着各方对粤港澳大湾区规划建设问题达成了基本共识。

　　深圳在湾区经济发展上一直在探索前进。2014 年 12 月，深圳市委、市政府召开了发展湾区经济的专题工作会议，颁布了深圳市发改委起草的《中共深圳市委深圳市人民政府关于大力发展湾区经济建设 21 世纪海上丝绸之路桥头堡的若干意见》（深发〔2014〕16 号）。《意见》指出："统筹陆海资源，扩大开放合作，强化创新驱动，提升核心功能，以高质量的湾区经济推动海上丝绸之路桥头堡建设，以多层次的区域合作筑牢海上丝绸之路发展基础。"该文件将湾区经济与国家"一带一路"倡议紧密结合，是地方上第一批推进"一带一路"倡议的指导性文件。文件提出的"打造湾区合作交流新优势，全面增强海上丝绸之路桥头堡开放引领功能；打造湾区创新驱动新引擎，全面增强海上丝绸之路桥头堡创新辐射功能；打造湾区高端产业新形态，全面增强海上丝绸之路桥头堡要素集聚功能；打造湾区多港联动新格局，全面增强海上丝绸之路桥头堡互联互通功能；打造湾区城市环境新格局，全面增强海上丝绸之路桥头堡基础支撑功能"，成为深圳近年来湾区经济工作和参与国家"一带一路"倡议的重要工作指引。

　　该文件也对粤港澳大湾区做了专节表述："积极推动粤港澳世界一流湾区建设，参与推进粤港澳大湾区的开放合作，促进湾区内交通全面对接和发展要素高效便捷流动，提升国际竞争整体合力，共同打造亚太地区最具活力的世界级城市群……共同增强湾区经济核心功能，共同促进发展创新、增长联动、利益融合，积极参与亚太地区全球价值链发展与合作，成为推动 21 世纪海上丝绸之路建设、带动区域发展的重要增长极。"这应是国内公开版本政府文件中关于"粤港澳大湾区"的首次表述。

　　毋庸讳言，在湾区经济问题上，政界、学界尚有一些争论。主要是因为湾区经济在学理上和发展逻辑上还缺乏权威的理论解释。湾区经济是区域经济发展的一种形态结果呈现，还是推动区域经济发展的动力要素？湾区经济与都市圈经济、临海经济究竟有何异同？这些问题均须做进一步的探讨。从国际上看，明确以湾区名义成立相关机构，并开展相关活动的仅有旧金山湾区等少数湾区（其在 1945 年起就成立了湾区委员会，开展了诸多协调事务）。而粤港澳大湾区作为在地理名称上并不存在的湾区（旧金山湾、东京湾乃至国内的杭州湾、北部湾等都有地理专用词），大众对其范围、口径等方面均有不同的理解和认识。

　　目前国内外对湾区经济的研究仍处于起步阶段，对其做系统的梳理和深化研究仍有较强的现实意义。本书试图对湾区经济现行研究结果做系统梳理，结合粤港澳大湾的规划建设对湾区经济的内涵、特征、机制等做进一步的解读，努力探寻湾区经济的发展规律。本书共分为三大部分，第一部分为湾区经济概念、内涵、形成机理、形态表现、指标评价等方面的研究；第二部分为旧金山、东京、纽约三大湾区及粤港澳、杭州国内两大湾区的专题研究；第三部分为深圳建设世界一流湾区城市的探索和研究。囿于文献和现行研究成果的缺乏，本书对湾区经济的探讨仍较粗浅，希望能够真正起到抛砖引玉的作用。

第 一 章

湾区及湾区经济概念和内涵

湾区是围绕同一海域连绵分布，由众多海港、港湾和城镇组成的具有较强功能协作关系的城市化区域。湾区经济则是由拥有较发达港口群、产业群和城市群的湾区所衍生出一种经济形态，是港口经济、滨海经济、都市圈经济与湾区地理形态聚合裂变而成的一种特有经济格局。

第一节　湾区概念

湾区是区域的一种表现形态，它不单是自然地理的概念，更多是经济地理上的概念，并具有区域经济学上的特定内涵。

一　区域与湾区

所谓区域，是指根据一定目的和原则而划定的地球表面的一定范围的空间，因自然、经济、社会等方面的内聚力而历史奠定，并具有相对完整的结构，能够独立发挥功能的有机整体。区域的内聚力、结构、功能、规模和边界是构成一个区域的基本要素，区域可划分为均质区（如民族自治地区等）、结节区（如都市经济区等）、规划区（如京津冀一体化发展区），等等。[①]

湾区则是区域划分的一种类型。湾区（bay area）一词，百度百科的解释是"从地理学角度，湾区泛指一个海湾或相连的若干个海港、港湾、邻近岛共同组成的区域"。《不列颠百科全书》对"bay"（海湾）的解释为"由于海洋（或湖泊）移动而形成的海岸凸入（concavity）或海洋再入（reentrant）处"，小海湾为 bay，大海湾为 gulf。《联合国海洋法公约（1982 年）》第十条规定："海湾是明显水曲，其凹入程度和曲口宽度的比例，使其有被陆地环抱的水域，而不仅为海岸的弯曲。如果海湾天然入口两端的低潮标之间的距离超过 24 海里，24 海里的直线基线应划在海湾内，

---

① 魏后凯：《现代区域经济学》，经济管理出版社，2011。

以划入该长度的线所可能划入的最大水域。"

由此可以认为，湾区就是指海岸带向陆地内向凹进，由海湾岸线、港口、港湾、湾区平原、岛屿等要素组成的滨海区域。根据中国海湾志的定义，湾区面积必须大于以湾口为直径的半圆，而湾口宽度一般不超过24海里。单从自然地理形态上看，湾区大致分为全敞开湾区、半敞开湾区、链型湾区和峡湾湾区。

世界湾区主要分布于北美、欧洲和亚洲沿海，面积较大的有240多个，其中孟加拉湾、墨西哥湾、几内亚湾、阿拉斯加湾、哈德逊湾面积均超过100万平方千米，这些海湾实质上已是海洋的概念，已超出单一国家范畴。而中小尺度的湾区，海面面积一般不超过1000平方千米（小尺度湾区甚至在10平方千米以下），通常由一个城市或若干相邻城市的部分空间组成，相对较大尺度的湾区则通常由多个城市相邻组成。通常较大尺度的湾区涵盖许多较小尺度的海湾区域，如珠江口湾区（即粤港澳大湾区）则包含了深圳湾、大亚湾、斗门湾、维多利亚湾等若干个小尺度的海湾地区。

二 经济地理视角下的湾区

从经济地理角度，湾区是依据海湾、港口等特定自然条件进行生产活动的海滨区域，主要指中等尺度的湾区，大致可分为以下形态。

（一）喇叭形湾区

没有大型天然屏障，与内河相连，外宽内窄，易于航船靠岸便利停泊及腹地对外经济联系（如珠江口湾区、杭州湾区等），也可认为是全敞开式的湾区。

（二）口袋形湾区

海岸呈环抱布局，形成面积较大的海湾，内部海湾与外部海洋相对隔离，湾区口直径较窄，以海峡连接外海。由于被海岸环抱，受极端海洋天气影响较小，水面平稳，码头可沿口袋形海岸布置，面积开阔，易形成天然良港（如东京湾区、旧金山湾区、波斯湾区等），也可认为是半敞开式的湾区。

（三）条带形湾区

依托内河或峡湾，码头沿内河或峡湾布局，直接带动沿岸产业发展，与各城市中心区域相联系形成联动产业轴带。形成较有利于港口发展的地理形态，湾区内可根据不同地形特征布局不同产业要求的港口（如曼哈顿湾区、悉尼湾区等）。

（四）蟹肚形湾区

湾口直径较大，海水水面凸入内陆较深，与外海联为一体，湾区两端距离较远，受外部海洋气候影响较大，港口间的互动联系相对较弱（如北部湾区、渤海湾区等）。

一般认为，与直线形或外突的弧形滨海地区相比，中小尺度的湾区三面环陆，拥有得天独厚的水文和良好的气候条件，可有效抵御来自海洋的自然灾害，具备比一般沿海地区更优越的生态和区位，如避风、防冻、水深等特点，适合建设大大小小的港口，比一般沿海地区更有利于贸易市场、大规模制造业集聚。由于湾区海岸线长、腹地广，易在面积相对小的空间孕育多个港口城市，而湾区通道的建设又能使湾区诸城市之间的通勤距离缩到最短，从而使整个湾区的经济联系更为紧密。因此，综合各方面观点，湾区可被视作围绕同一海域连绵分布，由众多海港、港湾和城镇组成的具有较强功能协作关系的城市化区域。

三 区域经济视角下的湾区

李红认为，以海港、城市或者区位命名的湾区，不仅是海洋和陆地经济的结合区域，也是陆地上相邻国家或地区之间市场与产业的接合部、集聚带。[①]

颜小将认为，湾区天然对区域发展具有裂变扩张的乘数效应。首先，湾区是具有特殊地理性质的陆海系统复合区，集聚了丰富的江、海、陆资源，为陆海经济系统裂变提供了雄厚基础，湾区尤其是河口湾区在海洋、河流、陆地等多种应力的作用下，为人类提供了丰富的岸线、港口、滩

---

① 李红：《北部湾城市群：次湾区合作发展的探索》，《区域经济评论》2017年第5期。

涂、渔业、矿产、湿地等资源以及各种旅游景观资源，这些资源在湾区可以相互补充，从而得以优化配置。其次，湾区是依陆向海的开放空间，大进大出的陆海物流为产业和企业配置全球资源裂变提供了广阔市场，湾区成为城市集聚区、人口集聚地。最后，湾区是"山海水域"的集中展现区，高端要素"向湾集聚"的空间结构有利于经济效率的提升，为创新发展提供了更多市场机会。①

需要指出的是，有海湾的地方并不一定能直接被称为湾区，湾区具有区域经济学上的特定内涵，它因中小尺度的海湾内部紧密经济联系和密集经济活动而产生了城市网络，形成了共同生产、生活和国际交往的区域经济体。湾区"内环＋共享水体"的地理特征，较易形成优越的区位条件，有利于生产要素的集聚。湾区依托共享水体在较小空间形成较狭长的弧形海岸线，使得湾区周边的城市较易产生大于一般城市的向心力，有利于降低通勤交通、产业分工以及城市功能布局的交易成本，从而推动区域的一体化发展。

---

① 颜小将：《不断强化裂变动力　加快发展湾区经济》，《政策瞭望》2017 年第 8 期。

第二节　湾区经济概念

迄今为止，湾区经济并没有公认的权威的定义，湾区经济的内涵构成、形成机理也没有统一的理论解释。地理空间上的湾区是湾区经济的实现载体，并非湾区就一定存在所谓的"湾区经济"。对湾区经济的概念，学界各有不同角度的表述。

一　湾区经济概念研究综述

李红认为，湾区具有资源与产业集聚潜力，是一个跨境的经济区域或发展系统。在离心力和向心力相互作用下，湾区经济围绕一个虚拟的中心以及现实的离岸城市（或增长极），在集聚的同时，也在不断分化。多核分化竞争（离心力）与跨境集聚整合（向心力），是湾区经济较为特殊的特征。[1]

查振祥认为，湾区经济不仅仅是有限的湾区内的经济活动，而是借助于湾区的龙头作用，与周边经济腹地互动，与海外经济、文化要素互动而形成的经济发展模式。[2]

中国（深圳）综合开发研究院认为，湾区由于其独特的地理区位条件，而具有较强资源和产业集聚能力，由此衍生的经济效应，就可视为湾区经济。湾区经济概念起源于湾区，同时又超越了湾区的空间

---

[1]　李红：《跨湾区开发的理论探索：以中越北部湾及粤港澳湾区为例》，《东南亚研究》2009年第5期。

[2]　查振祥：《关于深圳发展湾区经济路径的建议》（内部资料），2014。

概念。①

王宏彬认为，湾区所孕育的诸港口城市发展到一定程度，依托现代化交通工具、完善的交通体系以及发达的信息网络，基于自然、经济、社会、文化等方面的紧密联系，构成一个多核的都市圈，由此而产生的一体化经济即湾区经济。湾区经济是港口城市都市圈与湾区独特地理形态相结合、聚变而成的一种独特经济形态，也是港口经济、集聚经济和网络经济高度融合而成的一种独特经济形态。②

吴思康认为，湾区经济是依托世界级港口（群）发挥地理和生态优势，背靠广阔腹地，沿海湾开放创新、集聚发展，具有世界影响的区域经济。③

谭刚、申勇认为，湾区经济具有"拥海抱湾连群"的复合特性，是依托共享湾区形成的港口密集、产业集聚、城市群集的开放型区域经济的总称。④

潘毅刚认为，湾区可拆为"湾"和"区"两部分，"湾"是自然形态的海湾及沿海的区域，"区"就是利用湾区有利条件形成的大都市或大城市群所能辐射影响的广大腹地。湾区经济本质上是借助海湾地区有利资源条件，推进人口城市化、经济一体化的过程。潘毅刚将发达湾区经济划分为三个类型，一是以旅游经济为核心的自然生态型湾区，如悉尼的双水湾、新西兰的霍克湾，这一类湾区对自然资源依赖度较高，经济辐射的空间相对较小；二是以港口贸易、金融等国际性功能中心为重要的经济型湾区，以东京湾、纽约湾为代表，经济辐射尺度较大；三是以知识型经济为核心的强调科技创新的创新型湾区，以旧金山湾区为代表，对港口依赖度相对较低，对生态和科技资源的依赖度较高。⑤

颜小将认为，湾区在优良岸线、港口、腹地、滩涂、大江大海等自然禀赋的综合作用下，对区域发展具有裂变扩张的乘数效应，这种衍生的经

① 综合开发研究院（中国·深圳）：《发展湾区经济推动海上丝绸之路建设研究报告》（内部资料），2014。
② 王宏彬：《湾区经济与中国实践》，《中国经济报告》2014年第11期。
③ 吴思康：《深圳发展湾区经济的几点思考》，《人民论坛》2015年2月。
④ 谭刚、申勇：《粤港澳大湾区：打造世界湾区经济新高地》（内部资料），2017年3月。
⑤ 潘毅刚：《大湾区战略的本质、规律和浙江的应对》，《浙江经济》2017年第20期。

济就是湾区经济。[①]

从上面引文可以看出，湾区经济概念定义基本上是由国内学者或官员做出的，这既反映出湾区经济概念尚未进入国际主流学界的视野，同时也反映出国内学者勇于创新探索的精神。

各位学者虽对湾区经济概念的理解不尽相同，但均包含了港口、集聚、裂变、开放等要素。综合各方观点，本书认为，湾区经济是由拥有较发达港口群、产业群和城市群的区域所衍生的一种经济形态，是港口经济、滨海经济、都市圈经济与湾区地理形态聚合裂变而成的一种特有经济格局。湾区经济因海港而兴，在与城市群及都市圈结合形成中不断释放强大的发展能量，从而呈现显著的"产业发达、功能强大、集聚外溢"的特征，并进一步带动湾区在所处地区、国家乃至全球资源配置能力的强化，反过来又推动湾区形成更为强大的竞争力、影响力和辐射带动能力。

二　湾区经济形成和发展条件

申勇认为，湾区经济最早发源于英国的工业革命时期，是国际贸易产生和扩大的产物。目前全世界大约有58个湾区经济体，大致分布在以发达国家为主的36个国家，美国、英国、日本、澳大利亚等发达国家具有优越的湾区经济资源，湾区经济比较发达。世界湾区成千上万，仅中国5平方千米以上的湾区就有200多个，但为什么有些能形成湾区经济，有些则不能？申勇认为，湾区经济形成的基础条件，首先，必须是共享湾区，须围绕一个湾区展开且是水文气候条件优良的湾区，具有建设多个深水港口的条件；其次，必须是对外开放，拥有再好的湾区资源但闭关自守也难以形成湾区经济；最后，必须是区域合作，包括区域内港口、产业、交通等方面的外部合作，以及与周边腹地的合作。

促进湾区经济形成的主要原理是"拥海、抱湾、合群和通陆"，"拥海"引领国家的对外开放，湾区能够在较小空间形成港口群，成为陆海联系的重要分岔口，国际一流湾区发挥了这种"分岔口"优势，形成连接国

---

① 颜小将：《不断强化裂变动力　加快发展湾区经济》，《政策瞭望》2017年第8期。

内外市场的重要枢纽和参与国际分工的桥头堡。"抱湾"推动各种要素的高度集聚，湾区海陆共生的生态系统提供了最适合人类居住的环境，吸收了大量高端人才云集，形成包容性很强的移民文化。"合群"创造"港口群＋产业群＋城市群"的叠加效应，形成远大于一般城市群的向心力，推动城市和产业深度融合。"通陆"拓展海陆联动的广大腹地，不仅要形成自己的发展领地，更要重视腹地的拓展。①

现代区域经济学研究表明，一区域的经济发展到一定阶段之后，其发展不再单纯取决于自身的资源条件，更取决于其在更大区域范围乃至全球的资源配置能力。湾区经济在其产生、发育和演化的过程中，不断经历产业内容、城市形态及区域文化的更新，在这一进程中，政府及其授权的机构在实施区域规划、推进基础设施建设、构建共同市场等方面发挥了重要作用，湾区经济在一定程度上就是强烈目标导向下的结果。正如申勇所言，湾区经济的形成与发展需要相适合的条件。

（一）不是所有的湾区都能孕育出前述的湾区经济

对于诸如孟加拉湾、几内亚湾等超大型的海湾，因为湾区面积过大，湾区直径过长，通常所谓湾区发展的交通便利条件几乎荡然无存。这些超大型海湾衍生的经济形态基本没有或处于渔业等初级阶段，在世界经济版图中更是无足轻重。又如波斯湾，海湾两边荒漠戈壁，虽拥有巨量石油资源，其港口皆为石油输出港口，但并未孕育出诸多港口城市群甚至基本的城市化区域，远未呈现前述的湾区经济形态。这些超大型湾区（即 gulf area）往往分处不同的主权国家，地缘政治军事的战略作用远远强于经济的战略作用，无法形成湾区经济最基本要求的区域分工协同。而对于位于一两个城市间或城市内部的小型湾区（如悉尼湾、胶州湾等），因其尺度过小虽能孕育出一定的深水大港，但对区域发展的集聚辐射带动作用主要局限在单个或少数几个城市空间内。

由此而言，能衍生出具有较强经济形态的湾区，其基本共同点一般

---

① 申勇：《湾区经济的形成机理与粤港澳大湾区定位探索》，《特区实践与理论》2017 年第 5 期。

有：（1）尺度适中，湾区水域面积一般不会大于 1000 平方千米，湾区主要湾口的口径一般不超过 24 海里，即 bay area 的区域，而不是 gulf area 的区域；①（2）气候适宜，一般处于亚热带或温带地区，因海港而集聚一定的人口规模，并形成多个港口城市；（3）同处于一个主权国家且背后国家（地区）有着强大的经济实力和影响力，这一点十分重要。

（二）具备基本区位、地理条件和国家实力的湾区也未必能衍生出前述的湾区经济

世界上符合尺度适中、气候适宜、国家经济实力较强条件的湾区，如悉尼湾、霍克湾、里约湾、芬兰湾等，有十个以上，但这些湾区所孕育的湾区经济并未达到公认的国际一流湾区经济的高度标准。

究其原因，可能在于：（1）这些湾区工业化发展不足，工业化关键阶段未能产生大量的工业产品集聚，从而未能孕育多个大能级的港口群及其城市群；（2）这些湾区人口规模及产业集聚规模较为有限，对周边地区辐射带动能力受到较大制约；（3）在湾区城市发展的演进中，没有及时形成由要素推动转向创新推动的发展模式，有的甚至还停留在旅游休闲观光等层面，宜人自然环境并未与金融、创新等要素发生良好"化学"反应。这在后文的湾区经济形成机制等章节中将做进一步的分析。

（三）发端于港口经济、具有临海区位优势的湾区未必都能衍生出前述的湾区经济

湾区经济初期最基本的动力来自海港的运输中转功能，其主要形态便是港口贸易，以农产品和初级工业品为主的港口贸易带动了整个区域的发展，推动了湾区工业化进程。石油、钢铁、机械制造等工业生产企业为降低成本和接近消费市场，在湾区蓬勃兴起，通过乘数效应强化经济增长极作用，不断推动区域的产业转移、转型和升级，这在欧洲、北美、日韩工业化进程中得到较好的验证。

但上述地区的大多数湾区，如西欧的利物浦、鹿特丹、汉堡，北欧的斯德哥尔摩及奥斯陆，北美的新奥尔良等，也并未达到世界公认的国际一

① 中国海湾志编纂委员会编著《中国海湾志》，海洋出版社，1999。

流湾区经济的高度，究其原因，可能在于：（1）上述湾区在经历初期工业化的迅猛发展后，其积累的实物资本和人力资本并未能推动工业持续转型升级，在新一代的港口经济竞争中未能占据更多优势，相反甚至有所衰退；（2）上述湾区在港口贸易发展的同时，金融业等现代服务业没能同步发展，从而未能及时带动湾区经济重心向金融、咨询、服务、贸易等生产服务和商业服务转型；（3）新一轮技术革命后，新产品、新业态、新生产方式和新企业组织形式不断地推动湾区经济开放转型，创新在湾区经济中发挥的作用日趋重要，上述湾区未能实现工业经济向创新经济的及时转型，也未能有效促进上述发展要素的集聚和发展（在后面的章节中关于湾区经济发展阶段的论述中将做进一步论述）。

综上，我们认为，湾区经济形成和发展条件至少包括但不限于以下方面：（1）中等尺度、处于同一主权国家、气候适宜的湾区（bay area）是湾区经济发展的先决基础；（2）强大的国家或地区经济实力、庞大的人口及产业集聚规模、强大能级的港口群，在湾区经济发展中扮演了至关重要的角色；（3）随港口经济、工业经济发展而兴起的金融等服务经济乃至创新经济，决定了湾区经济发展所能达到的层次和能级。

第三节　湾区经济与其他区域经济形态

作为一种区域经济形态，湾区经济与城市群经济、都市圈经济、河口三角洲经济等在概念、内涵上有一定的重合，但也有一定的差异。

一　湾区经济与都市圈经济及城市群经济

（一）都市圈及都市圈经济

都市圈是指依托都市区辐射周边地区而形成的圈状区域，所产生的经济效应即为都市圈经济。都市圈一般呈现圈层式结构，中心城市的人口规模及经济集中度、跨行政边界的城市功能、与外围城市的联系强度等，决定了都市圈的层次和量级。从区域经济角度看，都市圈是城市化的主体形态，是企业为降低交易费用、提高交易效率和获取分工产生的报酬递增的一种空间表现形式，是城市的极化效应和扩散效应导致产业和人口在空间聚集与扩散运动的结果。

随着工业化和城市化的推进，具有优越区位条件的城市迅速发展成为地区经济发展的增长极，集聚经济效应开始产生，表现为中心城市不断吸引周边中等城市的资源（资本、劳动力等），而中心城市的经济集聚要求更大的城市空间来与之相适应，原有的空间容量达到极限时，中心城市的资源会向周边城市扩张，产生扩散效应。随着中心城市的集聚和扩散作用的不断强化，中心城市的规模得以扩大，相邻城市受其辐射带动而充分发展，都市圈开始出现。都市圈的核心要素包括中心城市人口的规模、外围地区到中心城市的通勤率等，都市圈半径依中心城市经济势能量级而定，世界几大都市圈的长轴半径基本上稳定在 50 千米左右。

都市圈是一种较高程度集聚、较高能级的经济空间形态，通过规模效益、聚集效应、整体优化效应拉动经济增长，同时通过关联效应、辐射效应、网络结构效应等拉动外围地区的经济发展，更好地实现规模经济的分工和协作。依托都市区域辐射周边而形成的都市圈，空间范围既可在城市行政辖区内覆盖远郊区县镇，也可突破城市行政辖区范围覆盖到其他区县市。都市圈通常以一日或半日通勤时间为衡量单位，中心城市人口规模、经济集中度、外围城市与中心城市联系强度等，是其重要的衡量指标。[①]发展都市圈经济，可以强化一个地区的社会分工和规模经济发展，发挥中心城市的高经济势能，从而带动更大区域的全面发展。

都市圈空间层结构发展状况如表 1-1 所示。

表 1-1　都市圈空间层结构发展

距离城市中心距离（km）	区域发展模式	交通圈
0~15	中央活动区、中央商务区等都市核心区	—
15~30	科技创新、交通枢纽等都市圈副中心	中心城市交通圈
30~50	产业新城、旅游开发区	中心城市域外围区
50~70	产业新城、旅游开发区、综合型城镇	通勤交通圈
70+	综合型城镇、母城科技园、产业区飞地	区域辐射交通圈

资料来源：范钟铭：《粤港澳大湾区超越珠三角"排位赛"》，微信公众号"城 Plus"2017 年 4 月 12 日。

（二）城市群及城市群经济

大、中、小城市错落有致地在空间单元上分布与集聚，所产生的经济效应即为城市群经济。城市群经济是基于社会分化分工、市场深度扩张、要素高度空间集聚而演化出的区域经济形态。城市群是若干都市区或都市圈空间相连或毗邻形成的城市群落，强调各城市主城区的发展及相互之间的关联，可不受行政区划的严格约束。

城市群一般拥有一个或若干个都市区或都市圈，在空间范围上大于都市

---

① 高国力：《引导我国城市群健康发展》，《宏观经济管理》2016 年第 9 期。

区或都市圈。城市群作为一种空间形态，同样存在一定的辐射半径，如果范围过大则会出现不经济问题。城市群面积的大小取决于拥有可利用国土的资源禀赋状况，更取决于城市群的发育发达程度。城市群本质上是生产要素超越单一城市空间单元在更大范围的集聚，在带来"1+1＞2"空间正外部性情况下，可以部分消除一些城市内部集聚不经济所带来的负外部性。

城市群不同发育阶段的空间形态如图1-1所示。

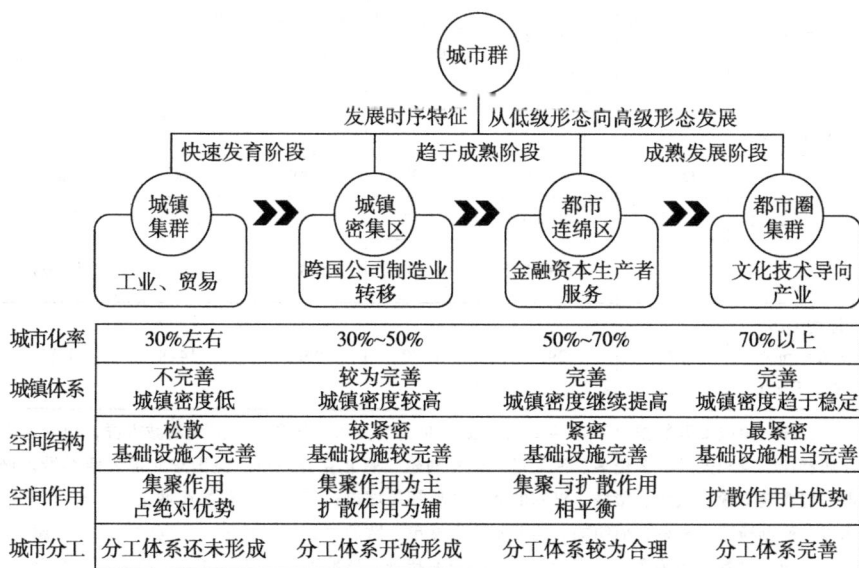

图1-1　城市群不同发育阶段的空间形态

资料来源：范钟铭：《粤港澳大湾区超越珠三角"排位赛"》，微信公众号"城Plus"，2017年4月12日。

从国内外城市群发展来看，城市群以区域人口、总经济规模、总土地面积、人口密度及城镇密度作为衡量单元，以基础设施为支撑，构建了由高速公路、高速铁路、港口运输与航空网络有机连接的综合立体运输体系，城市相互交织、相互协作，居住、产业、服务等各类功能超越单个城市重新组合，从而实现城市群体的有机融合和一体化发展。

从都市圈与城市群的发展相互关系上看，都市圈和城市群内部经济联系十分密切，至少需要一个中心城市，经历了先集聚要素后辐射带动的发展阶段。都市圈决定了城市群的发展，都市圈分工协作的程度高于城市群。在一个都市圈或数个都市圈推动下，城市群成为一国或区域内经济社会最发达的城市化区域空间，通过发达的现代化交通和通信设施将密集的人流、物流、信息流连接起来，形成一个不受行政边界限制的城市绵延区。

世界主要城市群基本情况对比如表1-2所示。

表1-2　世界主要城市群基本情况比较

城市群	中国长三角城市群	美国东北部大西洋沿岸城市群	北美五大湖城市群	日本太平洋沿岸城市群	欧洲西北部城市群	英国伦敦利物浦城市群
面积（万平方千米）	21.2	13.8	24.5	3.5	14.5	4.5
人口（万人）	15033	6500	5000	7000	4600	3650
GDP（亿美元）	20652	40320	33600	33820	21000	20186
人均GDP（美元/人）	13737	62030	67200	48315	45652	55305
地均GDP（万美元/平方千米）	974	2920	1370	9662	1448	4485

注：长三角城市群数据为2014年统计数据。北美（美国、加拿大）五大湖城市群，包含芝加哥、底特律、克利夫兰、多伦多、渥太华、蒙特利尔、魁北克等城市；美国东北部大西洋沿岸城市群，包含波士顿、纽约、费城、巴尔的摩、华盛顿等城市；英国伦敦利物浦城市群，包含伦敦、利物浦、曼彻斯特、利兹、伯明翰、谢菲尔德等城市；欧洲西北部（法国、比利时、荷兰、德国）城市群，包含巴黎、布鲁塞尔、安特卫普、阿姆斯特丹、鹿特丹、海牙、埃森、科隆、多特蒙德、波恩、法兰克福、斯图加特等城市；日本太平洋沿岸城市群，包含东京、横滨、静冈、名古屋、京都、大孤、神户等城市。

资料来源：PRDS珠三角研究网络：《珠三角与世界级城市群比较研究》2017年4月。

（三）湾区经济与城市群经济及都市圈经济

从某种程度上看，湾区经济与都市圈经济、城市群经济存有较大的重合性。不同之处主要在于以下方面。

第一，湾区经济的基础是港口经济，拥有海运独特优势，沿湾区分布的临海经济形态较易集聚更多城市开放和发展合力，港口群在其形成中发挥着不可替代的作用，并能产生"港口群＋产业群＋城市群"的叠加效应。而都市圈经济和城市群经济则不一定是港口经济或临海经济。

第二，湾区经济一般是多个优势互补的港口城市及临海城市组成的网络状城市群经济，是一个或多个都市圈经济空间圈层扩展效应的叠加。湾区内城市间经济紧密联系相对更高，与空间范围较大的城市群相比，城市间时空距离及经济距离更近，集聚和辐射效应更为显著。

第三，都市圈经济和城市群经济侧重于城市化区域空间形态伴随产业形态的演进，而湾区经济则侧重于区域经济要素变化推动区域资源的整体优化配置和整合。湾区内城市间的界限更为模糊，更强调城市之间的分工协同和融合发展，如基础设施互通、公共服务均等、消费水平相等，等等。

二　湾区经济与河口三角洲经济及海洋经济

（一）湾区经济与河口三角洲经济异同

河口三角洲经济源于河口冲积平原形成的经济形态，河口三角洲地区地势平坦、广阔，水网柔缓密布，土层深厚肥沃，较为适合农业发展。河口三角洲经济是在农耕时代便已发展起来的经济形态，而湾区经济则是依托于海港经济和工业经济形成的经济形态。双方的起点和作用点并不完全一致，主要体现在以下方面。

第一，湾区并非完全依托于河口冲积平原，不一定适合农业经济发展，但必须拥有优良海港，依托海港发展临港工业经济，以此为基础，不断升级而产生金融等服务经济业态。

第二，河口三角洲因通过江河与内陆地区建立更紧密的经济联系，经济腹地相对广阔，而湾区不一定是江河入海口，直接腹地也不一定如河口三角洲广阔，但凭借其天然良港形成的强大对外贸易能力，其"腹地"更强调面向国外市场乃至全球市场。

第三，河口三角洲不一定拥有优良深水海港（如黄河三角洲、尼罗河三角洲等），因与内陆经济的紧密联系而从某种角度看更侧重于对内辐射，含有带动三角洲陆域或流域发展的特定意味。湾区经济依托海港群和港口城市群，更多强调对外连接，作为大陆连通海外的"桥头堡"的意味更浓。

（二）湾区经济与海洋经济

根据百度百科，海洋经济包括开发海洋资源和依赖海洋空间而进行的生产活动，以及直接或间接为开发海洋资源空间的相关服务性产业活动，这些产业活动的经济集合即海洋经济，主要包括海洋渔业、海洋交通运输业、海洋船舶工业、海盐业、海洋油气业、滨海旅游业、海洋服务业等。

由海洋经济定义及范畴可以看出，湾区经济与海洋经济有着极大的不同：（1）湾区经济与海洋经济虽都由港口经济派生而出，但湾区经济侧重于依托港口而兴起的都市圈或城市群经济，强调的是发展要素的集聚外溢；（2）海洋经济则侧重对海洋资源开发利用的经济活动，在产业形态上仅在港口经济、海洋服务业、滨海旅游业等少数领域与湾区经济有所叠合。

三　综述

综合以上分析可以看出，湾区经济与河口三角洲经济、海洋经济有着较大的差别，但与都市圈经济、城市群经济则存有较大的重合，是从不同维度对区域经济聚集形态的表述。

湾区与其他区域经济的关系可用图1-2表示。

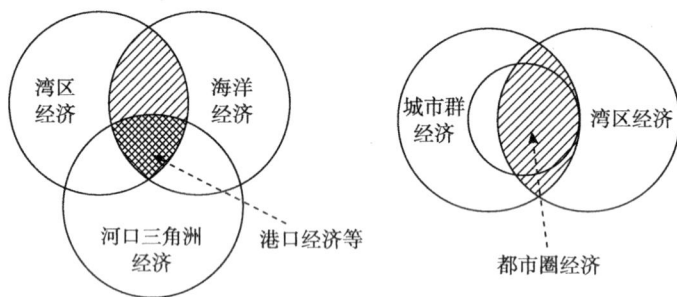

图1-2　湾区经济与其他经济形态关系

有观点认为，湾区经济是区域经济发展的最高形态，这一观点缺乏必要的理论支持。从现实情况来看，世界公认的最发达的几大都市圈，如巴黎都市圈、伦敦都市圈、五大湖都市圈乃至国内的北京都市圈、上海都市圈等，其发达程度并不亚于旧金山湾区、东京湾区等。而东京都市圈（城市群）、纽约都市圈（城市群）与东京湾区、纽约湾区则在内涵上基本重合，珠三角城市群与粤港澳大湾区在外延上也大体一致，更多的是在不同语境下强调的侧重点有所不同。因此，认为湾区经济必然高于其他区域经济形态，并不符合区域经济发展的实际。

由于全球60%的经济总量集中在入海口，75%的大城市、70%的工业资本和人口集中在距海岸100千米的地带，相较于河口三角洲经济以及未处于湾区的都市圈经济或城市群经济，湾区经济通常能表现出更为开放的经济结构、更为高效的集聚外溢功能和更为发达的国际经济交流网络。而从营商环境和宜居宜业角度观察，湾区经济发展优势则相对突出，湾区优美的滨海环境和临海生活方式提升了居住舒适度，更易吸引各类人才流入创业并展开创新活动。湾区对内连接腹地，对外连通世界，交通和信息网络发达，更易拓展国内国际市场，而其天然的开放属性更易形成开放包容的多元文化，这些元素导致湾区经济在上述方面会强于其他地处内陆河口或其他地理区位的都市圈或城市群经济，但对于处于湾区的都市圈和城市群经济，这些元素的效力则没有明显差别。正如前文所述，二者不同之处在于观察角度有所不同，都市圈经济或城市群经济或更侧重于中心城市的经济集聚——扩散机制对区域空间形态变化的影响，湾区经济更侧重于湾区特殊地理形态对区内港口城市经济集聚——扩散机制形成的影响，更强调城市间的紧密互动关系，其他则无差别。

目前研究中有一种片面拔高湾区经济的倾向，甚至认为湾区"奠定全球经济势力版图，彰显全球竞争力能级，是全球高端要素竞争的主战场、催生新工业革命的沃土"。这些是对纽约、东京、旧金山三大湾区发展成果的表述，并不能说明湾区经济本身就一定能高出一等（东京湾区、纽约湾区经济从另一角度看也是都市圈经济/城市群经济），而不处于湾区的伦敦、巴黎都市圈甚至国内的北京都市圈同样具备上述发展结果显现。

因此，应避免为发展湾区经济而夸大其作用，将其凌驾于其他区域经济形态之上，应客观地看待湾区经济发展的成因、结果及形成机制，以便更好地发挥其在区域经济增长中的推动作用。

第 二 章

湾区经济特征及形成机理

区域经济研究表明，在信息化和全球化大背景下，湾区经济往往呈现"多圈、多核、叠合、共生、紧凑"的城市群经济形态，通过多个枢纽和平台、一个或多个都市圈的集聚辐射作用，形成强大的极化和扩散效应，从而推动区域经济的发展壮大。

第一节　湾区经济主要特征

　　湾区具有区域空间网络化、开放化的发展特点，城市间集聚吸引和扩散辐射功能相互作用和交织。在都市圈经济和港口经济等多重形态的整合聚变下，湾区经济超越了行政区经济概念，除城市群经济和都市圈经济的共性特征外，湾区经济以下方面的特征更为突出。

一　集聚外溢促进持续创新

　　在工业文明和海洋文明主导发展的时代，各类资源更易向港口和湾区集聚，从而产生更强的集聚发展能力，促进了港口和湾区的产业集聚和经济繁荣。而随着经济全球化的发展，港口城市作为国际贸易中心、航运中心的作用日显，推动更多物流、信息流、资金流、人流交汇，从而形成了"增长极"。同时，湾区在技术、成本势能落差作用下，依托区位条件，可以更好地溢出知识、信息、资本等发展要素，产生出外部溢出效应，更有利于促进新兴工业的产生，加速信息的传播，并增加产业门类和产品数量。

　　在集聚外溢中，湾区能够汇集较新的信息和人才资源，从而激发创新活力，并催生更多创新机构，涌现更多创新成果。同时，创新反过来又增强了湾区发展动力，在不同发展阶段促使湾区能够保持领先地位。如能率先形成依托大规模港口运输的临港工业，使大规模制造成为港口城市新的生产形态。在临港工业发展中，贸易、金融等新兴业态较易率先形成并发展，并逐渐成为湾区城市的主导产业。通过不断的产业和技术创新，湾区更易不断催生新业态、新商业模式，从而引领地区乃至全球的产业发展方向。

二 开放多元促进宜居宜业

依托港口，通过海运带动国际经济和贸易，湾区推动了大规模的产业集聚和城市扩展。依赖国际港口发展，在不断扩大的货物贸易中，湾区更易成为对外开放的门户，更需要建立与世界经济接轨的规则体系，并能在国际经济活动中扮演更为重要的角色，较早形成外向型产业发展格局，在参与全球竞争和合作中较早赢得先机，融入全球经济体系的程度相对更高。湾区城市在开放发展中，集聚大量外来人口，成为不同文化交融的窗口，易于形成不同于一般内陆地区的，且更为开放包容的移民文化。

湾区天赋的宜居宜业的生态环境，易与开放多元文化产生良好的"化学"反应。湾区优美风景形成了优良人居环境的基础，良好的城市规划设计促进形成更为便捷的交通条件和完善的配套设施，又会进一步提升湾区的宜居水平。而发达的信息交换、高效的要素流动，更有利于促进湾区投资创业的集聚和活跃，从而形成宜居宜业的强大吸引力。

三 区域协同促进互补发展

湾区内的港口与港口之间、港口与城市之间、城市与城市之间、沿海与腹地之间，物流、人流、信息流、技术流等更易在最短的时间内完成配置和投放，企业经营效率、人员工作效率因此得以提升，湾区城市网络效应可得以充分显现。湾区可以形成更大的商品和服务市场，更专业化的劳动力，更全面复杂的电力和通信网。湾区内新兴次中心能够缓解原港口中心城市人口、交通、环境、住房、就业等方面的压力，同时充分发挥各次中心的相对优势，从而提升整个湾区的运行效率。

在湾区中心城市和周边城市集聚外溢的发展进程中，各城市间更需形成紧密依存、港口共同发展的关系，内部经济发展一体化趋势加速推进。广阔腹地的工业产品需要通过港口输往世界各地，腹地的货物也须通过港口才能更便捷地运到海外，腹地和港口形成了互为依赖的关系。湾区城市伴随港口的功能提升而不断发展，需要与区内其他城市实现功能互补和错位发展，推动产业链共同向高端攀升。基于此，湾区内部产生了协同发展的强烈需求，区域内政府通过法规规划及政策推动协调发展，以避免同质化发展和局部不充分发展。

总的来看，湾区一般以支柱产业为龙头，以腹地配套产业为支撑，形成较大范围的集聚区，腹地产业集群创造的大量工业产品通过湾区的港口输送到世界各地。港口枢纽与制造腹地的有机结合，促进了湾区经济的形成和发展，通过集聚能力产业强大的"虹吸"效应，成为区域发展的"增长极"。湾区的港口物流业首先成为湾区经济发展的重要支撑，越发壮大的金融业则支撑了湾区及腹地产业集群的升级转型。优越的地理区位、繁荣的港口经济、大规模的制造、强大的金融能力和创新能力等多重元素的叠加，推动湾区在一国一域经济增长中更能发挥引领作用。

湾区经济主要特征及相互关系如图 2-1 所示。

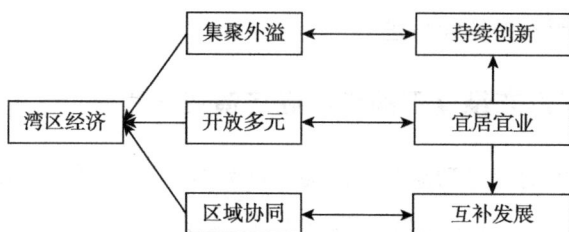

图 2-1　湾区经济主要特征及相互关系

第二节　湾区经济发展演变进程

湾区经济呈现一体化的区域发展格局,通过发达的基础设施网络将港口城市及周边城市连为一体,在不断增强内部密切联系的同时也不断增强与外部的商品和生产要素的交换,形成区内产业和功能的互补,从而不断增强技术创新能力和产业高级化能力,以及产业自组织功能,由此推动空间形态和产业形态的持续演进。

一　空间形态维度下的湾区经济演变进程

湾区经济伴随港口功能的提升而不断延伸拓展、调整优化,从区域空间结构演变角度,"以港兴城,港为城用,港以城兴,港城相长。"其发展历史大致包括以下四个阶段。

第一,初期阶段。临港城镇通过港口产生对外联系,进出口贸易活动开始并产生临港工业,港口城市职能外向化迅速发展,城区逐步向外扩展。

第二,起步阶段。临港产业不断发展催生临港的区域商业中心。区域中心城市涌现,区域综合交通体系渐次形成,港口中心城市与外围次级城镇通过交通轴线的传递辐射形成经济协作关系,向心集聚趋势明显形成。

第三,快速发展阶段。港口城市直接产业和关联产业迅速发展并形成乘数效应,以港口城市为中心,通过交通轴线联系广阔腹地,进而形成多个中心城市。通过产业空间的分工和重构,城市规模不断扩大,各城市功能在湾区整体框架下重新定位。

第四,稳定繁荣阶段。湾区中心城市产业直接服务整个腹地范围,湾区腹地内的次中心城市也成为服务于各自区域的中心,逐渐形成庞大的城市群。创新、科技、金融、服务等要素成为湾区经济发展的持续动力,各城市形成新的竞合关系,从而达到更高水平的动态平衡。

湾区经济发展阶段代表性空间特征如图2-2所示。

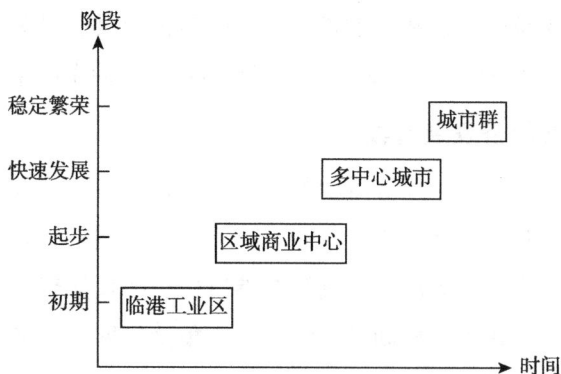

图2-2 湾区经济发展阶段代表性空间特征

二 产业形态维度下的湾区经济演变进程

吴思康从产业形态角度,将世界发达湾区经济发展划分为港口经济、工业经济、服务经济、创新经济四个阶段。[①] (见图2-3)

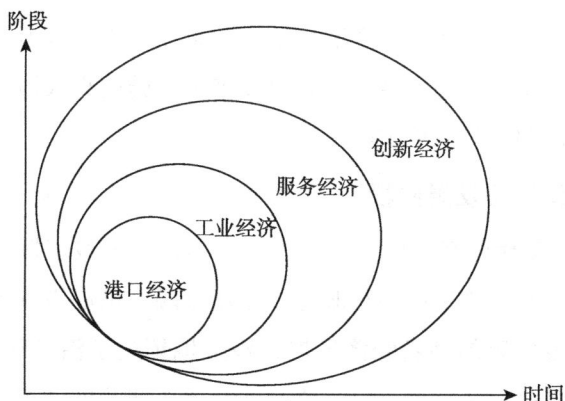

图2-3 湾区经济主导形态演变

———————————

① 吴思康:《聚焦发展湾区经济 努力把深圳打造为21世纪海上丝绸之路的重要战略支撑》,《鹏城智库观察》2017年3月。

（一）港口经济发展阶段

以装卸运输为主导，经济活动范围局限于港区内部。20世纪50年代以前，受当时经济社会和生产力发展水平限制，港口的功能主要是连接各种运输方式，进行货物中转运输。经济活动仅包括直接服务于港口转运的装卸、仓储、运输以及提供设备和船舶修理等，范围也局限于码头及相关水陆域内。初期的港口经济相对单一，对区域经济发展的推动作用并不显著。

（二）工业经济发展阶段

以临港工业为主导，经济活动范围向港区外拓展，湾区城市迅速发展成为制造中心。20世纪50年代到80年代左右，随着对外贸易的扩大和港口功能的完善，大量的人流、物流等在港口周边区域集聚，推动了港口城市的发展和兴盛，极大地推动了临港工业的集聚发展，经济活动也不再局限于港区，而是扩展到周边区域。

（三）服务经济发展阶段

以服务业为主导，经济活动范围拓展到周边城市，湾区核心城市逐步成为区域或全球资源配置的重要节点。随着经济全球化的快速发展，围绕临港工业和对外贸易，催生了一批新兴业态，而临港工业由于污染等原因，开始出现大规模产业转移，工业在湾区城市经济中的比重逐渐下降。而以产品设计、广告、法律、金融、保险、会计、公关等为主要内容的服务业在城市集聚发展，湾区经济重心由临港工业转向现代服务业。中心城市对周边区域的辐射带动更加明显。

（四）创新经济发展阶段

20世纪80年代以来，信息产业加速发展，湾区城市抓住新兴产业发展的历史机遇，加快推进以网络服务、创新金融、供应链管理以及商业模式创新等为主要内容的创新经济发展，极大地拓展了湾区经济活动范围。湾区内部多个港口、多个城市之间的联动发展，使湾区经济超越了中心城市的概念，经济发展的网络化、多极化、多元化趋势更加明显。

按上述理解，湾区经济起源于港口经济，壮大于工业经济，受益于服务业经济，得益于创新型经济，港口枢纽与制造基地相结合是湾区经济发展的前提，要素汇集、创新引领是湾区经济发展的关键。这与区域经济发展阶段演进规律基本保持了一致。

我们认为，上述湾区经济四个阶段不应该是非此即彼的关系，可理解为外延的不断扩展和内涵的不断提升，最终形成成熟发达的湾区经济表现形态。

综上，可以认为，我们现在所指的湾区经济，是在二战后世界政治经济版图重塑后，各湾区依托自身条件而转型升级发展形成的现代湾区经济，随着时代的发展其内涵和外延仍在不断地演进之中。

第三节 湾区经济增长动力机制解释

从市场角度看,湾区经济的形成和发展取决于优越的经济地理条件、经济结构的开放和合理分工、要素资源的丰富多样和自由流动。湾区内各港口中心城市在这些要素支撑下逐步形成并发展提升,反过来带动并辐射其他城市发展,形成产业分工并逐步优化,由此促使其成为国家竞争力的重要载体,体现出国家乃至全球的战略价值。尤其在二战以后,世界经济政治军事格局的重大变化以及技术革命带来的颠覆性重组,为旧金山湾区、东京湾区、纽约湾区的发展和繁荣提供了重要契机,其突出的区位优势、开放的经济结构和丰富多元的要素资源,是其成为世界一流湾区必不可缺的基础条件。

一 区域增长极理论解释

增长极理论认为,增长极是一给定环境下的产业推进型单元,或是与周边环境相结合的一种成长性城镇推进型单元,该单元具有强大的"极化效应"和"扩散效应",推动了区域经济增长。

一般认为,在工业时代,低运输成本促使大型制造业集中在港口,推动了贸易与制造业的繁荣稳定,港口城市由此蕴含了不断增强的上行力量,促进了资本融通和人员自由流动。大规模的贸易和制造创造出银行、保险等综合金融优势,高度的产业与人口集聚推动了教育科研机构的集聚和信息高密度的集聚,从而催生了创新要素的发展和壮大。随着生产性服务业集聚度的上升,行业间形成稳定的互补结构,公共资源的单位成本随之下降，资源集聚带来规模经济。规模经济又进一步促进了湾区内城镇群的集聚，中心城市人口集聚不仅促进了服务业的发展，而且人口的异质性也促进了经济交流在频繁接触中呈几何级数增加，对经济活动中的创新和创业提供了强烈的刺激。

在离心力和向心力的相互作用下，湾区内的港口城市只与相邻城市表现出多核分化竞争和跨境集聚整合的发展态势，在集中的同时也不断分化，这种分化并没有造成港口城市的衰落，而是使得各港口城市比较优势更易发挥，从而形成更加相互依存的区域城市体系。

过去70年，全球贸易出口货物量增长33倍，价值量增长155倍，沿海具有港口优势、国际航运发达的湾区城市作为世界贸易的核心主体，由此获得不断增强的上行力量。从增长极角度剖析，湾区港口城市因其天然的区位及资源优势，较早形成了港口运输、贸易及加工等主导产业，其快速增长促进生产规模不断扩大，规模经济效益导致生产成本下降，从而获得更低的商品价格，诱导相关产业进一步发展，并向湾区核心地域集中。生产的集聚带来了高素质人口、高科技信息、服务性配套产业的集聚，以及多部门之间的合作，从而产生了较高的经济效益。这种向心式极化、等级式极化或波状圈层式极化效应，促进港口中心城市更易辐射带动周边地区经济发展，最终形成了较为发达成熟的湾区经济。

根据区域经济增长极相关解释，可以认为，湾区经济的集聚主要源于规模报酬递增、外部性和空间竞争，其扩散主要源于土地租金的上升、纯粹外部不经济和企业间的竞争。湾区经济空间的形成便是这些离心力和向心力之间的较量结果。

二　系统动力学解释

伍凤兰、陶一桃、申勇对湾区经济演进的动力机制进行了研究，将湾区经济发展动力归结为基础性动力、内生性动力和外源性动力。基础性动力是基础设施等资源的驱动力；内生性动力指湾区经济发展中形成的内在力量（包括市场分工、知识共享、规模经济、网络创新、降低交易费用等），湾区经济具有较强的自组织能力；外源性动力主要源于政府规划、投资引导、市场兼并整合等外部力量。① 湾区经济发展的"三力模型"见图 2-4。

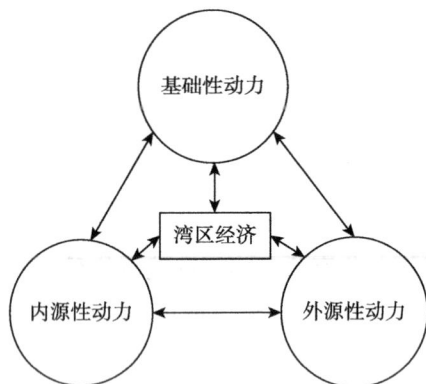

图 2-4 湾区经济发展的"三力模型"

资料来源：伍凤兰、陶一桃、申勇：《湾区经济演进的动力机制研究——国际案例与启示》，《科技进步与对策》2015 年 12 月。

对应吴思康的湾区经济发展阶段论，伍凤兰等人认为：首先，在港口经济阶段，基础性动力发挥关键作用，内生性动力逐步增强，外源性动力起重要推引作用；其次，在工业经济阶段，内生性动力逐步发挥主导作用，湾区经济逐步脱离港口经济基础功能，港口基础性动力逐步下降，外源性动力逐步增强；再次，在服务业经济阶段，内生性动力仍保持主导作用，港口基础性动力强度下降，外源性动力强度提升；最后，在创新经济阶段，内生性动力保持主导作用，外源性动力居第二位，港口等基础性动力退居第三。作者以四代港口建立系统动力学模型，总结得出表 2-1。

表 2-1 系统动力学下港口与湾区经济演进的对应关系

港口演进	湾区经济对应阶段	时间	主要特征
第一代港口	港口经济	1950 年以前	以装卸运输为主导，经济范围限于港区内部
第二代港口	工业经济	1950～1980 年	以临港工业为主导，经济活动范围向外拓展，湾区城市成为制造中心

① 伍凤兰、陶一桃、申勇：《湾区经济演进的动力机制研究——国际案例与启示》，《科技进步与对策》2015 年 12 月。

续表

港口演进	湾区经济 对应阶段	时间	主要特征
第三代港口	服务经济	1980～1990 年	以服务业为主导，航运金融等快速发展，经济活动范围拓展到外部城市，湾区核心城市成为全球资源配置的重要节点
第四代港口	创新经济	1990 年以后	以信息为主导，港口供应链、信息服务快速兴起，经济活动范围拓展到更广区域，形成区域多个中心共同发展格局

颜小将认为，在湾区基础性动力、创新内生动力、外源性动力中，湾区基础设施不断完善，港口功能不断演进，世界主要湾区的现代化港口正向集生产、流通、经贸、金融、服务为一体的辐射中心发展。湾区得益于港口发展带动，形成了强大的产业集群，汇集大量的市场信息和人才资源，激发出源源不断的创新动力。湾区经济形态演进过程中难免出现资源配置失误、港口竞争无序、市场信息不透明等问题，规范发展、协同发展（即外源性动力）成为湾区经济发展的客观要求和推动力量。[①]

系统动力学对湾区经济增长动力机制的解释有一定的说服力，但如前文所述，湾区经济四阶段应该不是简单的后者替代前者的关系，即使在创新经济时代，转型升级后的港口经济、工业经济依然在发挥重要推动作用，因此，不宜把现代的港口经济、工业经济简单理解为传统单一的基础性动力或外源性动力推动，它们更应是复合动力推动的综合性功能形态表现。

三　湾区经济内生动力模型解释

一般认为，湾区内重要港口城市的集聚—扩散效应是推动湾区形成的重要动力机制。结合中心外围模型和内生增长理论，可以解释科技创新要素集聚和金融要素集聚对湾区经济发展的推动作用。其中 CP 模型可以解释城市的形成和发展，工业发展的先发优势和运输成本、规模报酬是影响城市经济发展的主要因素。

湾区在工业化发展过程中能率先接触并引进先进生产技术，拥有工业

---

① 颜小将：《不断强化裂变动力　加快发展湾区经济》，《政策瞭望》2017 年第 8 期。

化的先发优势；同时，交通便利、运输成本低能促进湾区集聚经济发展。工业化发展到成熟阶段后，规模报酬成为湾区产业集聚发展的决定因素。内生增长理论的分析表明：创新是实现规模报酬递增从而使国际发达湾区得以持续发展的主要动力。

CP 模型在两地区、两产品的框架下，分析产业如何在其中一个地区集聚，实现该地区经济发展。$C_M = \left[\sum_{i=1}^{N} c_i^{(\sigma-1)/\sigma} \right]^{\sigma/(\sigma-1)}$，其中，$\sigma$ 表示产品之间的替代弹性，在零利润均衡中 $\sigma/(\sigma-1)$ 表示劳动的边际产量与平均产量之比，也就是规模报酬，σ 越大规模报酬越小。工业产品运输成本符合冰山成本假定，即一个单位价值的工业产品从一个地区运到另一个地区时价值只剩下 $\tau < 1$ 部分。

V_{i1} 表示企业 i 第一期将生产集中在地区 1 时的总销售收入，V_{i2} 表示企业 i 在第二期将生产分散到地区 2 后可能的总销售收入。令 $v = \dfrac{V_{i2}}{V_{i1}}$ 表示产业分散倾向，v 越大产业越有可能分散在两个地区；反之，则产业在一个地区集聚从而促进该地区经济发展。规模报酬越大，产业分散力越小，此时产业集聚在 1 区实现经济发展。

结论 1：

$$\frac{\partial v}{\partial \mu} = v\sigma(\ln \tau) + \frac{1}{2}\tau^{\sigma\mu}[\tau^{\sigma-1} - \tau^{-(\sigma-1)}] < 0$$

工业人口占总人口的比例越大，说明工业化程度越高，产业分散力越小，产业越可能集中在 1 区，从而使得 1 区经济得到进一步的发展。

结论 2：

$$\frac{\partial v}{\partial \tau} = \frac{\mu\sigma v}{\tau} + \frac{\tau^{\mu\sigma}(\sigma-1)[(1+\mu)\tau^{\sigma-1} - (1-\mu)\tau^{-(\sigma-1)}]}{2\tau}$$

当 $\tau = 1$ 时 $v = 1$，即不存在运输成本时，企业在两个地区生产没有差别，产业不会在一个地区集聚。当 τ 接近 0 时，v 接近 $(1-\mu)\tau^{1-\sigma(1-\mu)}$，除非 σ 足够小或者 μ 非常大，$v > 1$ 成立。当 τ 接近 1 时，$\dfrac{\partial v}{\partial \tau} > 0$。因此 v 与 τ 之间的基本关系如图 2 - 5 所示。

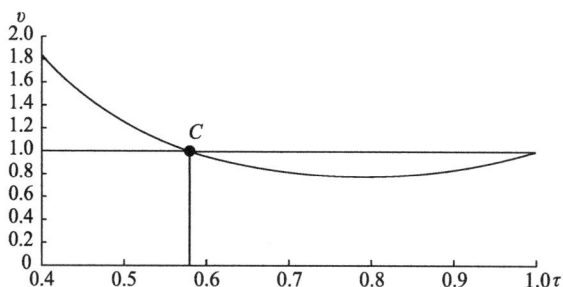

图 2 - 5　v 与 τ 之间的基本关系

如图 2 - 5 所示，C 点处 $v = 1$，是产业集聚的转折点。当运输成本降低时，即 τ 增大时 $v < 1$，此时形成产业集聚经济。

结论 3：$\dfrac{\partial v}{\partial \mu} = v\sigma(\ln \tau) + \dfrac{1}{2}\tau^{\sigma\mu}\left[\tau^{\sigma-1} - \tau^{-(\sigma-1)}\right] < 0$，在产业集聚的转折点 C 处 $\dfrac{\partial v}{\partial \tau} < 0$，推出

$$\frac{\partial v}{\partial \sigma} = \ln(\tau)\left(\frac{\tau}{\sigma}\right)\left(\frac{\partial v}{\partial \tau}\right) > 0$$

规模报酬较大（σ 较小）时，产业分散力 v 小，产业实现地区集聚。内生增长理论则将报酬递增归于研发创新，创新的要素既包括科技创新要素也包括金融要素，科技创新要素和金融要素的集聚程度则决定了湾区经济发展的层级和高度。

从内生动力模型可以看出，创新引发的产业规模报酬递增能极大地促进湾区产业高度集聚，进而反作用于湾区自身创新能力的持续提升。世界上数十个尺度适合、区位条件良好的湾区中，之所以只形成旧金山湾区、东京湾区等少数国际公认的一流湾区，主要在于大多数湾区工业发展不足，其工业化关键时期不能形成较强竞争力的产业集聚。而一些湾区虽然有一定的工业化，但产业转型与产业创新发展未能实现，人力资本、R&D 投入和风险资本等要素未能成为湾区产业集聚的重要作用力，这就部分解释了前述的"有湾区未必有湾区经济"。

第 三 章

湾区经济产业形态

目前国内外对于湾区经济的研究，主要是从经济地理学和区域经济学的角度，沿用城市群经济或都市圈经济一般理论进行的研究。湾区经济产业形态的研究则是依据城市经济学和产业经济学分析方法，主要研究湾区产业结构形态与特征、产业链生态、产业活动和产业升级、业态变化和产业创新等。

第一节 湾区产业形态演进阶段

产业形态是产业存在和发展的外部形式，包括产业结构状态、产业链生态、产业活动质态以及产业发展业态等，体现了产业整体布局的多样性、结构变动的依赖性、主体质量的基础性和持续升级的文化性等方面的特征。一般区域的产业形态结构升级包括主导产业更替、新兴产业产生和关联产业发展，湾区内各层级城市的产业结构功能升级是经济发展的必然趋势，共同促进湾区经济向高级化发展。

一 基于港口业态上的湾区产业形态演进

在湾区产业演进过程中，港口中心城市的集聚过度及产业升级导致产业扩散，带动周边区域承接转移产业，由此出现区域内产业分工。各城市间也进行着产业选择，推动湾区产业演化出新形态。港口中心城市的产业伴随港口功能的提升而不断延伸拓展，形成较强外溢和辐射作用，在更大范围、更广领域促进产业联动发展。而港口作为湾区经济发展的基础，一直伴随着湾区产业形态的变迁，湾区产业形态也伴随着港口功能的提升、工业技术的进步而不断演变，从单一港口业态演化出制造业态、服务业态乃至创新业态，最终形成复合功能业态，以适应不同发展阶段的要求。

（一）初级港口主导业态

湾区经济发展初期的港口功能相对简单，主要是连接各种运输方式进行货物中转运输，但对城市初期的产业发展和人口聚集有着较强的推动作用。湾区的主要产业是港口贸易业，仅包括直接服务于港口转运的装卸、仓储、运输以及提供设备和船舶修理等，工业化基础较弱，贸易产品以农产品和初级工业品为主。

（二）大规模制造主导业态

随着对外贸易的扩大和港口功能的完善，大量的人流、物流等在港口周边区域集聚，工业经济兴起并快速发展，港口城市的经济活动范围向港区外拓展，港口城市迅速发展成为制造中心，主导产业从港口贸易升级为钢铁工业、石油炼化、化学制品、机械制造等制造业，国际贸易迅速发展。但随着工业化进程的推进，在比较优势利益推动下，湾区钢铁、石化等高能耗、低附加值制造业逐步外移，集成电路、精密机械、精细化工、家用电器、汽车等技术密集型和高附加值制造业则逐渐替代成为主导产业。

（三）现代服务主导业态

受益于港口腹地经济的快速发展，湾区重要港口中心城市跻身区域或世界级航运枢纽，城市间出现明显的分工，经济活动范围拓展到周边城市，湾区核心城市成为区域乃至全球资源配置的重要节点，对周边区域的辐射带动更加明显。随着航运枢纽地位的确定，港口业向港口物流、货运代理、保税仓储、金融保险等中介服务延伸，以金融、保险、信息、专业服务、设计、营销等为主要内容的服务业开始集聚发展，推动湾区主要城市向区域信息中心、贸易中心、金融中心、管理中心等转变。在信息技术推动下，以网络作为快速传递媒介的金融、咨询、贸易、信息等产业逐渐成为港口中心城市的主导产业，中心城市发展重心逐步转向生产者服务业和商业服务业。

二　基于创新驱动下的湾区产业形态演进

湾区产业形态演进与经济社会发展变革密切相关。世界经济社会的变化、新技术革命浪潮、新的国家战略等，均是湾区经济发展的重要契机。如旧金山湾区借力国家科技创新政策，纽约湾区借助工业革命，东京湾区凭借战后复兴，找到各自的起飞支点，推进产业优化升级，夯实工业基础，依托港口繁荣发展后率先步入服务业和高技术产业融合发展的创新经济阶段。

（一）产业融合与创新推动湾区波浪式发展

新产品、新生产要素、新生产方式和新企业组织源源不断地被引入湾区，一个主导的创新产业带动和衍生出多个关联产业和创新服务业，多元的、相互依存互为服务的、价值链紧密关联的产业部门自发形成创新产业网络，最终发展成具有丰富知识型业态与产业组织的创新经济体。

在信息化主导下，湾区经济活动范围拓展到更广区域，湾区发展更加依赖以网络服务、创新金融、供应链管理以及商业模式创新等为主要内容的新兴产业发展。在技术推动和市场拉动共同作用下，湾区创新所产生的产品可以更好地满足市场需求，而市场需求亦须研发（R&D）、发明等技术进步因素来实现，以创新为主的新兴产业由此成为推动湾区经济增长的主要力量。未能实现这一转型要求的湾区，其发展水平和能力与公认的世界发达湾区的差距则由此拉开，并且会被越拉越大。

湾区经济产业形态演进如表 3-1 所示。

表 3-1　湾区经济产业形态演进

主体业态阶段	具体行业形态
初级港口业	农产品及初级工业品贸易、仓储、转运等
大规模制造业	钢铁、石化、机械制造、集成电路、家电、汽车、精细化工等
现代服务业	港口物流、金融保险、商业服务、专业服务等
产业融合与创新	研发、创意、信息、网络、供应链管理、创新金融等新兴产业

（二）未来湾区产业开放式创新作用更加突出

湾区经济的发展历程一定程度上就是创新驱动的发展历程。湾区城市在对外开放中，不断吸收先进的文化、理念、制度，会聚最新的信息和人才资源，形成了有利于创新的生态环境，涌现出大批创新成果和新兴产业。不同时期的创新推动了湾区产业形态不断变迁，引领区域产业发展方向的调整。未来湾区仍将会是新产业策源地，开放式创新在湾区产业形态变迁上的作用日趋扩大，并由此推动制造业和服务业的融合不断深入。

开放式创新模式见图 3 - 1。

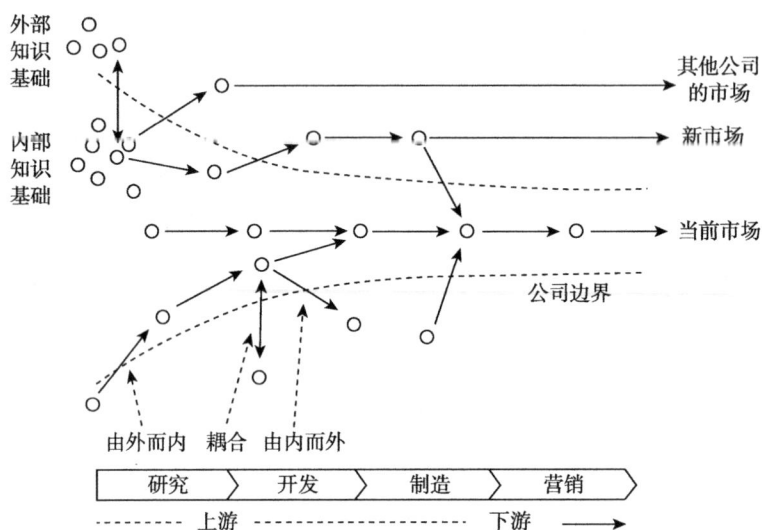

图 3 - 1　开放式创新模式

资料来源：《自创区空间规划怎么做》，微信公众号"PRDS 珠三角研究网络"，2017 年 1 月 12 日。

第二节　现代湾区产业类型及分工

现代湾区产业形态是基于创新驱动下的产业融合发展的形态，强调产业发展的控制力和整体竞争力，在全球决策控制、科技创新、国际贸易门户等方面体现出相匹配的产业形态。

地区分工与专业类型和特点如表3-2所示。

表3-2　地区分工与专业类型和特点

分工类型	部门间分工	部门内分工	产业链分工
专业化形式	部门专业化	产品专业化	功能专业化
分工特点	在不同产业间进行	在同一产业不同产品间进行	按产业链不同环节、工序、模块进行
产业边界	清晰	较清晰	弱化
分工模式	以垂直分工为主	以水平分工为主	混合分工
空间分异	不同产业在空间上分离	同一产业不同产品在空间上分离	价值链不同环节、工序、模块在空间上分离
形成机理	地区比较优势或资源禀赋差异	产品差别、消费者偏好差别、需求的重叠、规模经济	资源禀赋和技术水平差异、规模经济、产业关联经济

资料来源：魏后凯：《现代区域经济学》，经济管理出版社，2011。

一　现代湾区产业类型

在湾区空间有限的情况下，随着湾区内产业结构的优化升级和产业的离心扩散，成本增高、比较利益相对较低的产业则不断进行着更新换代，形成相对领先的产业体系。

（一）基于行业部门的湾区产业形态

湾区经济的产业发展及其形态演进，重点在于基于国际航运航空枢纽条件下，能否占据区域乃至全球价值链的高端环节，提升产业链的影响力和控制力；在于能否集聚和掌控更多国内外高端资源，在国际竞争中占据主动。

借鉴通行的产业划分类型，可将湾区产业大致划分为核心功能产业、高端功能产业、基本功能产业和阶段功能产业。

——核心功能产业，是指依托强大航运（空）优势而产生的金融贸易、研发创新业态，形成具有强大控制力和主导力的产业集群。

——高端功能产业，是指源于港口经济而产生的生产性服务业、都市人文产业，以及依赖于港口或空港运输的大规模高技术制造业，形成具有较强辐射力和影响力的产业集群。

——基本功能产业，是指服务于湾区日常生活的支撑性产业，如批发零售、住宿餐饮、市政服务及居民服务业等。

——阶段功能产业，是指适应区域特定发展阶段要求的产业，如大规模的临海重化工业，承担产业链中游生产活动的劳动密集型传统制造业，以及为大量流动人口服务的低端生活服务业，形成相应的产业集群。

世界发达湾区经济的产业形态，无一不以核心功能产业以及高端功能产业为其首要突出形态，金融、航运、贸易等核心功能产业组织在湾区经济发展中日趋增强。这些产业组织包括银行、证券、保险等金融机构以及跨国航运公司、贸易公司的全球总部及地区总部，跨国公司区域投资中心、采购中心、营销中心、财务中心、管理中心、研发中心等业务总部。而高端功能产业组织除一般的高技术企业、生产服务业机构外，还包括政府或企事业法人主导建立的具有经济发布、交易促成、价格发现、综合服务等功能的交易所和公共平台；国内外行业组织、专业协会、研究机构等非营利性组织以及政府行业协会……这些高能级产业组织掌握资金、技术、市场、信息、平台、人才、服务等核心资源要素，对产业链上下游的业务分工和资源配置具有极强的话语权，尤其是大宗商品交易所、航运交易所等金融贸易航运交易机构，能够在全国乃至全球范围内引导资源和信息的流动和配置。

高能级产业组织更倾向于在产业基础雄厚、人才密集及环境良好的区域集聚，这些集聚区域能够通过总分类机构汇总合并纳税方式获得高额税收利益，对当地产业链上下游产业的拉动以及会展、中介服务、文化娱乐、餐饮零售等配套产业的带动作用十分显著。这些产业组织的引进和培育，应是湾区产业发展的首要选择。

（二）基于产业链的湾区产业分工

湾区内产业链在横向上，企业布局在产业内部的各个细化领域，且发展平衡，产业内各细分市场没有明显短板；在纵向上，企业布局在产业链自下而上的各个阶段构建相关产品从研发、生产、销售、售后服务的完整过程。湾区作为经济全球化的前沿阵地，其产业集聚和空间组织方式必定受到全球生产网络组织及其运行机制的影响。产业结构的高级化和经济活动的国际化，促使湾区港口中心城市功能先行向高度集中的指挥控制中心演变，创意产业和高技术研发产业的空间聚集趋势加快。中心城市主城区从产品生产制造和商品服务价值链率先向以知识和信息为中心的价值链高端转变，并推动先进制造业和高新技术制造业向郊区及外围城市集中。

中心城市主城区一般具有高就业密度、高资本密度、高城市效率的组织特征，能够承担高地价和高密度的基础设施投入，能够带动湾区各城市按产业链的不同环节进行分工重构。中心城市主城区侧重于集聚公司总部、研发、设计、培训以及营销、批发零售、商标广告管理、信息服务等，形成两头粗、中间细的"哑铃形"结构；中心城市郊区与外围城市侧重于发展高新技术制造业和先进制造业，形成两头小、中间大的"菱形"结构；其他城市和城镇则专门发展一般制造业和零部件生产，形成中间粗、两头细的"棒形"结构（详见图3-2）。不同城市凭借本地区资源禀赋，围绕产业链优势环节进行分工合作，使要素的配置及空间组合更加合理化。

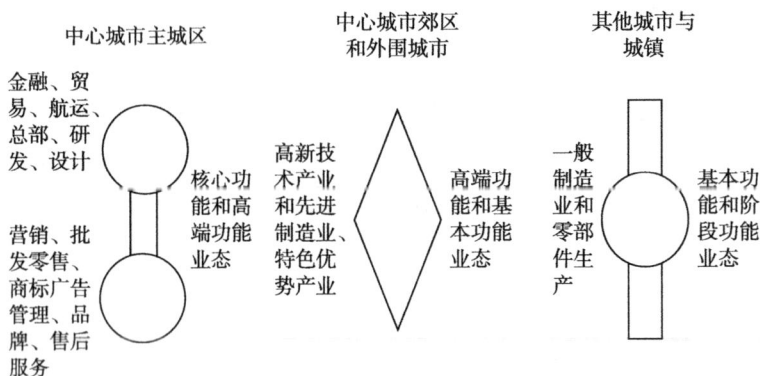

图 3-2　湾区内产业链分工体系

二　湾区产业集群形成

产业集群指大量产业联系密切的企业及相关支撑机构在特定区域内集聚，形成类似生物有机体的产业群落。在这种产业集群内，某些特定产业中相互联系或关联的机构，通过价值链和各种联系渠道，相对集中在特定区域，形成一个有机的群体，集群内的企业既有竞争又有合作，既有分工又有协作，彼此间形成一种互动性的关联。这种互动性形成的竞争压力及潜在压力，有利于构成集群内企业持续的创新动力，由此带来一系列产品创新，提升产业对外开放的能力。这种产业空间所具有的群体竞争优势和集聚发展的规模效益，一般会强于其他形式。

产业集群作为一类新的产业空间组织，一般具有高度专业化分工和跨产业发展的显著特征。一方面，通过集群内企业的竞争合作形成群体协同效应，获取生产成本优势、产品差别化优势以及区域营销优势；另一方面，通过支撑机构和企业间的相互作用，形成一个区域创新系统，提升整个集群的创新能力。在集聚经济、灵活专业化、创新环境、合作竞争、路径依赖等作用下，产业集群可降低成本、刺激企业创新，促进企业良性竞争，从而形成区域品牌。

从湾区区位优势等角度观察，湾区较易形成基于港口商贸的产业集群。世界著名湾区都曾在竞争合作中形成强大的港口运输以及装备制造等产业集群，以及与航空航运密切相关的大规模制造业集群，如粤港澳大湾区的电子产品制造产业集群、旧金山湾区的信息研发产业集群、东京湾区的汽车产业集群、纽约湾区的钢铁造船产业集群等。这些产业集群迄今仍是各个湾区发展的重要支撑，在与金融、创新等业态融合发展中继续保持强大的生命力和世界级的影响力。

第三节　湾区产业发展策略方向

现代湾区经济产业发展，首先，应体现高端化发展方向，生产性服务业、先进制造业、文化创意产业等逐渐成为产业发展的主体形态；其次，应体现高效化发展方向，利润率和增值率相对高的产业，如科技研发服务、咨询、金融、专业服务等，在推动产业转型升级中作用更趋突出；最后，应体现外溢化发展方向，以总部经济、创新经济为主的产业辐射周边地区乃至全国，跨国公司经营、境外投资对跨国及至全球的辐射带动能力不断增强。

一　分类推动各功能产业调整发展

一般而言，对核心功能产业和高端功能产业，应创造最有利的发展条件，强化其规模发展优势。对基本功能产业，则应持续提升产业品质。对阶段功能产业，可侧重于提升产业绿色低端发展能力，推动将制造环节向研发环节和销售网络控制环节转变，而对技术含量低的劳动密集型产业，则应引导有序腾退空间。

（一）突出增强航运、金融、贸易等核心功能业态

提升港口及机场枢纽的发展能级，推动金融、航运和贸易的资管部门、功能性机构、公共服务平台和行业协会落户，促进总部经济发展，推动形成互联网金融、对冲基金、融资租赁、股权投资、航运保险、商业保险、电子商务、技术贸易、服务贸易等新业态、新模式，突出发展以市场需求为导向的研发产业，促进方案设计提供商、委托研发等研发新要素发展，推动产业链和价值链向高端延伸。

（二）支持高端功能业态发展

推动服装、钟表传统产业转向时尚创意产业，推动发展国际会展、高端赛事、邮轮游艇等新兴业态。推动会计、咨询、规划设计、律师等专业服务业与核心功能业态同步发展。鼓励依托航空航运大规模运输条件的集成电路、可穿戴设备、智能手机等制造业的发展。

（三）提升基础功能产业发展层级

促进基于港口、机场的国际采购、国际配送和全球集散分拨的临港产业、临空经济等新业态的发展，推动传统港口物流、临空物流产业转型升级。促进市政服务业向规模化、高端化转化，促进生活性服务业的集约发展和新业态探索，推动产业链的跨区域布局。

（四）推动阶段功能产业转移转型

对重化工业、一般加工装备制造业等产业，视其产业生命周期情况与湾区生态状况做相适应的产业转移或升级，按"总部＋基地"模式推动其向湾区战略腹地地区转移生产环节。而对劳动密集型的"五小"制造业等，可按照湾区城市功能疏解情况分别予以"并（兼并重组）、转（转型生产）、腾（腾出厂房）、退（退出淘汰）"。不同湾区经济产业发展策略选择如表3－3所示。

表3－3　不同湾区经济产业发展策略选择

产业功能	产业门类	主要行业	产业特征	产业组织	发展导向
核心功能产业	金融、贸易、航运、创新等	国际金融、国际贸易、国际航运、总部经济、研发等	对经济发展强大的控制力和影响力	银行证券保险等金融总分支机构、金融产品交易所及其监管机构、跨国航运公司、贸易公司、高科技公司全球及地区总部、投资中心、营销中心、研发中心、财务中心、信息中心等。	创造最有利发展条件
高端功能产业	高技术制造业	电子、装备制造及其他尖端制造	产业发展主体力量	高科技制造企业研发及技术服务平台	促进规模发展
	高端价值服务、信息科技商务等服务	时尚创意、文化娱乐旅游、医疗教育体育服务、信息科技商务等	未来发展制高点	律师、会计师等事务所，规划设计院，文化创意设计院，医疗教育体育产业集团，电商等	放宽市场准入

续表

产业功能	产业门类	主要行业	产业特征	产业组织	发展导向
基本功能产业	临港产业和临空产业	临港工业、物流配送、临空产业等	提升经济国际化水平	临港综合保税区、空港物流园、会展中心等	提升产业品质
	基础公用服务业	公共设施服务、批发零售、住宿餐饮等	保持区域正常运行	批发市场、购物中心、商业街区、中高端酒店	提升供应层级
	居民服务业	居民生活服务业、公共机构服务业等	提供公共服务保障	电信、水、电、气供应企业，政府机关及行业组织社区服务、家庭服务、便利超市、农贸市场、普通宾馆、招待所、维修服务等	增加保障能力
阶段功能产业	产业链中游制造业	重化工业、一般装备加工业等	维持财政收入	重化工厂、家用电器工厂、快速消费品工厂等	促进转移升级
	劳动密集型制造业	服装、鞋帽、玩具等制造业	吸纳就业	生活消费品工厂、小五金等"五小"企业	并、转、腾、退

二 促进湾区内部产业发展协同

在经济全球化背景下，产业结构调整是产业参与国际价值链分工的过程。产业结构差异化和市场分工结果催生了产业系统，产业结构差异化源于资源禀赋、比较优势、区位条件及区域贸易的差异，产业发展分工则源于技术进步、供求结构、制度及社会变量、产品和服务在产业链或价值链上的纵向关联，以及产业集聚空间演化和布局的差异。产业发展原则上由市场机制调节，但在市场机制不够成熟或行政壁垒较强的情况下，则需要较高层级的政府或受政府委托的组织进行协同。

区域经济发展的过程，实际上就是效率高者生存和发展，效率低下者不断被淘汰的过程，合理的分工协作是提高经济效益的重要基础。湾区内城市间分工协作有助于促进湾区效率最大化，在湾区发展中发挥重要作用。对于湾区整体发展而言，须将各城市的要素比较优势转为产业链协同优势，将产业梯度转化为协同布局，形成产业链、价值链、服务链的有效整合。在湾区整体框架下，湾区内部产业发展协同有利于推动产业合理分工布局，消除发展要素流动障碍，推动湾区持续发展。

（一）推动产业合理分工布局

以实现整个区域利益最优而不是局部区域最优为原则，推进产业布局分工，引导湾区各城市按比较优势原则发展相应的专业化产业部门，突出分工协作、因地制宜。在全区域范围引导产业要素集聚，促进产业集群发展，以主导产业为基础，增强特色与优势产业空间集聚，引导产业空间集聚规模化发展，组建产业共链、风险共担、收益共享的链上共同体，形成区域产业梯度结构和分工链条，塑造湾区发展整体比较优势。依托轨道交通、高快速公路等综合通道网络，提升交通枢纽周边地区产业承接能力，增强交通沿线产业的集聚功能，构建互为补充的生产配套体系和服务配套体系。

（二）促进发展要素无障碍流动

基于市场机制的要素和产品的自由充分流动，是湾区一体化发展的基础。要突破行政区划限制，实现要素在各城市间的无障碍流动，最大限度地降低区内交易成本，应着力提升要素从湾区中心城区到边缘地区流动的市场承载能力，促进港口中心城市向中小城市、边缘地区输出资金、技术和就业机会等各类要素。建立银行、证券、基金等各类资本市场有效分工协作机制，推动湾区内抵押、质押、支付结算、融资信贷、信用担保等业务同城化，降低跨行政区划的交易成本。

（三）推进湾区经济绿色转型发展

在全球经济可持续发展的大背景下，湾区应在绿色发展、低碳发展等方面起到率先引领作用，通过产业协同引导湾区产业整体上更快地向更加清洁、高效、集约的方向发展。实施"以海定陆"产业发展策略，推动产业生态化升级改造，优化湾区产业生态布局。可探索实施湾区内生态补偿机制和生态环境产权交易制度，建立湾区内外产业转移对接的企业税收分享及利益协调机制，降低湾区整体能耗水平和碳排放水平，提升宜居宜业层级。

湾区经济产业形态整合与发展模式见图 3-3。

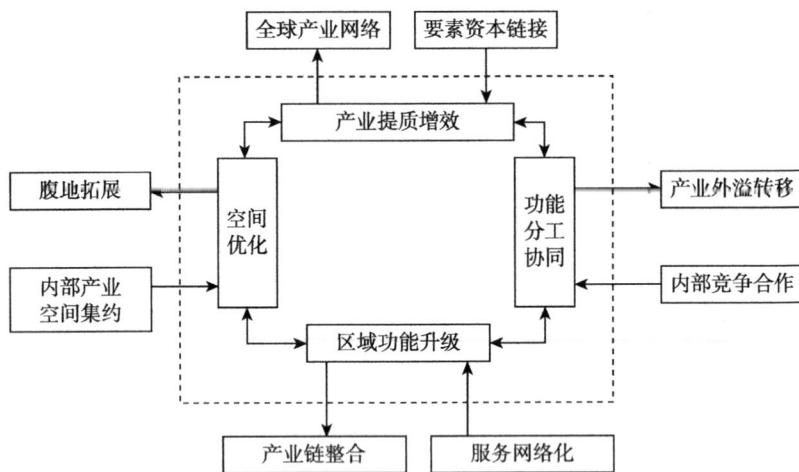

图 3-3　湾区经济产业形态整合与发展

第 四 章

湾区经济空间形态

　　湾区经济空间形态大致经历了以海洋渔业为主导的原生态型湾区空间形态、以临港工业为主导的工业型湾区形态、以现代服务业为主导的都市圈型湾区形态等阶段。湾区经济空间形态包括湾区基础设施、公共服务、产业与生态等方面的空间布局形态，既是湾区经济活动空间结果的呈现，也引导着湾区经济的集聚和扩散。

第一节　拥湾抱海空间形态

　　湾区拥有其他都市圈或城市群所不具备的"向海发展"的空间形态，城市间的行政边界逐步模糊。湾区环湾抱海的地理结构，使得区域次第相连，呈现半环状特征，城市间接壤或隔海相望，相互接壤的城市可构成通勤都会区。通过跨海大桥、隧道等，隔海相望的城市也可变成近邻。由于带状或环状的地理布局，港口城市辐射能力随距离而较快降低，由此会产生一个以上的基于港口发展而成的中心城市，通过交通、信息网络使区域城市之间更易发生"化学反应"，最终形成一体化的空间发展格局。

一　湾区向海空间形象构建

　　湾区"拥湾抱海"的独特特征，促使湾区经济布局首先是临海经济空间布局，形成滨海生产生活空间、湾区自然景观、人文历史景观和人造环境景观的有机融合。湾区之所以更易集聚高端要素资源，湾区优越的自然生态环境、突出的生态环境容量、优美的滨水景观资源是其重要成因。

（一）湾区向海生活空间构造

　　海湾空间的环抱和半环抱形态使中小尺度的湾区内居民较易产生强烈的湾区空间归属感，湾区开放空间和路网结构对湾区亲水性、可达性十分重要。"纽约等湾区的滨海空间，都是以商业、居住、旅游等功能支撑的城市核心生活区，而不是港口码头、仓储物流、船厂工业等生产区。这样的功能布局，既有历史发展的原因，更有规划控制的效果。"①

由此，通过观景和海上活动方式推动滨海和海上生产生活的空间布局，构造向海空间形象。根据湾区空间整体原则和空间可达原则，应突出海洋特色塑造，促进港口、临港工业、远洋产业之间的优化布局，加强环湾填海区域的控制，适当转移湾区无法满足空间需求的产业。湾区两岸的交通联系是促进湾区经济优化布局的重要手段，强化湾区内外的交通网络和景观构造，对优化湾区经济布局作用十分明显。应突出滨海环湾大道、高速公路、城际轨道的串联组织，注重各组团板块间产业布局的有机联系。

（二）打造湾区独特魅力空间

海岸线开放的深度，影响海湾对内陆的腹地面积，影响滨海地区对湾区城市的辐射价值。富有特色的湾区开放空间成为湾区高品质休闲和旅游资源，形成湾区最有活力的片区，从而提升湾区的宜居水平。

湾区曲折多变的海岸线形成丰富的自然景观和多样的产业布局，湾区内水体是海上活动和观景的最大载体，湾区历史人文景观具有极强的海域特色和本土特色，是湾区独特的文化底蕴。湾区起伏变化的天际线、城市

图 4 - 1　深圳湾空间形象示意

---

① 张赫：《布局合理的纽约湾滨水区》，《中国海洋报》2017 年 7 月 26 日第 4 版。

构筑外轮廓、环湾滨海绿地等，则是湾区经济活动的空间重要形象展示。可构造连续的公共空间，满足居民的亲水需求，并基于海岸带空间形态、功能布局与环境特色，塑造人文与自然景观密切交融的城市意向，形成集合文化场馆、城市休闲、潮汐公园、游艇码头、商贸会展、海岛体验的现代滨水岸线，形成湾区的独特魅力空间。深圳湾空间形象示意如图 4-1 所示。

二　湾区海陆统筹空间格局

作为具有独特地理形态的滨海区域，统筹陆海发展、善用陆海空间尤为适时和迫切。通过湾区陆海生产生活空间的营造或再建，实现以湾兴城，以产促城，在港、产、城融合发展中突出塑造优美的湾区景观格局，提升湾区宜居宜业价值。

（一）打造港产城融合发展空间

湾区起源于港口经济，随着信息化程度的提高和产业结构的不断调整，湾区历史上形成的单一城市功能布局和内向空间结构形式已不能完全满足现代生活的需要，湾区内港口城区等历史空间则因缺乏商业、文化、娱乐等设施而失去了应有的吸引力，需要在新的湾区规划中通过港口、城市、产业、滨海空间一体化调整优化。

开展混合使用功能规划，将商业、旅游、居住等各种功能合理安排进湾区空间，保持湾区空间的多样性、公共性和延续性。在湾区的城市更新中，应尊重原有的湾区港口等老城区的城市格局和肌理，保留特色街区街坊，更新历史滨水设施，转变传统"功能分区思维"，重塑湾区空间节点，重塑湾区场所精神。

（二）塑造湾区优美城市形象

湾区天际线是湾区城市功能与文化内涵的重要体现，是湾区空间序列的外在表现，应注重湾区天际线的整体塑造，利用集群效应形成视觉中心，湾区滨海建筑高度由临海界面向后逐步形成梯度，建筑位置后退依次增高建筑高度，以丰富天际线层次，彰显湾区滨海城区的优美城市形象。突出湾区海陆空间的"共享"原则，对海岸线进行退让，保护特有的滨海景观，湾区城市形象可充分考虑空间的通透性和景观的时空连续性，营造安全友善的湾区滨海空间。国内外部分湾区空间规划重点见表4－1。

表4－1 国内外部分湾区空间规划重点

名称	地形	特点
东京湾区	半封闭内扩型	通过填海推动大规模综合开发，依托港口发展重化工业和物流业，滨海工业带与主城区有机隔离，各类产业在区内联动发展、集聚和有序分工
旧金山湾区	南北围合型	强化南湾、东湾、北湾、半岛等区域自身特色，增强各中心区域集聚效应，构建依湾生活和工作区
奥斯陆湾区	峡湾型	通过湾区空间与城市内部空间的整体规划实现区域功能与形态上的转变，集混合用地、港口用地与湾区开放空间于一体
悉尼湾区	链型	充分体现"以人为本"，将湾区城市空间建成步行者天堂，坚持文化、社会、历史价值优先，实现湾区旧城区的现代价值更新
深圳湾区	半敞开型	突出湾区与城市内部的联系和方便易达的滨海交通，滨海区与居住区、工作区顺畅联结。通过深圳湾跨海大桥，使深圳湾北侧成为深圳新的城市中心，在南侧建立香港新的市镇

悉尼湾区空间结构示意见图4－2。

图4－2 悉尼湾区空间结构示意

第二节　多中心网络型空间结构

从某种角度观察，湾区经济就是城市群经济或都市圈经济与港口经济之间的"聚变反应"。伴随着湾区产业结构的高级化，集聚外溢效应的不断扩大，高效交通体系的持续递进，信息资讯的便捷传播，湾区逐步呈现多中心网络型空间结构特征，一个或多个港口中心城市形成湾区经济发展的核心基础，反之，湾区也为港口中心城市发挥更大作用提供了更广阔空间。在此演进过程中，港区空间规模收益递增，城市边界日趋模糊，各个城市发挥各自比较优势，寻求发展最大公约数，以此来提升区域经济综合实力和竞争力。

一　湾区城市功能分工体系

湾区空间结构的演化，首先是内部功能的整合提升，其次是外部空间的发展与扩张。湾区内形成不同专业化的水平分工体系，各大都市区规模和范围不断扩大，周边区域不断融入湾区发展腹地，形成不同城市等级的有机分工体系。

（一）"多轴线、多中心、网络化"空间发展框架

"多轴线"指湾区城市扩张从单中心围层式拓展向轴线式延伸，已形成的多中心城市之间逐步连点成网，通过集聚与扩散机制，形成多个规模等级、多种功能组合的公共中心体系。"网络化"指以多级公共中心为节点，以线型公共设施为连接纽带，形成网络状的空间布局结构。根据区域共生理论，湾区基于多立体、多层级、多元化导向，通过流、链实现"多中心"

共生。

研究表明，类似湾区这样的巨型城市区域，随着时间的推移，越来越多的人口和就业岗位集中于港口中心城市外围，较小城镇之间绕过中心城市进行信息的交换，变得越来越网络化。随着信息时代的到来，湾区内经济活动在空间上更加分散，但能通过通信和交通网络形成更加复杂的整合，空间结构更趋开放，通过点、轴、线极大地提高城市间居民就业和居住流动的便利性，改变了单个城市传统的运营模式，给区域和城市规划带来质的变化。

（二）湾区水平分工和垂直分工有机结合

湾区强调不同层级的城市在规模、功能和区位上的相互联系和协作，从而提升湾区发展的整体性。在湾区产业结构高级化和经济活动国际化的推动下，现代服务业逐渐取代制造业成为湾区核心区域发展的支柱产业，金融、创意、高新技术产业集聚效应增强，主要港口城市逐渐成为湾区的中心城市，其主城区的指挥控制中心、消费中心功能进一步显现，推动了湾区内部城市功能和空间形态重组。湾区内部城市体系形成了一定的等级规模体系，港口中心城市与其他城市、城镇保持着合理规模和服务范围的匹配，促进了湾区整体运行效率的提升。

在此框架下，湾区金融、商业中心布局在中心城市的关键区位，主要的外围产业区与中心主城区之间形成城市带，并在其中培育起若干次级商业中心与生产性服务中心，由此推动人口的空间分布趋向均衡，不同专业化服务中心（中小城市、城镇）则形成各有侧重的功能布局。

（三）湾区多中心城市功能体系

湾区经济空间扩展大致经历强核→渗透→布网→连接→融合等阶段。在"强核"阶段，港口中心城市引领作用日趋增强，借助工业化和城市化发展动力，以及人口规模、地理位置、经济影响力等优势，形成都市圈多核发展态势。在"渗透"阶段，港口中心城市因规模膨胀，产生"城市病"等一系列规模不经济现象，中心城市内产生向外"渗透"力量，推动城市郊区化和次城市区域发展。在"布网"阶段，次中心城市区域建立，高速公路交通基础设施等推动中小城市、城镇发展，形成网状结构。在

"连接"阶段，区内高快速路网、城际轨道网将各个港口城市以及其他大中小城市、城镇连接成为一个有序的大区域。在"融合"阶段，湾区内各个中心城市形成的都市圈交织扩散，将各等级规模的城市功能优化整合，融合形成由一个或多个成熟大都市圈构成的城市群。

湾区城市间呈现高度分工协作的关系，其中港口中心城市逐渐成为金融服务、科技创新、消费中心，引导一般加工制造、仓储物流、旅游休闲等非核心功能以及部分行政、科教等职能向周边城市疏散。周边大中城市则依据比较优势承接自身具有竞争力的产业功能，成为湾区制造业中心和服务次中心。多中心城市的功能外溢形成圈层扩散效应的交织，形成新的若干重要战略节点区域。

在 TOD（公共交通导向的土地开发模式）和 TND 模式（传统邻里开发模式）推动下，湾区以大运量公共交通作为联系纽带，以邻里为基本发展单元，提高多中心城市的运行效率，引导城市体系间居住与产业布局优化调整。港口中心城市与外围城市形成"管理＋生产"职能的联系和合作关系，形成各自的专业化经济效应。通过规划新的次级中心和开放空间，湾区可有效控制超大中心城市的爆炸式增长，在湾区整体架构下优化中心城市及非中心城市"集中和分散"的关系，从而形成更为有机整合发展的城市群功能体系。

二　湾区网络开发模式

在"新区域主义"概念下，湾区发展不应是中心—边缘城区模式或局限于城市边界条件下的发展，应在湾区整体框架下统筹安排各城市的发展功能，通过网络开发将港口中心城市主城区的公共服务功能、产业功能、居住功能向外围城市疏散，形成更多就业吸引力和产业集聚力的网络节点，从而提升湾区整体协作和开发水平。

（一）港口中心城市中枢功能推动

在全球化和信息化时代，生产分散于全球各地，而金融、专业服务等高端生产性服务业则越来越向体系顶端的全球性城市集中，同时高度畅顺的物流、信息流促使其中一些专门化服务功能实现在更大区域尺度下扩散，又在一些次级中心集聚。物流、信息流在多中心城市间的扩散和集聚形成更高质量的规模经济和集聚经济，并通过高快速公路、高速铁路、城际铁路等网络状交通体系，形成多中心、多层级的湾区都市区域。

湾区经济发展，首先集聚庞大的人口规模，进而壮大经济规模，提升经济承载能力。湾区经济发展需要不止一个中心城市发挥中枢推动功能，形成强大完备的生产性服务业主导的功能业态。由此，湾区内部次中心城市与港口中心城市形成更为有机的区域分工网络，联动发展效率更高、专业分工更细的生产性服务业，拓展或强化更多的发展轴带，促使中小城市和外围城市能够继续保持制造业基地的竞争力。

（二）湾区点轴开发与协同

湾区多中心网络状的空间特征，要求湾区发展必须突出网络开发模式。交通网络既促进湾区空间拓展并改变湾区空间形态，也直接改变湾区区域条件和作用范围，产生新的交通区位优势，改变湾区原有产业空间结构。基于区内的一系列增长点和发展轴，网络开发首先要强化通道建设，促进城市间建立更为紧密的经济联系，按比较优势和竞争优势原则对湾区内城市性质、产业功能进行适当的分工和定位，强化增长极之间的协同性，削减互损性竞争。

按照城市网络体系形成与有效运行的要求，应当及时寻找网络开发的新发展点、新发展轴、新发展极。增长极和轴之间存在较强的扩散扩张效应，以及良好的生长发展条件，这正是实现湾区协同增长的有效途径。同时，它们还是新生产力布局引进的最佳部位，是新的交通通道与枢纽的重要组成部分，甚至有可能成为最佳人居中心。对这些点、极、轴进行重点开发，对湾区经济发展将产生更强的推进作用。依托若干产业型空间、港口枢纽、产业新城等，沿点轴建立若干规模不等的增长中心，每个增长中心都有充足的公共服务、商业设施，依托便捷交通系统形成网络化的湾区敞开空间结构。各增长中心之间存在着诸多空白发展地带，随着点轴开发的加快，基础设施密集建设的提速，这些空白地带将会被逐渐填充，湾区空间逐渐由松到密。

（三）内涵开发和外延开发并举

网络开发可包括内涵开发和外延开发两个方面：湾区基础设施网络相互联通、合并、再分化，属外延开发范围；湾区依交通、产业和城市向高密度、高层次、高分化方向演变，则属内涵开发范围。如粤港澳大湾区的城市网络开发已进入高度分工状态，前海、南沙、横琴的开发对深圳、广州、珠海三市而言属外延式开发，而对大湾区城市群而言，仍属内涵式开发。

在巨量人口基数下的土地空间资源日趋受约束的情况下，湾区多中心网络型开放式的空间结构，促进了居住人口在湾区整体空间下多中心分布，推动与产业空间分布相匹配。多个紧凑发展的中心（组团）、综合城区或产业新城，可降低从属性就业人口在中心城区边缘的集聚度，有利于减少总的出行距离和货运总量，有利于促进湾区整体建设空间的整体有序，进而提升湾区空间结构的整体绩效。

在湾区各城市功能组团专业化生长点→多样化生长点→次级中心（新城）的形成路径中，各类专业化产业集聚区在吸引中心城区及周边地区的人口与就业，配套服务功能尤其生产性高级服务功能的跟进、新城功能的不断完善等方面均发挥重要作用，成为湾区多中心网络型空间结构的重要推动力量。

湾区各产业集聚区类型见表4-1。

表4-1　湾区各产业集聚区类型

空间类型	区位	成本	设施	环境	业态	与湾区关系
商务区	各级城市 CBD、临近重大交通枢纽或会展中心	不敏感	高品质酒店、文娱、商业、生活配套设施	公共交往空间	企业总部、金融前台、专业和中介服务	决定湾区辐射能力
科技园	大中城市外围地区或郊区	较敏感	生产性服务平台、孵化器、创客空间、大学及特色学院、完善生活配套设施	优美生产生活环境、公共交往空间	战略性新兴产业及先进制造业总部、研发中心、金融互联网等技术研发	决定湾区创新能力

续表

空间类型	区位	成本	设施	环境	业态	与湾区关系
工业园、物流园	城市外围地区、便捷交通	非常敏感	较充裕土地、基本生产生活配套设施	先进制造业、传统制造业	仓储物流、金融后台	湾区产业基础与方向
创意设计园	临近中心城区或城市更新地区	较敏感	完善的生活配套设施	公共交往空间	文化创意电商	影响湾区文化特质

  总体而言，产业结构高级化是湾区多中心空间结构演化的基本动力，中心功能的集聚和扩散、延伸和裂变，推动了湾区整体功能复合高端化，从而形成规模化、综合化、高强度的湾区空间开发结构。在产业空间结构变动推动下，湾区空间拓展模式可实施"快速公路导向的'产业空间发展＋快速轨道导向'的高密度人居空间发展"的新发展理念，构建"舒展的紧凑城市系统"。可充分发挥交通走廊作用，在沿交通走廊地区布局科技园、工业园、物流园等产业集聚区，不仅有利于接受中心城区向外扩散的制造业及服务业，增强各类产业园区、产业新城的有机联系，更有利于推进产业、人才和资源达到更高层次的动态平衡，以适应湾区内各城市的功能分工调整要求，进而带动扩大各城市集散商品和要素的能力和范围。

第三节　湾区产城关系调整

在湾区人口规模和经济规模持续集聚的导向下，随着湾区城市规模的不断扩张、通勤距离的不断加长，湾区的产城关系较单个城市内的产城关系出现较大变化。在湾区整体上向以知识经济、服务经济、休闲经济、都市型工业经济为主体的多元化经济空间格局变动下，湾区产业空间呈现合时性的时间维度复合，以及不同时间段的功能共享与转换，湾区城市间界线逐步模糊，呈现出巨型城市连绵体形态空间结构。由此，湾区产城关系调整要适应湾区产业发展及空间演变总体趋势，不断实现产业、城市、居民的匹配和融合发展。

一　在湾区整体架构下推进产城融合

湾区产业布局影响因素如表4-2所示。

表4-2　湾区产业布局影响因素

区位	具备要素	吸引产业
中心城市主城区	高端综合服务	企业总部、金融前台、互联网、贸易、文化及旅游服务、专业服务等
大中城市城区、中心城市郊区	综合服务	文化生产、创意设计、传统优势产业总部及设计、电商、商贸、会展等
产业新城、新兴产业基地	高校、研究院、公共服务平台等	战略性新兴产业总部研发、生产，先进装备制造总部研发、生产，传统优势产业生产，互联网后台，金融后台等
小城市、城镇、特色资源区	交通要素、政策要素、历史文化要素	特色产业生产、旅游产业、批发零售等
港口区、空港经济区等	交通要素	临港工业、物流会展、保税服务、航空服务等

与传统都市圈或城市群相比，湾区经济活动在地理上更集中，一体化更强，有利于产业群发展以及各中心发挥比较优势，从而整体上提升湾区运行效率。基于此，湾区产城关系调整，应将湾区城市群或都市圈作为一个整体考虑，突破单一城市行政区划的限制，在更大更优的空间尺度下，促进产业和城市发展的共生共利。

（一）推进湾区产城一体化发展

把握湾区整体产业发展趋势，促进产城互动，避免城市单个板块空心化，突破单一城市化弊端。按照"以产兴城、以城兴产、产城一体"的要求，推进产业区与城市功能融合，依托产业区推动新城区发展。为中心城区配置适度的产业空间，吸纳绿色环保、就业力强的城市友好型产业。对于城市之间的远郊及各大城市难以连片衔接的开发区，推进特色小（城）镇融合发展，完善开发区自身生活功能。对湾区内港口群发展，在促进专业化功能分工基础上，应加强推动港产联动，从单个的港城融合逐步实现湾区整体性的港城融合发展。

（二）推动城市功能和产业规划同步

在湾区多中心网络型空间架构下，定位好符合湾区持续发展的产业、城市规划和城市功能配套，实施好城市功能规划与产业发展定位的"同步原则"。推动港口中心城市主城区的多余功能向次中心城区以及邻近城市疏解，推动大中城市部分产业功能向中小城镇疏解，增强中小城镇专业化产业功能，将其培育成为现代化小城市。在此过程中做好新老产业接续，防止因产业衰退引发"衰城"问题。

湾区产城空间结构见表4-3。

表4-3　湾区产城空间结构

空间特点	扩散大于集聚，多中心与多层级的郊区分散阶段，城市多中心网络体系形成
业态演化	港口中心城市功能外迁，生产型服务业高度集聚，传统劳动密集型和资本密集型制造业由核心城市向周边城市扩散，渐成多中心城市空间形态
规模等级特征	港口中心城市首位度由高向低，次中心规模由低向高，整体空间分布有序

续表

功能结构特征	多中心、分散化，城市功能由低级复合逐渐走向专业化
核心 CBD 内部结构	圈层或线形多核心模式
开发强度	容积率较高，高度集聚

（三）在湾区总体框架下统筹职住平衡

实施产城融合的多尺度策略，将工业园区、工业新城、新市镇建设放置于湾区整个城市功能体系中，或湾区整体空间结构中统筹考虑。将湾区不同城市看作湾区发展彼此联系的空间网络单元，构建起产业相符、规模适当、服务配套的组织方式，促进不同功能区的有机联系和良性互动。

在湾区整体城市网络体系中，纵向与横向经济整合，以及网络外部效应可成为构建城市空间组织的主角。城市功能级别及城市网络体系的整合则成为城市规模形成的重要因素，即便在小城市（镇），这些因素也可助其获得适当的规模经济。因此，提高湾区内部的居住供应能力，培育完善中小城镇的城市功能，可增强其竞争力，也可减少向心通勤量，促进职住平衡。

二 湾区产城功能分类调整

湾区内各种物质要素高度集中，多样化活动高度交织，不但衍生出港口枢纽等城市功能，而且改变了区域组织和空间形态结构，影响湾区内城市人口分布、居住结构、土地利用结构及生活方式，是湾区生产力布局和结构调整的主要动力。在湾区产城关系调整中，增强产业需求与空间供给的有效匹配，从产城互动角度引导各类分区的功能组织和规划保障，则显得尤为重要。

（一）产业园区功能提升

将单一的制造类产业区提升为生产生活多元的功能新城，全面提升园区承载能力，如将湾区的临港工业园区、物流园区、综合保税区等改造扩展为集工业、商业、教育、休闲娱乐等多功能位于一体的滨海新城（区）。

（二）新旧城市建设改造

通过建设新城（区）打造高水平城市设施和产业配套功能，先行完成教育、医疗、金融等机构建设，以优质的城市功能吸引高端产业进驻，促进人口集聚。在老港口码头、老工业区、老商业区改造中，在保留历史人文景观的基础上提升其城市基础功能，侧重于集聚文化娱乐、休闲旅游等产业形态。

（三）中心城区提档升级

将中心城区划分为若干个产城一体化基本单元，每个单元均含职住平衡、功能复合、绿色交通等特征，实现居住、生产、交通、休憩等功能的一体化，改变原有功能分区所致的产业布局和城市功能隔离。

（四）城市间合作共建

湾区内多个城市合作打造产业新城（新区），依托高铁、城铁等基础设施，在一小时通勤圈内合作建设产业新城，承接湾区中心城市产业外溢转移，形成新的副中心。完善产业新城的居住、商务和公共服务配套功能，尽可能地获得与中心城区大体均等的就业、住房、教育机会、公共服务、生活环境和生活水平。

湾区产城关系演进模型见图 4-1。

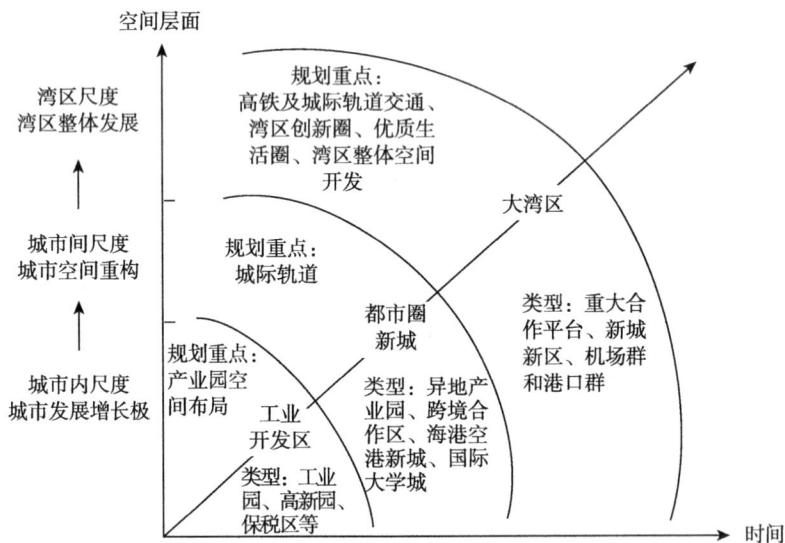

图 4-1　湾区产城关系演进模型

三　发挥轨道交通调整产城关系的作用

发达湾区均拥有与海外和内陆腹地便捷、广泛的运输网络，依托高铁、国铁、城际轨道、城市轨道等多种铁路轨道方式，构建多模式集成的轨道交通体系，服务于湾区内城际、商务、通勤等目的出行，形成制式多元、服务一体的轨道交通体系，支持产业与城市空间的协同发展。

湾区空间在每一阶段的调整都与交通方式的变革息息相关。区域可达性、交通方式的进步、就业的集中与合理分配，均对湾区整体空间的形成发挥着十分重要的作用。湾区多中心的发展、高密度城市群的形成，不断增加对远距离交通的需求，从而带动轨道交通网的加快发展。

（一）轨道交通引导湾区空间有序拓展

作为基础性功能，轨道交通首先要解决港口中心城市主城区的交通拥堵问题。而作为先导性功能，轨道交通则要引导湾区内各城市空间的有序拓展，引导湾区人口和产业在更广的范围集聚，促进湾区内部空间的重组与优化，推动形成新的湾区产城关系。依托层次丰富（地铁、市域快线、市郊铁路、城际轨道等）、规模庞大、功能明晰、服务水平高的轨道网络，纽约、东京等湾区的都市区范围扩展到 50 千米以上，形成以轨道交通为主体的长距离通勤、商务联系。

由于可达性的提高，轨道交通促使城市基础设施功能向其线路两侧尤其是轨道站点影响区集中，形成轴向发展趋势，从而在更广范围内形成网络化空间格局。湾区内各级城市及城镇的各类功能、社会资源、生产单元通过网络化轨道系统有序地组织起来，形成一个高效运转的空间整体，从而形成以时间概念为发展视角的通勤圈和城市影响区。

（二）城市功能为适应轨道交通发展而调整

湾区轨道交通建设并不是单纯扩大通勤圈，而是强调其与空间结构形成良好的耦合关系，特别是综合交通枢纽与城市功能中心的布局相耦合，以强化重要功能中心辐射带动作用，并强调轨道交通对城镇发展轴的引导，中心城区 30 千米外各城镇、各功能区发展相对独立，以避免无序蔓延和大规模、长距离通勤出行。

　　伴随湾区空间形态的网络化发展，城市功能将以轨道交通通勤范围为基础进行再分配，围绕轨道站点快速完善新城（区）各项设施，吸引主城区产业向新城（区）集聚，推动湾区形成以轨道铁路为骨架的"多中心"空间布局架构，推动高密度城市空间效能的充分发挥。

　　在轨道交通、技术革命等推动下，湾区空间布局整体出现"大区域聚合、小区域高密度集中、中区域圈层扩散"的趋势特征，通过城市功能的延伸、转移和再集聚，由单中心不断趋向多中心并逐渐高密度化、网络化，推动需要大量信息互动、交流和联系的生产性服务业集聚和辐射范围更大更广。相关产业部门在湾区空间重组过程中，可考虑依托轨道交通实现网络化与专业化的分工和协作，从而促进传统产业和新兴产业在湾区不同区位上重新集聚和发展调整。

　　湾区职住与交通方式见表4－4。

表4－4　湾区职住与交通方式

	空间距离（千米）	通勤时间（分钟）	职住特征	综合运输方式
城内	0～30	15～45	居住、购物、上班等，生活性联系为主，交通需求量大，网络化分布	地铁、有轨电车、快速路等
城际都市圈	30～60	40～80	商务、休闲等生产性＋生活性服务，交通需求增长快速	城际轨道、高速公路等
湾区城市群	60～150	60～120	商务等生产性服务为主，对时间敏感度高，轴带化分布	城际轨道、高铁、高速公路

第　五　章

湾区经济发展战略与政策

湾区经济发展战略是对湾区发展的长远性谋划，湾区经济政策是指促进湾区经济增长、优化湾区经济结构和资源配置的具体举措。充分发挥湾区比较优势，制定相适应的湾区经济发展战略与政策，是湾区更好发挥增长极等作用的重要手段。

第一节　湾区经济发展战略

湾区形成和演进的内在动力源于湾区内经济发展的自身需求，但仅仅依靠区内产业集聚扩散以及结构升级来发展湾区经济，可能会较为缓慢和困难。单纯依靠市场机制，湾区内中心城市的发展有可能会牺牲周边城市利益。而城际的交通、电力、通信等基础设施网络由于其固有的排他性，需要由政府来提供。因此，加快湾区经济发展，离不开政府相应的发展战略、规划、政策等方面的支持。

湾区经济发展战略就是对湾区未来发展的全局性长远谋划，是湾区规划和计划实施的灵魂。湾区经济发展战略要充分发挥区域比较优势和竞争优势，促进湾区的可持续发展，在发挥好政府引导性作用的同时，发挥好市场在资源配置中的基础性作用，应立足于湾区特色，深度挖掘湾区发展潜力，促进基础设施互联互通和发展要素高效便捷流动，提升湾区发展能级，切实使湾区发挥出作为一国一域的增长极作用。

一　湾区发展 SWOT 分析

SWOT 分析是制定湾区经济发展战略的基础。对湾区而言，优势往往与劣势并存，机遇与威胁（挑战）并存，需要将湾区经济发展的各类要素分析透彻，才能制定更有针对性的湾区经济发展战略。如粤港澳大湾区，其发展机遇，在于世界经济重心东移、新的技术革命即将来临等；其优势，在于具有良好的航运、金融、商贸及创新发展条件，已形成强大的产业分工体系，是全球电子信息等产业制造重地；其劣势，受制于"一个国家、两种政治体制、三个独立关税区"的现实条件，发展要素的高效便捷流动不如旧金山湾区等世界发达湾区，甚至不如国内的杭州湾区；其威胁（挑战），国内杭州湾区正在快速崛起，与纽约湾区等世界发达湾区的竞争也更趋直接且激烈。

	机遇 O	威胁 T
优势 S	（4）S＋O 战略 发挥优势，抓住机遇	（3）S＋T 战略 发挥优势，规避威胁
劣势 W	（1）W＋O 战略 克服劣势，抓住机遇	（2）W＋T 战略 减少劣势，规避威胁

通过 SWOT 分析，制定湾区经济发展战略原则，首先，要通过各种手段弥补湾区发展的劣势，最大限度地利用外部环境所提供的各类发展机遇；其次，要发挥好自身优势，更能有针对性地应对威胁或挑战。要善用好湾区不可再生的空间资源，推动在大平台、大产业上合理分工协作，"扬长避短"把有限的资源价值最大化。在合理分工中找准湾区自身发展的合理定位，在政策集成、资源整合等方面突出轻重缓急，而不是面面俱到，全面发力。

二 湾区发展战略坐标分析

湾区发展战略坐标，首先，包括地理区位坐标，可评估湾区自身区位优势和劣势，以明确核心功能产业的首位度和竞争力；其次，包括资源禀赋坐标，如湾区深水港口、国际机场、产业链等资源的规模和可替代性，等等。

战略坐标的选择是湾区经济发展战略的重大方向问题。如粤港澳大湾区，在科技创新方面可以旧金山湾区为坐标，在金融发展方面可以纽约湾区为坐标，在实体经济发展方面可以东京湾区为坐标，借鉴它们的成功经验，明确自身的发展路径与方向。在确定战略坐标后，再选择适合湾区自身条件的具体的区域发展战略和产业政策，以寻求更为有效的发展突破口。各城市也可选择相应的战略坐标，如深圳以硅谷为战略坐标、香港以纽约为战略坐标等。

三 湾区主导产业战略

在湾区产业形态分析章节中，已明确主导产业（产业集群）的重要意义，它是湾区经济发展战略的核心构成。主导产业指具有较强竞争优势、现有产业基础较好、行业规模较大、对地方经济增长贡献率较大、行业成长速度较快且未来市场需求增长看好的产业。它一般处于产业链的关键环节，对区域其他产业具有较强带动作用，具有较高的生产率和较强的创新力。

（一）湾区整体主导产业战略选择

从主导产业作用来看，主导产业战略是一种区域"赶超型"战略发展的主动选择，就湾区发展实际来看，在一定时期内，区域主导产业以 3 ~ 5 个为宜，一般是由若干个相互关联的部门有机结合形成的主导产业群。由于区域产业具有一定的生命周期，应在第一代主导产业进入成熟期前，着手培育第二代主导产业，以形成新老产业的顺利交替。

结合湾区产业调整实际，增强航运金融商贸创新等核心功能业态是其首要任务，因此，围绕这些功能业态，可在不同阶段和产业生命周期，培育和发展相应的主导产业。如航运方面，就粤港澳大湾区而言，在当前阶段，需要通过整合湾区港口群、机场群以及高快速路网体系，壮大以供应链管理为核心的物流业主导产业；在金融方面，顺应互联网金融、绿色金融发展趋势，培育创新金融等新兴主导产业；在科技创新方面，发挥湾区综合优势，壮大和提升智能手机主导产业、新能源汽车主导产业，形成相应的产业集群等。

（二）湾区各城市主导产业战略

湾区由若干个大大小小的城市组成，各城市在湾区承担的职责和定位并不相同，应确定其主导产业战略定位目标并实现差异化发展，尽可能地避免同质化竞争。如旧金山湾的旧金山、奥克兰、圣何塞等城市的主导产业发展战略不尽相同，旧金山致力于成为全球风险投资管理中心，奥克兰致力于港口和国防工业发展，圣何塞则致力于打造立足于"硅谷"的高科技研发业态。纽约湾区内的纽约、波士顿、费城、巴尔的摩等市也有各自的主导产业发展战略。东京湾区内东京、横滨、千叶等城市也形成错位发展的城市发展战略。

在粤港澳大湾区规划中，如何在明确湾区整体发展战略定位、主导产业战略后，科学规划和实施各中心城市、次中心城市的主导产业发展战略，实现区域协同发展，还需要做细致深入的引导和协调。

第二节　湾区经济发展政策

根据区域经济政策一般定义，湾区经济政策就是政府或其授权部门在特定时期对湾区制定的经济政策的总和。湾区经济政策可分为中央政府的湾区发展政策和各级地方政府的湾区发展政策，政策手段包括湾区发展规划、投资政策、财政政策、金融政策、产业政策，以及重大项目布局政策、开放政策，等等。湾区经济发展政策着重于在湾区整体框架下突出制度创新工具，结合区域经济合作促进生产要素的跨区域循环，保障"先行先试"确权，鼓励地方的自主性立法试验，以促进区域发展一体化。从国际发达湾区发展实践来看，全面且超前的发展规划及相配套的法规和政策，在提升湾区空间整体利用效率、促进港口城市群功能分工、协同等方面发挥了十分重要的作用。

一　湾区发展规划

湾区发展规划是一定时期内，政府或授权的组织对湾区的经济发展、社会结构、空间布局以及经济社会发展过程中出现的问题进行综合部署和具体安排，是湾区建设的主要依据。湾区发展是一复杂、长期的区域规划过程，须建立在理性分析基础上，以前瞻性的思路和对策协调多层次的战略目标，最终实现区域的可持续发展。

（一）湾区规划作用

区域规划的作用，主要在于不断调整原先的不合理设置，将体制机制创新的新元素放到一个或若干个特定空间，或先行先试，或重组整合，产生增量意义上的动力和价值，解决行政区划存在的矛盾和问题，促进新经济发展集聚融合，拓展经济社会发展空间。其本质上应是一系列市场化的制度安排，推动形成统一的市场准入和市场监管手段，从而实现相应的战略发展目的。

湾区规划是湾区经济得以形成和发展的不可或缺的方式，湾区经济并非市场经济这一"看不见的手"完全自发形成，政府这只"看得见的手"的功能和作用同样重要。湾区经济在一定程度上是强烈目标导向下的结果，通过政府规划干预有效地与市场经济相衔接，引导湾区经济向既定目标发展。政府在规划实施中应通过市场机制作用推动湾区发展，最终通过政府机制和市场机制的共同作用，解决湾区加快发展中的各种阻碍和樊篱。

（二）湾区规划着力点

湾区规划主要致力于促进形成各具特色、功能互补、优势集聚的湾区发展格局，统筹陆海资源，促进湾区港口、城市、产业规划布局的衔接和融合发展。鉴于湾区生态系统的特殊性和脆弱性，湾区规划尤其要注重有序、有度开发利用湾区自然资源和岸线资源，加强围填海和海岸线管理，加强湾区污染防治。

鉴于湾区跨行政区域的特点，湾区规划视区内行政主体的等级、区划等情况，决定是否由中央政府或中央政府交由州、省地方政府制定。如东京湾区（都市圈）的规划，涉及东京都及其他市县，则需要中央政府制定。粤港澳大湾区因涉及"一个国家、两种制度、三个独立关税区"，也必须由中央政府制定。旧金山湾区各市县同处北加州行政区域，区内地方政府等组成的湾区政府协会便可行使规划职责，通过"自上而下"与"自下而上"相结合，以权威性的区域规划强化各方参与区域合作的约束力。

在湾区规划中，在人口、货物、资金等要素流动，制造业和服务业等产业关联配套、市场及公共服务共管共享、生态环保联防联治等方面，可制定适当的发展评价指标体系，并进行监测评价，以便及时发现问题，做出相应的预警、防范和纠偏。

二 湾区产业政策

基于比较优势理论和规模经济效应，市场经济发展促进区域分工，区域分工必然要求区域合作。地方政府以地方财政收入最大化和政治晋升为目标，重复建设与市场割据较易成为地方竞争的重要手段，会出现湾区公共物品不足、区域经济合作难以推进等问题。这就是湾区产业政策实施的动力和依据。

湾区产业政策是湾区发展战略规划实施的重要工具，在解决行政区划中种种矛盾和问题、在新经济发展集聚融合、城市空间拓展等方面发挥着重要的作用。克鲁格曼认为，"在都市圈中，由于……集聚性和规模性……能够覆盖到一定距离的城市，这种中心城市的'阴影效应'可能导致周边城市……发展条件的弱化"。[①] 对湾区而言，合理的产业政策则可避免这种"阴影效应"，根据自身产业定位构建更具效率的产业链，促进形成城市间合理的产业分工协作体系。

在湾区"极化"效应主导阶段，可根据各城市生产要素配置的密疏、比较优势的强弱，引导和建立相应的产业政策支持体系，依据产业间分工和产业内分工构建产业链。组建区域性行业协会，建立区域联席会议制度，推进以规模经济为导向的产业组织调整。在湾区"扩散"效应主导阶段，产业政策应能引导产业向生产要素优势集中的中小城市及至"外围"城市转移，加强产业链整合和产业技术联盟建设，构建内外互补的配套产业链。在主导产业选择上应将核心功能产业、高端功能产业、基础功能产业、阶段功能产业与城市功能分工体系互相匹配组合，以求发挥最佳效应。

产业政策实施的成功与否，取决于产业政策条件能否充分激发湾区的发展潜力。例如，湾区物流业政策应统筹考虑湾区港口群、机场群、高快速路网体系以及供应链管理发展情况，对其采取的补贴、税收优惠等政策工具条件更有利于湾区整体资源的整合，而不是加剧城市间的竞

---

① 〔美〕保罗·克鲁格曼：《发展、地理学与经济理论》，北京大学出版社，2000。

争等。

三 湾区基础设施投资政策

良好的区域基础设施和服务，可提高湾区劳动生产率，增加区域规模报酬，提升经济集聚水平，降低湾区内外来往成本，从而促进湾区经济整体发展。它对产业发展的影响，主要体现在可提高产出水平，降低生产和交易成本，从而能提高投资回报率。它对社会发展的影响，在于通过乘数效应提高了湾区收入水平，有利于居民更方便地接近医疗教育设施以及生产和消费品市场，从而增加居民消费福利。

基础设施对湾区发展的预期影响见表 5 - 1。

表 5 - 1　基础设施对湾区发展的预期影响

对部门发展的影响	对社会发展的影响
区位效果 ● 吸引企业的舒适生产环境和吸引劳动力的舒适消费环境 ● 依靠低成本和高回报诱导私人投资	消费效果 ● 基础设施的消费价值 ● 环境改善
生产率效果 ● 作为直接投入而增加产出、提高生产率 ● 通过技术改进促进结构和比较成本的变化	收入效果 ● 通过生产率提高形成较高的工资 ● 基础设施建设工资支出的直接和乘数效应
互补/替代效果 ● 通过互补降低生产和交易成本 ● 通过互补提高其他要素生产率	接近效果 ● 接近市场、廉价的投入较高的产出价格和可选择的就业 ● 较好流动性和通达性

资料来源：根据魏后凯《现代区域经济学》（2011 年）整理。

湾区基础设施不仅包括城市内部基础设施的配套完善，更强调城市之间基础设施的连接共享。因此，湾区基础设施投资政策的重点，可将中央或地方政府财政资金与私人财团及民间组织资金统筹考虑，在不以营利或追求较低投资回报率前提下，按照湾区总体规划安排，通过政府间合作或PPP 模式，推动跨城市的基础设施网络建设和配套衔接，以减少重复投资和无序竞争，降低资源浪费和低效利用。湾区基础设施投资政策应发挥好引导作用，鼓励支持能强化湾区整体联系的基础设施建设，创新基础设施建成后的运营维护和管理模式，并能建立持续的资金投入和人员待遇机制，以保障基础设施的高效运转。

四　湾区公共服务政策

湾区宜居宜业环境的形成，在很大程度上依赖区域公共服务政策的支撑。在跨城市行政体制下，如何将文化、教育、医疗、体育、劳动、社会保险、养老、救济福利等通常以城市为单元的公共服务体系，提升为以湾区整体为单元的公共服务体系，需要有更多的制度创新和设计。

湾区公共服务政策，首先，要促进湾区基本公共服务整体水平的提高；其次，要着重提高城市间基本公共服务的均等化程度。这就需要打破行政分割壁垒，促进技术、人才、信息、生产要素顺畅有序流动，提升资源组合配置的效益效率，促进公共服务标准在湾区内实现公认共享。对湾区的基本公共服务项目，中心城市应发挥牵头作用，探索推进与周边城市的同城化，条件成熟后再带动形成湾区整体公共服务的一体化。

第三节　湾区形象营销与治理

在湾区经济发展战略与政策的实施中，湾区形象营销与治理也可视为湾区经济战略与政策的工具手段。湾区形象定位与营销有助于提升湾区的国际影响力，而湾区治理则在湾区经济发展中发挥着至关重要的作用。

一　湾区形象定位

湾区形象是指某一湾区的整体形态与特征，是人们对某一湾区的看法与评估，是一个湾区的内部公众与外部公众对该湾区的内在综合实力、外在影响和未来发展前景的综合印象。其间，湾区各城市政府、企业及其市民作为体现湾区形象的群体，其塑造的湾区形象决定了湾区的知名度和美誉度；作为评价湾区形象的群体，外来游客、媒体及相关研究者作为评价湾区形象的群体对湾区的口碑和宣传对湾区形象的塑造同样十分重要。

湾区形象可分为视觉形象和感知形象。视觉形象即某湾区直观性的物象特征，如某湾区的城市布局、滨海空间等；感知形象则指某湾区的经济环境、城市文化与特色等。湾区形象是湾区经济形象以及景观形象、公众形象的综合反应。部分湾区及其地位、作用见表 5-1。

表 5-1　部分湾区及其地位、作用

名称	印象	作用
旧金山湾区	全球第一科技湾区	引领全世界创新发展
纽约湾区	全球第一金融湾区	决定全球金融市场变化

名称	印象	作用
东京湾区	全球第一产业湾区	汽车等装备制造业领先全球
粤港澳大湾区	—	全球电子信息产业重地

湾区形象的形成是湾区内城市政府、居民、企业与湾区内外公众相互沟通的过程，不同的区域特征塑造了区域信息，通过不同个体的形象综合成了该区域的形象。已形成的湾区形象会影响区内外观众的态度，又改变着湾区形象的结构和特征，在循环往复中逐步递进。表 5 - 1 反映出部分发达湾区的形象，如旧金山湾区形象就是"全球第一科技湾区"，大多数受访者对其第一印象便是"引领全世界创新发展"。这种湾区形象的形成，既是湾区显著特征的外化，也是通过各种群体对湾区形象的共同"堆积凝固"。

二　湾区区域营销

按区域经济学观点，区域可被视作一个具有某种价值和使用价值的商品，区域营销则是其价值的生产和让渡过程，区域营销是区域市场的管理过程，也是区域财富的增长过程，可寻求区域的细分目标市场，生产和策划特定的区域产品组合，从而挖掘区域的独特价值，找到区域最优的发展路径。[①]

菲利浦·科特勒提出，区域营销的主要策略包括地区战略营销和复兴经济发展两个方面，由此重建区域基础设施，创造和吸引高素质人才，刺激地区企业组织的扩展与成长，发展强有力的公私合营组织，界定和吸引随区域互动和相互依存的公司和产业，实施有效的促销行动。[②]

就湾区而言，在湾区地方政府或相关协调机构推动下，湾区营销首先便是湾区形象的营销，如旧金山湾区被塑造成对全球创新创业人才最有吸引力的湾区，纽约湾区被塑造成全球金融商务精英云集的湾区。其次可针对专门性问题开展共同的市场营销，以扩大湾区整体知名度和美誉度，这

[①] 魏后凯：《现代区域经济学》，经济管理出版社，2011。
[②] 〔美〕菲利浦·科特勒：《科特勒看中国与亚洲（地区营销的成功策略）》，罗汉等译，海南出版社，2002。

就需要明确目标市场定位，包括游客、产业、出口等方面。对于游客，可考虑开发一系列针对游客的目标和策略（如粤港澳大湾区各市旅游部门共同推出的"大湾区欢乐游"活动），以整体湾区形象和亮点吸引游客。对于产业，可鼓励和支持开展新经济活动尤其是创新活动（如"粤港澳创新圈计划"等）。而对于出口，可支持湾区内企业共同扩大销售能力以服务于国内其他市场和国际市场，设计一种形象（如旧金山湾区的风险投资产品、粤港澳大湾区的手机产品，等等）以帮助其产品强化在国际市场上的形象。

作为湾区营销主体之一，湾区相关协调机构及地方政府制定湾区发展蓝图，动用湾区内公共资源资助相关营销活动。如旧金山湾区相关机构举办的湾区经济论坛，对塑造推广旧金山湾区形象起了良好的促进作用。近年来由官方、企业、学界分别举办或联合举办的粤港澳大湾区论坛等活动，也可视为开展湾区营销、提升湾区知名度的积极尝试。

三 湾区治理

治理（governance）指各种公共和私人机构管理其共同事务的诸多方式的总和，是调和不同利益主体的行为活动。它不是控制而是协调，不是一种正式制度和一整套规则。湾区治理（bay area governance）指整合政府或专门的机构和委员会，运用和动员社会及非政府组织的力量，在充分尊重和鼓励公众参与下，以利益共享为基础，打破行政壁垒，在跨区域顶层规划制定、跨区域公共服务一体化、交通和基础设施共建共享等方面建立有效的治理机制，解决湾区的宏观或微观发展问题。

在湾区经济演进进程中，湾区治理主要聚焦在湾区内各城市协同发展机制的建立和作用，包括湾区内港口群和机场群功能分工的协商，湾区内垃圾处理等"厌恶型"基础设施"邻避效应"的协商，湾区内河流及海湾生态的共同整治及修复，还包括湾区内城际轨道、高速公路、高速铁路路网的衔接，湾区船舶污染源头的共同防治，湾区空气质量的共同治理改善，湾区文体设施等公共资源的共享，湾区各城市居民社保、教育等公共服务标准体系的对接，等等。旧金山湾区、纽约湾区、东京湾区等均建立起了相应的非完全官方的湾区治理机制，并取得了良好的效果。

行政壁垒下的市场竞争，必然以寻求地方行政区域内利益最大化和成本最小化为目标，造成区域市场分割，这是区域合作经常遇见的问题。湾区治理机制便是在打破行政壁垒和地方保护的基础上，通过区域合作立法

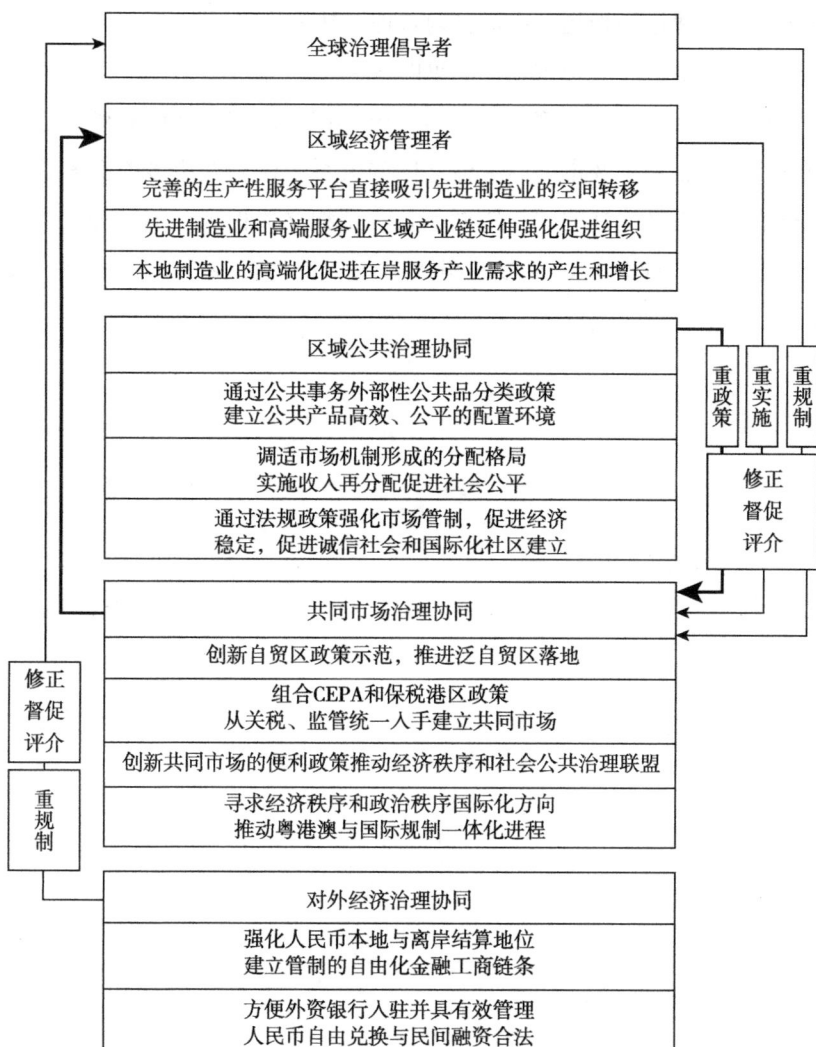

全球治理倡导者

区域经济管理者
完善的生产性服务平台直接吸引先进制造业的空间转移
先进制造业和高端服务业区域产业链延伸强化促进组织
本地制造业的高端化促进在岸服务产业需求的产生和增长

区域公共治理协同
通过公共事务外部性公共品分类政策 建立公共产品高效、公平的配置环境
调适市场机制形成的分配格局 实施收入再分配促进社会公平
通过法规政策强化市场管制，促进经济 稳定，促进诚信社会和国际化社区建立

重政策　重实施　重规制

修正督促评介

共同市场治理协同
创新自贸区政策示范，推进泛自贸区落地
组合CEPA和保税港区政策 从关税、监管统一入手建立共同市场
创新共同市场的便利政策推动经济秩序和社会公共治理联盟
寻求经济秩序和政治秩序国际化方向 推动粤港澳与国际规制一体化进程

修正督促评介

重规制

对外经济治理协同
强化人民币本地与离岸结算地位 建立管制的自由化金融工商链条
方便外资银行入驻并具有效管理 人民币自由兑换与民间融资合法

图5-1　区域公共治理和共同市场机制

资料来源：凌嘉勤：《粤港澳大湾区的社会论述、区域协作和城市行动》，微信公众号"城Plus"，2017年11月8日。

等手段，保障湾区内政府间行政契约的合法性和权威性，包括健全类似湾区合作基金等政策工具，建立港口航运、流域治理等专项协作机制，制定湾区生态环保、土地占用、能耗水耗、生产工艺等方面的准入门槛，明确产业进入和项目建设的负面清单，建立统一的排污权、水权及碳排放权交易市场，允许建设用地指标在湾区内合理流转置换等。

区域公共治理和共同市场机制见图 5 - 1。

对我国而言，如何在湾区发展中有效协调好政府、非政府组织、政府间组织、各类企业以及市民等主体之间的关系，还须做更多的探索，尤其是在粤港澳大湾区这样的"一国两制，三个独立关税区"的区域，能否构建有效的湾区治理体系，是粤港澳大湾区规划目标能否成功实现的关键所在。

第 六 章

湾区经济发展指标评价

从湾区经济发展的内涵和特征上来看，构建湾区经济发展的评价体系，有利于对湾区经济发展水平做出纵向或横向的比较。

第一节 湾区经济发展评价指标综述

一 湾区经济评价指标引述

中国（深圳）综合开发研究院（以下简称综开院）提出了湾区经济评价指标体系（见表6-1）。

表6-1 湾区经济评价指标体系

子系统	一级指标	二级指标
基础性指标	陆地	陆地面积
	人口	人口数量、增长率、密度、集中度
	GDP	GDP规模、增长率、全国GDP集中度、湾区GDP集中度、人均GDP及增速、地均GDP及增速
	产业结构	产业结构、主要行业
结构性指标	交通体系	机场和港口数量、集装箱吞吐量、航空客运量
	对外贸易	对外贸易额及增速、外贸依存度
	金融服务业	全球金融中心指数排名
	科技创新	著名高校数量、受教育程度、最具创新力企业数量
	文化旅游业	海外游客人数、游客消费额、旅游文化产业增加值
	跨国公司	跨国公司营业额、总资产

资料来源：综开院（中国·深圳）：《湾区经济国际比较研究报告》（内部资料），2014年。

综开院对纽约湾区、东京湾区、旧金山湾区以及深港湾区（即深圳＋香港）进行了综合评分，共选取了13个指标，以 $X1-X13$ 分别代表人口

总量、人口密度、GDP、人均 GDP、GDP 增长率、第三产业比重、集装箱
吞吐量、机场旅客吞吐量、100 强大学数量、海外旅客人数、世界 500 强
企业数量、最具创新力企业数量、银行总部数量，由相关系数矩阵特征
值，以及各个主成分的贡献率与累计贡献率，得出世界各大湾区综合排名
（如表 6-2 所示）。

表 6-2　世界各大湾区综合排名

湾区	F1	F2	F3	合计
纽约湾区	33480	-5678	15966	18062
东京湾区	29018	393	13186	17194
旧金山湾区	22219	-5255	9374	11300
深港湾区	8508	1734	8038	6308

注：深港湾区指深圳和香港合计的湾区。

资料来源：综开院：《湾区经济国际比较研究》（内部资料），2014 年。

二　深圳湾区经济监测指标引述

綦鲁明对深圳发展湾区经济监测指标体系做了研究，提出了五大类一
级指标和 30 个二级指标组成的指标体系（见表 6-3）。

表 6-3　深圳发展湾区经济指标体系

一级指标	二级指标
创新辐射水平	研发（R&D）与试验发展活动人员数量、研究开发机构数量、高等院校及学生数量、R&D 投入占 GDP 比重、全员劳动生产率、每万人口专利数量、创新产品产值
开放引领水平	服务贸易进出口总额占 GDP 比重、实际利用外资额占 GDP 比重、对外直接投资额、海洋产业产值
要素集聚外溢水平	跨国公司总部和区域总部数量、外籍人士占城市人口比重、国际会展年举办量、金融机构在境内外设立企业数量
互联互通水平	国际友好城市及友好交流城市数量、网络基础设施宽带速度、国际集装箱班轮航线数、年机场旅客吞吐量
基础设施支撑水平	空气质量指数、水质指标、人均公园绿地面积、道路网水平、基本公共项目覆盖率、每万人执业律师数、每万人文艺场馆数量、人均 GDP、人均可支配收入、就业水平、人均预期寿命

资料来源：綦鲁明：《深圳发展湾区经济监测指标体系建议》，《全球化》2016 年第 6 期。

　　綦鲁明的深圳湾区经济指标体系衡量的是湾区内单个城市湾区经济发展的潜力和能力，可用于各个湾区城市的湾区经济发展评价，但无法直接用于湾区整体发展水平的评价。综开院的湾区经济发展评价指标有着较强的合理性和首创性，在实践中选取指标代表性等方面还可做进一步的改进和完善。

第二节　湾区经济发展竞争力评价

湾区发展竞争力评价，是以湾区为整体的竞争力而非湾区内各城市的单个竞争力作为衡量单位，以支撑湾区整体可持续发展为导向，在发展过程中与其他区域相比，呈现的吸引发展资源以及获取发展优势的能力，集中反映湾区的生产能力、生活质量、社会进步和对外影响，与湾区经济发展指标评价有一定的相似之处。

一　湾区经济四维评价体系引述

鲁志国等人基于湾区经济开放、创新等突出特征，建立了湾区经济四维评价体系（见表6-4）。

表6-4　湾区经济四大评价维度

评价目标	评价维度	常见指标
湾区经济综合发展竞争力	经济规模维度	湾区生产总值、湾区土地面积、人口规模、辐射区域产业
	经济效益维度	第三产业所占比重、人均产出、地均产出等
	经济开放维度	外贸依存度、跨国公司数量、外资吸收数量等
	经济创新维度	研发投入占GDP比重、发明专利数量、新产品出口总额等

资料来源：鲁志国、潘凤、闫振坤：《全球湾区经济比较与综合评价研究》，《科技进步与对策》2015年6月。

通过对纽约湾区、东京湾区等综合竞争力的量化比较，他们认为，综合竞争力得分纽约湾区排名第一位，东京湾区排名第二位，旧金山湾区排名第三位，深港湾区位居第四。各分项中，东京湾区竞争实力位居第一，纽约湾区竞争潜力位居第一，旧金山湾区竞争环境强于其他湾区，这与综开院综合得分排名的计算结果基本一致。

各大湾区综合实力比较见表 6 - 5。

表 6 - 5　各大湾区综合实力比较

湾区	竞争实力	竞争潜力	竞争环境	综合得分	排名
纽约湾区	- 0.055	1.498	- 0.001	0.476	1
东京湾区	1.385	- 0.449	0.359	0.460	2
旧金山湾区	- 0.975	- 0.535	1.005	- 0.218	3
深港湾区	- 0.354	- 0.514	- 1.363	- 0.719	4

资料来源：鲁志国、潘凤、闫振坤：《全球湾区经济比较与综合评价研究》，《科技进步与对策》2015 年第 11 期。

二　湾区竞争力比较评价指标体系

借鉴高汝素、陈薇等人的都市圈竞争力评价体系，可把湾区综合竞争力分为现实竞争力、潜在竞争力、持久竞争力、环境竞争力，如图 6 - 1 所示。

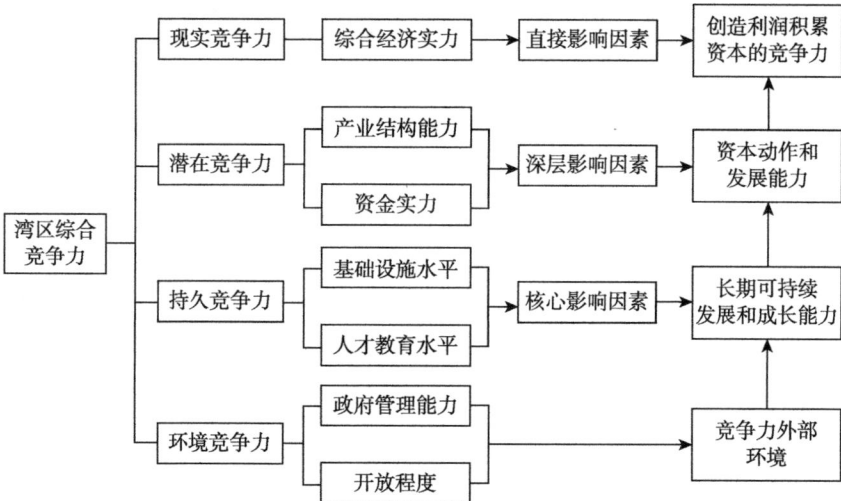

图 6 - 1　湾区综合竞争力评价体系

综合经济实力指标可由湾区生产总值作为代表，产业结构能力指标可由湾区第三产业比重作为代表，资金实力可用湾区首位中心城市全球金融中心指数作为代表，基础设施水平可用湾区中心城市间平均通勤时间、机场旅客吞吐量、港口集装箱吞吐量等指标作为代表，人才教育水平可用湾区内全球大学 100 强（或 200 强）数量等指标作为代表，开放程度可用海外旅客数量等指标作为代表，以此来构建湾区竞争力比较评价简要指标（见表 6 - 6），具体评价分析详见后面章节。

表 6 - 6　湾区竞争力比较评价简要指标

一级指标	二级指标	纽约湾区	东京湾区	旧金山湾区	粤港澳大湾区	杭州湾区
现实竞争力	GDP（万亿美元）	1.6	1.5	0.73	1.36	0.94
潜在竞争力	第三产业比重（%）	89.4	82.3	82.8	62.2	60.1
	全球金融中心指数	780	740	724	755	715
持久竞争力	中心城市间平均通勤时间（分）	40	60	30	55	65
	前 200 强大学数（所）	18	6	5	5	3
环境竞争力	海外旅客数（万人）	5200	556	1651	1690	1850

第三节　湾区经济增长定性定量评价表

一　湾区经济增长定性评价

在定量指标数据难以充分获取并能直接比较的情况下，为简单明了地评估各大湾区之间经济发展水平与差异，可制定湾区经济增长定性评价表（见表6-7），主要在全球决策控制、科技创新、国际贸易门户、文化旅游、先进制造等领域进行定性评估，以直观反映各个湾区发展的优势及不足。表6-7是对各大湾区经济发展的定性评价，详细分析见后面相关章节。

表6-7　湾区经济增长定性评价

一级指标	二级指标	东京湾区	纽约湾区	旧金山湾区	粤港澳大湾区	杭州湾区
全球决策控制	总部基地	+++++	+++++	++++	++++	+++
	金融服务	++++	+++++	++++	++++	++++
	高级生产服务	+++	+++++	+++	++	++
	政治决策	+++	+++++	++	++	++
	外交外事国际组织	+++	+++++	++	++	++
	国际会议展览	+++	++++	+++	+++	++
科技创新	创新金融服务	++++	++++	+++++	+++	+++
	知识创造（大学）	++++	+++++	+++++	++	++
	技术创新与转化	++++	++++	+++++	++++	+++
	知识密集型服务业	++++	++++	+++++	++	++
	创新公共服务	++++	++++	++++	++	++

一级指标	二级指标	东京湾区	纽约湾区	旧金山湾区	粤港澳大湾区	杭州湾区
国际贸易门户	航空枢纽	++++	+++++	++++	++++	+++
	航运枢纽	++++	+++	+++	+++++	+++++
	综合物流	++++	+++	+++	++++	++++
	采购交易综合贸易	++++	+++++	+++	++++	+++
	商业购物	++++	+++++	++	++++	+++
文化旅游	文化创造（文学艺术）	++++	+++++	++	+++	+++
	文化消费与贸易	++++	+++++	+++	+++	+++
	文化展示与设施	++++	+++++	++	+++	+++
	创意传媒时尚设计	++++	+++++	+++	+++	+++
	旅游休闲	++++	+++++	+++	++++	+++
先进制造	尖端制造	+++	+++	++++	++	+++
	关键零部件和材料	+++++	++	+++	++	++
	先进装备与重化	+++++	++	++	++++	++++
	知识密集型制造	+++++	+++	+++++	+++	+++

如果简单将每一个"＋"视为 1 分，也可算出各大湾区的发展得分状况（总分 125 分）。如东京湾区 99 分，纽约湾区 105 分，旧金山湾区 85 分，粤港澳大湾区 76 分，杭州湾区 71 分，这与前节的评价指标得分排名基本一致。

该表也直观反映了各湾区在各领域的强项与弱项，以及需要"扬长避短"的地方。因存在相互比较的因素，一些指标"＋"还会此消彼长。如与十年前定性评估相比，粤港澳大湾区与杭州湾区"航运枢纽"则得不到"＋＋＋＋＋"，东京湾区则应为"＋＋＋＋＋"，这反映了各湾区港口竞争力的变化。在"先进装备与重化""创新金融服务"等方面同样反映了这种变化，并体现出国内湾区与国际发达湾区某些领域发展差距的快速缩小。

二 湾区经济增长"五力"

从湾区经济自身特点出发，结合都市圈经济、国际化发展等评价指标体系，综合上述各家的指标体系，在湾区现实、潜在、持久和环境竞争力"四力"基础上，参考戚晓旭等人的区域发展"五力"模型①，提出湾区经济增长指标体系如图6-2所示。

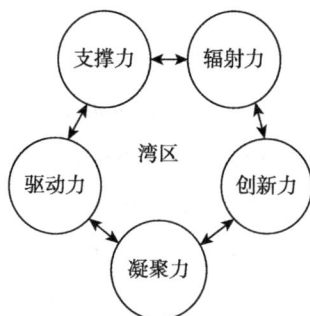

图6-2　湾区发展"五力"模型

三　湾区经济增长定量评价

表6-8　湾区经济增长定量评价

一级指标	二级指标	单位
湾区经济发展支撑力	①湾区本地生产总值	亿美元
	②湾区年末常住人口总量	万人
	③湾区GDP占全国GDP比重	%
湾区经济发展凝聚力	①全球500强企业总部数量	个
	②国际组织总部及外国官方机构数量	个
	③国际会议年举办量	个
湾区经济发展辐射力	①湾区外国游客年均人数	万人次
	②湾区机场客运量	万人次
	③湾区港口集装箱吞吐量	万标箱
湾区经济发展创新力	①全社会研发投入占GDP比重	%
	②每万人口PCT国际专利受理数量	件
	③全球前200位科研机构数	个
湾区经济发展驱动力	①人均GDP	万美元
	②全球金融中心指数	%
	③第三产业占GDP比重	%

① 戚晓旭、何晶彦、冯军宁：《京津冀协同发展指标体系及相关建议》，《宏观经济管理》2017年第9期。

表6-8为湾区经济增长指标定量评价表，主要考虑指标的识别性能，即能够识别各湾区经济纵向发展阶段；同时考虑指标的指导性能，即能够对湾区经济发展有指导作用。在指标选取上，主要考虑功能、形态、规模等级上符合国际通行的公认标准，注重动态发展性与阶段性特征，力争将目标性指标与路径性指标有机结合，尽可能简洁明了（只有15个），易于采集和衡量（尽可能在统计年鉴上查询得到）。

从上述原则出发，本指标体系主要包括湾区经济发展规模等五大类15项指标，现详细解释如下。

第一类，湾区经济发展支撑力。湾区经济发展支撑力是湾区经济实力和发展水平的综合直接反映，包括GDP、人口等指标，发达湾区经济在全球区域发展网络中处于最高层级，体现出对全国、全球经济的控制力和影响力。

第二类，湾区经济发展凝聚力。湾区经济发展凝聚力反映湾区集聚优质资源的总体环境和吸引程度。湾区经济结构能符合和支撑湾区在全国乃至全球的控制节点地位，满足总部集聚在服务、人力、管理等方面的需要，同时湾区通过集聚重要的国际性经济政治机构，为全国、全球经济发展提供高端服务，所选指标应能反映出湾区对全国、全球经济资源的调配能力。全球500强企业数量、国际组织总部数量等指标，可粗略反映对全球经济发展的影响能力。

第三类，湾区经济发展辐射力。湾区经济发展辐射力反映对全国乃至全球的影响力和功能作用。湾区是全国乃至全球的经济网络的重要节点，须通过发挥自身枢纽效应，推动人流、物流、信息流等在全球范围流动，展现出湾区强大的外向交流功能、高效连接功能及集聚外溢功能。湾区外国游客年均人数指标反映湾区的国际吸引力，湾区机场客运量指标则反映出城市中等收入以上人口流动状况，湾区港口集装箱吞吐量指标则反映国际交流与辐射的深度和广度。

第四类，湾区经济发展创新力。湾区经济发展创新力反映湾区的创造力和经济活力。R&D投入占GDP比重指标集中反映全社会对创新的投入强度，是区域创新活力的核心评价指标。每万人口专利数量指标能有效衡量湾区科研产出与市场运用水平。全球 200 强科研机构数反映出湾区的创新竞争力。

第五类，湾经济发展驱动力。湾区经济发展驱动力人均 GDP 指标是一区域经济发展水平和生产力发展水平的核心指标，第三产业增加值占 GDP 比重指标反映湾区发展产业升级水平，全球金融中心指数指标则反映了金融对湾区经济发展的驱动能力。

表 6 - 9　湾区经济增长指标比较（2015 年）

一级指标	二级指标	纽约湾区	东京湾区	旧金山湾区	粤港澳大湾区	杭州湾区
支撑力	①本地生产总值（万亿美元）	1.60	1.50	0.73	1.36	0.94
	②年末人口总数（万人）	2012	3614	749	6671	6041
	③湾区 GDP 占全国比重（%）	8.88	33.9	4.04	12.39	8.42
凝聚力	①全球 500 强企业总部数（个）	28	58	22	17	11
	②国际组织及外国官方机构总数（个）	113	100	45	50	18
	③国际会议年举办数（个）	176	149	151	159	—
辐射力	①外国游客年均人数（万人）	5200	556	1651	1690	1850
	②机场客运量（万人）	1.30	1.12	0.71	1.70	1.48
	③港口集装箱吞吐量（万标箱）	465	766	227	7165.1	6003.6
创新力	①研发投入占 GDP 比重（%）	3.12	3.68	6.10	2.70	2.40
	②每万人口 PCT 国际专利受理数（件）	8.55	7.30	21.85	3.18	0.61
	③全球 200 强科研机构数（个）	26	10	28	1	2
驱动力	①人均 GDP（万美元）	5.98	4.14	11.19	2.04	1.25
	②全球金融中心指数*	780	740	724	755	715
	③第三产业占 GDP 比重（%）	89.4	82.3	82.8	62.2	60.1

注：*全球金融中心指数以各湾区金融指数最高的城市为代表，粤港澳大湾区为香港，杭州湾区为上海。

资料来源：根据相关资料整理。

表 6 - 9 从"五力"角度对各大湾区经济增长指标做了简单列举。具体分析见后续章节中。

湾区经济增长指标定性和定量评价表可将湾区作为一整体进行评价，

也可用于对湾区主要城市推动湾区经济发展做出评价。衡量经济增长的指标大大小小、林林总总有上百个，但许多指标口径不一、范围不一、采集难度不一，为便于测算和横纵向对比，湾区经济增长评价指标不宜过多、过杂。随着形势的变化和研究的深入，评价指标则须做出与时俱进的调整和优化。

第 七 章

旧金山湾区经济发展

　　旧金山湾区是指环绕美国西海岸旧金山海湾一带的地域，包括纳帕、索诺马、索兰诺、阿拉梅达、康特拉科斯塔、旧金山、圣马特奥和圣克拉拉等 9 个区域，面积为 17955 平方千米，总人口在 750 万人左右。旧金山湾区是最早以"湾区"名义成立相关合作组织并开展相关活动的湾区，是全美居民收入水平最高、最繁荣的经济体之一，十余年来人均 GDP 增速一直高于全美年均水平，湾区家庭收入中位数超过 80000 美元，高出全美平均水平的 40%。根据旧金山湾区委员会经济研究所 2016 年湾区经济报告，自 2010 年以来的每个季度，湾区 GDP 增长都超过全美平均水平。如果把湾区视作一个经济体，在全球各大经济体中则列第 21 位。

第一节　旧金山湾区经济发展历程

旧金山湾区可分为北湾、旧金山市、半岛、东湾（以奥克兰为代表）、南湾（以圣何塞为代表）等地区，湾区内旧金山、奥克兰、圣何塞三大城市形成各具特色、优势互补的区域中心。

一　20世纪80年代以前

19世纪后半期，美国西部依托工业化和淘金热，经过"矿业城市"和"铁路城市"两次城市化，带动内陆腹地全面开发。20世纪初，西部城市群初步形成，旧金山湾区各城市先后完成了工业化。旧金山湾区内三大城市，旧金山、奥克兰和圣何塞经历了此消彼长的接力式发展。旧金山市20世纪70年代已成为典型的后工业化城市；奥克兰带有较强的国防工业特征，二战后转向后工业化城市；圣何塞则在二战后迅猛发展。

（一）湾区产业结构变化

二战后到20世纪80年代中期，旧金山市的产业结构发生了重大变化，零售业和金融业等保持了在湾区的中心地位，旅游业快速增长。相反，一些传统产业部门，如制造业等，却趋于衰落。战后旧金山制造业就业比重不断下降，1948～1977年旧金山湾区制造业就业增长108%，但旧金山市下降了26%。至80年代，很多大型制造业和配套企业离开旧金山市迁到郊区。

到70年代末，旧金山市金融、保险、房地产、交通、公共服务领域的就业人数不断上升。在第三产业内部，生产性服务业增长十分明显，尤其以金融业增长为代表，1970 年旧金山市金融、保险、房地产业就业人数比 10 年前增长了 31.9%。70 年代中期，旧金山市拥有银行总部的总财产达到 414 亿美元，占湾区所有银行资产的 97%，加州的 66%，美国的 6.2%。

1960~1970 年旧金山市各部门就业人数及增长情况见表 7-1。

表 7-1　1960~1970 年旧金山市各部门就业人数及增长情况

产业	1970 年总数（千人）	1960~1970 年增长比例（%）
服务业	122.6	28.4
批发零售	111.7	-0.3
政府	90.4	26.4
金融保险房地产	69	31.9
交通通信及设备	61.4	11.6
制造业	58.1	-15.7
建筑业	21.8	10.1
农林渔矿	1.3	44.4

资料来源：A Study of Growth and Economic Stature of the Nine Bay Area Countries, Economic Research Division, Security Pacific National Bank, p. 58。

（二）湾区内城市功能更替前行

二战后到 80 年代中期，旧金山湾区工业已经转移到东部和南部，主要城市产业结构升级，并形成了城市间新的分工布局。

20 世纪六七十年代，奥克兰港的货物运输强劲增长。1969 年，奥克兰港集装箱运输量超过 300 万吨，不仅超越旧金山港，更成为美国仅次于纽约的集装箱货运第二大港。圣何塞迅速成长为一个以高科技产业为主的大城市，一些重要的军工企业加快聚集，依赖斯坦福大学以及圣克拉拉的国家实验室等最新科研成果，形成"国防—工业—智力综合体"发展模式，尤其在集成电路和微处理器方面的革新和领先，引发了企业的爆炸式增长。

二　20 世纪 80 年代以后

20 世纪最后 20 年，美国率先由工业经济向知识经济和信息经济过渡，并形成以信息业为龙头的新型产业结构。旧金山湾区在这一重大经济结构转变中获益匪浅。

(一) 旧金山市经济高度服务业化

至 20 世纪 80 年代，旧金山市已经是一个典型的后工业化城市，其产业结构内部仍在不断调整。

旧金山港保留了大量散装货物运输业务，维持了西海岸轮船维修业最大中心之一的地位，是湾区海港服务业（如拖船等行业）的中心。经过了技术更新、采用新技术和新的组织方式，产品信息和知识含量大增的"PDR"（生产、配送和维修）业留在了旧金山东部靠近海湾一带，并带动了旅游业、娱乐业、零售业的发展。

90 年代后，旧金山成为风险资本投资的大本营，由此推动金融业成为旧金山市重要的部门之一，金融、保险、房地产部门雇用了全市劳动力总数的 1/4。风险资本公司为旧金山市新兴的网络和高技术公司提供大量的风险资本投资，仅 2000 年就超过了 500 亿美元。

旧金山市多媒体产业等新兴服务业就业也由此得以爆发式增长。1996 年至 1998 年，多媒体产业就业增长了 70%，成为旧金山产业的核心组成之一，就业增长则占旧金山全市新增就业的 40%。借助于给科技公司减免工资税等优惠政策以及本地与周边的人才、科研优势，旧金山成为互联网初创公司和新兴社交媒体（如 Uber、Airbnb、Twitter 等）的重要集聚地。

(二) 奥克兰市物流配送中心地位逐步凸显

20 世纪 80 年代后，尽管奥克兰市传统制造业仍然疲软，但是随着硅谷的外溢效应，奥克兰的成本优势开始显现，新兴产业成为促进经济增长的有力要素。

1980～1990 年，奥克兰制造业和零售业就业比重分别下降了 20.2% 和 2.6%，而服务业部门增长 34.7%。10 年内，全市总就业量增长 8%，到 1990 年，曾是奥克兰市经济支柱产业的制造业和批发业就业下降 15.7%。

在港口附近，制造业、贸易、配送以及维修等产业则得到了较快发展。1993 年前后，奥克兰港为奥克兰市及邻近地区提供了近 7000 个直接就业机会，由其创造的其他就业机会，不包括旅游业在内就超过 18 万个。

而根据奥克兰港口委员会统计，2000 年，奥克兰港创造的直接和间接就业岗位达到 29 万个，包括税收、工资开支在内，创造产值达 16.66 亿美元。

（三）圣何塞"硅谷首府"地位初步确定

圣何塞市极好的地理位置、适宜的发展政策与硅谷重心南移趋势相结合，促进了众多高科技公司的集聚。80 年代以后，硅谷北部的城市人口增长速度放慢，个别城市甚至出现负增长。硅谷南部的圣何塞市及其西南部和东北部的小城镇群则高速增长。同时，由于硅谷北部可用土地减少，越来越多的高技术公司将工厂设在硅谷南部地区，带动研发中心也逐渐在硅谷南部设址。

1970～2000 年湾区三城市从业居民三次产业就业分布对比见表 7-2。

表 7-2　1970～2000 年湾区三城市从业居民三次产业就业分布对比

城市	统计年份	第一产业比重（%）	第二产业比重（%）	第三产业比重（%）
旧金山	1970	0.7	15.6	83.8
	1980	0.7	14	85.2
	1990	0.7	13.5	85.8
	2000	0.9	12.2	86.9
奥克兰	1970	0.8	20.7	78.4
	1980	1.1	18.7	80.2
	1990	1.4	15.8	84.6
	2000	0.8	16.1	83.0
圣何塞	1970	1.1	36.3	62.7
	1980	1.1	40.4	58.5
	1990	1.5	37.1	61.5
	2000	0.9	34.9	64.3

资料来源：根据 HUD，http://socds.huduse.org/scripts/odbic.exe/census/industry.htm，2004-5-27 统计资料整理。

第二节　旧金山湾区当前产业和空间形态

历经上百年的发展变迁，旧金山湾区已从早期的港口经济、工业经济阶段迈入了创新经济发展阶段。港口、大规模加工制造业在湾区发展中作用式微，创新型产业的迅猛发展和繁荣使旧金山湾区成为全球创新发展水平最高的区域。湾区的多中心网络状发展格局反映湾区空间结构的典型特征，湾区整体发展潜力和活力得以充分展现。

一　创新型产业成为突出标志

湾区抓住了信息产业发展的重大机遇，加快发展以互联网产业为核心的新经济，湾区内电子、通信、软件、互联网和多媒体产业纷纷兴起，涌现出苹果、谷歌、Facebook、Twitter 等众多创新型企业，进一步奠定了全球创新中心的地位。湾区拥有的全球 500 强和全美 500 强企业数量在美国仅次于纽约，信息技术等创新岗位就业人数比重则居全美第一。圣何塞、旧金山两市专利产品居全美前两位，整个湾区专利申请数量占全美的 15%左右。2012 年，旧金山湾区第一、第二、第三产业增加值的比例为 0.28：16.96：82.76。湾区主导产业演变为专业和科技服务业、高技术和尖端制造业、金融保险业、信息业等。

1990～2010 年旧金山湾区主要产业劳动力雇佣情况见表 7-3，旧金山湾区各区域产业就业比重见表 7-4。

表 7 - 3　1990～2010 年旧金山湾区主要产业劳动力雇佣情况

产业	就业比重（%）			就业人数（千人）		
	1990 年	2000 年	2011 年	1990 年	2000 年	2011 年
专业和科技服务	7.8	10.3	11.8	205	332	340
医疗保健	7.4	7.6	11	196	244	317
房地产	12.9	11	10.8	342	353	311
批发零售业	7.8	7.7	9.8	207	249	283
制造业	14.9	13.1	9.3	395	423	269

资料来源：The Bay Area: A Regional Economic Assessment, A Bay Area Council Economic Institute Report, October 2012。

表 7 - 4　旧金山湾区各区域产业就业比重

单位：%

产业	湾区	东湾	北湾	旧金山	圣何塞
高技术制造业	2.0	1.5	—	2.5	2.3
信息产业	1.6	—	—	2.0	2.8
其他服务业	1.1	—	1.3	1.4	—
制造业	1.0	—	—	—	1.9
艺术、娱乐与休闲	1.0	—	—	1.4	—

数据来源：US Department of Commerce, BEA（regional economic account）。

　　旧金山湾区的产业形态，目前已演变为高科技制造业与生产服务业融合发展的产业形态，以及相配套的旅游住宿、娱乐休闲等业态。近年来清洁技术、绿色产业也在蓬勃兴起。各城市在产业形态上各有特点，创新公司和研发中心主要集聚在圣何塞和奥克兰，创新金融服务机构主要集聚在旧金山市。旧金山市由此成为全球重要的金融中心城市，拥有总资产居全美前四的美洲银行和花旗银行，30 多个国际金融机构和太平洋交易所将其作为世界贸易的主基地。湾区前 25 名风险投资公司管理的资金高达 877.5 亿美元。

　　旧金山湾区以科技创新带动产业升级和经济发展，发展创新服务业和专业服务业，鼓励风险投资等科技金融业，从而成为引领全球科技发展的创新中心，并成为美国科技金融体系最为发达和科技金融资源最为集中的区域。

作为世界创新中心，创新体系为整个湾区、全美乃至全世界都带来了巨大的经济效益。湾区拥有全美最多的、发展最快的企业，湾区的总专利数（2010 年 16364 件）和每百万人拥有专利数（2010 年 2651 件）远远超过美国其他地区。从半导体、计算机、互联网到社交媒体、云计算、大数据、人工智能等，世界技术浪潮多次变革，总有湾区企业引领全球市场，湾区基于创新的工作岗位在就业中所占比例远远超过美国其他地区。

科技创新产业是旧金山湾区的显著特点，但并不影响湾区在经济多元化上的出色表现。消费、能源、金融、医疗保健等非技术产业与技术产业在湾区经济中的占比基本持平。科技公司跨界新行业，用新技术、新模式改造市场，如物联网、数字化医疗、金融科技等，新商业模式未来有可能颠覆目前的商业格局。

二　多中心网络型结构成为典型空间特征

旧金山湾区城市的发展，呈现典型的湾区空间格局多中心化和经济一体化的过程。人口和企业不断进行空间的再选择，使湾区内部的分工和经济布局不断趋于合理，内部有机联系进一步增强。湾区内除高密度开发的城市用地，还保留大量的农田和林地，滨海气息十分浓郁。旧金山市的首位度远低于纽约湾区的纽约市和东京湾区的东京市，是区域多样化发展的典范。

（一）湾区城市功能分工

旧金山湾区有数个独特的区域中心，包括旧金山、北湾、东湾、南湾和半岛，每个中心承载了不同的职能。湾区整体上呈现以旧金山为金融、历史文化中心，奥克兰为主要工业产业基地，圣何塞所在南湾硅谷为高技术产业集聚区的空间形态。

——旧金山市。是湾区长久以来的文化、财经和都市中心，同时又是湾区主要的人口集聚地，是美国西部最大的金融中心，也是重要海军基地和著名的贸易港。

——北湾。是美国著名的酒乡和美食之都，全美 90% 葡萄酒生产于此。由于人口密度低且缺乏大规模集聚区，北湾在湾区内没有通勤轨道交通，靠金门大桥与旧金山市相连。北湾土地和农田资源充裕，是极为富有的地区，马林县常被列为全美最富有的行政区。

——南湾。以圣何塞市为中心，拥有四个城市级大学和五个全美国家级研究实验室，是"硅谷"的核心地带，云集了成千上万家高科技企业。

——半岛。介于旧金山和南湾之间，由多个中小城镇组成，二战后许多中产和富有家庭迁移至此。旧金山港是世界级的天然良港。

——东湾。以奥克兰市为中心，以电动设备、化工、数控机械等制造业为主，是美国西部交通体系的中心。奥克兰港是美国西海岸第一大港。

（二）湾区综合交通体系

湾区拥有发达的高速公路网络，便捷的捷运系统、通勤铁路及空中交通，80号、238号、380号、580号、780号州际公路，101号国道等串联起湾区公路网络。以湾区捷运（BART）等放射性通勤线路（加州通勤火车、首府通道、阿特蒙通勤特快等州际轨道交通）为骨架，形成多条线路，串联湾区重要城市中心区和主要功能区（机场、港口、科技园），放射线路主要以环湾捷运为终点，进行跨区域交通组织，服务湾区内外多个圈层。湾区城市间实现了公交化运营，促进形成多中心的就业结构，带动了中小城市、城镇的繁荣。

BART的快速发展有效拉动了其沿线城市的发展，旧金山市和奥克兰市就业人口过度集聚的情况得到一定的疏解。2000年以来湾区居民机动车出行比例明显减少，湾区平均通勤时间从2000年的28.9分钟减至2010年的26.9分钟。

湾区内三个国际机场与世界紧密联系，旧金山机场是联合航空和维珍航空的枢纽站，是美国通航亚洲的主要首发点，奥克兰和圣何塞主要提供国内航线服务，与旧金山机场共同组成开放型空中交通体系。

（三）湾区职住比趋于均衡

从1990年到2010年，旧金山大湾区职住比（即就业人口比重）呈现持续下降特点，表明湾区整体上从就业为主导域向就业居住均衡性发展（一般认为职住比等于0.5为最优比例），详见表7-5。

表 7 - 5　旧金山湾区整体职住比变化

指标	1990 年	2000 年	2010 年
总人口	524.38	604.67	613.47
就业人口	276.86	299.59	256.29
职住比	0.53	0.50	0.42

资料来源：赵倩：《旧金山湾大都市区 1990－2010 年职住空间结构演变研究》，载《规划 60 年：成就与挑战——2016 年中国城市规划年会论文集 13 区域规划与城市经济》，2016 年 9 月 2 日。

旧金山湾区就业结构呈现先单中心性增强、后多中心性增强的特点和趋势，分散化的产业布局、便捷的公共交通系统，对湾区多中心结构的增强和通勤效率的提高有相当大的促进作用。

第三节　旧金山湾区经济增长动力因素

旧金山湾区科技创新与金融相结合的"文化基因"，使湾区成为世界创新的策源地，也不断推动湾区经济转型升级，引领世界科技发展。

一　完善的创新体系造就湾区核心竞争力

旧金山湾区开发新工艺技术、把握新市场需求、创造新商业模式的能力，得益于多种经济社会因素互动融合形成的湾区创新体系。湾区创新体系通过促进高校和科研机构、资金（风险投资）、孵化器与加速器、企业家等创新要素的紧密联系互动，彼此正向激励，构建了良性循环网络，从而成为全球创新的主要阵地。湾区能够构建从构思、研究、开发到商业化新技术和新商业模式的全产业链，是基于一个强大的、相互关联的创新体系，该体系由通过网络连接各种各样的机构和个人组成，包含有各种各样的元素，如大学和研究机构、金融、孵化及促进器、企业家、大型企业以及支撑它们的各种专业化服务。

旧金山湾区与其他地区获取专利对比情况见表7-6。

表7-6　旧金山湾区与其他地区获取专利对比

地区	2010年专利总数	每百万居民专利数	占全美专利百分比（%）
旧金山湾区	16364	2651	15.2
奥斯汀	2449	1427	2.3
西雅图	4052	1178	3.8

续表

	2010 年专利总数	每百万居民专利数	占全美专利百分比（%）
圣地亚哥	2993	967	2.8
波士顿	4330	951	4.0
明尼阿波利斯	2827	852	2.6
洛杉矶	4992	389	4.6
纽约	6383	338	5.9

资料来源：美国专利商标局、美国人口统计局、湾区委员会经济研究所等。

（一）世界一流的高等教育体系

湾区拥有斯坦福大学、加州大学伯克利分校及旧金山分校、戴维斯分校和圣克鲁斯分校，五所大学拥有全美前十的商科、医学、科学和工程研究生项目达60个，是全美最大的研究型大学城（区），这些顶尖大学为湾区提供了大量专利和发明，其毕业生创造的思科、苹果、易趣、谷歌、惠普、特斯拉和雅虎等公司跻身于世界最著名和最成功的高科技行列。除13所大学外，还有9所专科学校和33所技工学校，培养了大量的技术工程师和创业人才。湾区从斯坦福大学、加大伯克利分校毕业的学生创办的科技初创企业，人数是其他地区大学的数倍。

（二）超强实力的国家重点实验室

湾区在全美范围内拥有得到联邦政府资助最多的研究中心和实验室，包括劳伦斯·伯克利、劳伦斯·利弗莫尔、桑迪亚国家实验室，美国航天局艾姆斯研发中心，美国国家加速器实验室等，国家级或州级实验室达到25所，还拥有若干合作研究示范机构，如桑迪亚开放校区、联合生物研究所和加州科学创新中心。顶尖级国家实验室能针对复杂问题开展多学科联合攻关，开展规模庞大、周期甚长的国家级研究项目，能够解决远超大学和产业界研究范围的难题。国家实验室能够在基础与应用研究方面与大学协作，在技术发展与研究成果商业化方面与产业界合作，如劳伦斯·伯克利国家实验室拥有的先进资源（ALS）就曾帮助40家湾区制药公司成功研发新药。

湾区还拥有独特的企业研究实验室。公司总部设在湾区的企业建有自己的实验室，总部不在湾区的公司依托设在湾区的创新中心也组建自己的实验室。它们与国家级重大实验室进行广泛的合作，建立若干个孵化器和加速器，为创新创业家们提供灵活的办公空间、法律咨询、技术开发平台甚至风险投资资本。据不完全统计，湾区目前拥有孵化器和加速器 50 家以上，最知名的孵化器 Y. Combinator 公司已经孵化出创业公司 380 家以上。

（三）强大的风险投资能力

商业化的创新过程是由大量的风险资本、天使资本和私人股本推动的，这些资本为各类公司在创立以及不同发展过程中提供资金。旧金山湾区有超过 300 家以投资新兴企业为目标的风险资本和私人股本公司，集聚了美国 36% 的风险资本以及全世界 16% 的风险资本，不仅包括投资多个领域的大型机构，也有投资初期企业的小型机构，还包括投资特定行业的企业，科技银行等金融机构尤为发达。

湾区发达的创新网络促进了各主体相互交流，湾区实现了政府、产业联盟、高校科研机构、资本、人才、孵化器等最核心要素的环环相扣。科技企业得到了来自法律、财务、会计及其他服务机构提供关于企业设立、知识产权和技术等方面的支持。发达的社交网络为企业家们提供了共享新想法和经验的平台。经验丰富的企业家为新兴企业提供建议，并支持它们的发展。整个湾区对失败的容忍度非常之高，承担风险、容忍失败成为湾区企业共同享有的价值观。

在强大的风险资本推动下，湾区成为全球最重要的创新枢纽。湾区的劳动力具有浓郁的全球化特征，大部分人才来自其他国家。在湾区强大的包容性下，来自全世界各地的人才只要有创新性的点子、想法，或者技能，均能得到重视，实现自由发展。

同济大学研究团队长期跟踪长三角地区与旧金山湾区在区域创新上的对比，结果显示，旧金山湾区创新集聚度远高于长三角地区，并且集聚态势持续强化，而从实际效果看，长三角地区专利授权的数量和增长率虽远高于旧金山湾区，但技术含量和创新质量远低于旧金山湾区。[①] 这从另一

---

① 尹宏玲、吴志强：《极化与扁平：美国湾区与长三角创新活动空间格局比较研究》，《城市规划学刊》2015 年第 5 期。

方面反映出旧金山湾区创新体系的独特和无法简单复制之处。

二　有效的区域发展政策推动湾区产业升级

在旧金山湾区产业升级和空间优化进程中，州县政府及各市政府的区域发展政策取得良好效果，尤其在 TOD 开发、产业政策支持、地方优化发展策略等方面效果十分突出。

（一）TOD 开发模式推动

早期，硅谷地区主要由大量高新技术公司依托高速公路，在待开发的地区分散建设形成。在湾区规划和城市发展政策以及轨道交通和其他公交系统建设的推动下，这些地区逐渐由若干企业园区分散布局，转化为居民社区与企业园区融合的新城镇，并与大城市郊区化发展联动，逐步形成了以创新集群为核心、本地配套设施为基础、周边城市为支撑的都市圈。

在湾区高快速交通网络 TOD 开发模式的推动下，湾区各城市完善了相互衔接的公共服务体系，促进形成相互协同创新的产业网络，有力地推动了旧金山湾区成为世界第一科技湾区。

（二）政府产业政策直接支持

在旧金山湾区产业演进中，政府对湾区产业的支持，不仅体现出对企业研发经费的直接资助以及联邦主持开展的科研项目的资助，也体现为有针对性地促进大学、企业等开展科研合作。政府推动官产学研体系建设，资助扶持孵化器和加速器发展，为初创企业提供低成本的成长空间。

尤其在硅谷早期，美国政府在旧金山湾区布局发展国防工业，对硅谷的形成起到了重要促进作用。二战后美国政府在湾区设立军事科研机构，将联邦研究经费投向硅谷的大学、企业和研究机构，支持其在电子、航空航天方面的研发活动，为湾区后来的发展提供了强大的技术和人才储备。仅 1955 ~ 1965 年，美国国防部就购买了硅谷芯片产量的 40%，政府采购政策和研发资金投入大大激发了湾区的创新活力。

（三）地方政府优先发展策略引导

二战后，旧金山市政府在相当长时期内采取了优先发展策略，围绕建立金融管理中心这个目标，主动选择具有优势的服务业部门加以扶持，有力地促进了旧金山市经济的转型。面对人口的郊区化，旧金山希望能利用城市更新来吸引和挽留中上阶层。80 年代中期以后，旧金山市采取了一种有限制的发展策略，更加注重服务业的进一步调整和完善。

奥克兰在二战后初期是湾区东部最重要的制造业中心，政府和商界亦希望保持这一地位，所采取的策略偏重于在周边地区发展制造业，客观上促使制造业的外迁。奥克兰原有承接旧金山市产业转移的优势地位消失，一些制造业和服务业向更远处转移，同时又没有新的产业替代制造业留下的空缺，奥克兰市的城市发展陷入困境。90 年代，奥克兰政府强调引进硅谷企业，发展高技术产业，重视复兴城市中心，奥克兰城市经济又加快了复苏。

与旧金山和奥克兰相比，圣何塞市政府发展政策作用最为明显。战后圣何塞市发展政策大体经历了两个阶段，起初是采取增长优先策略，极力兼并扩大土地面积，引进人口。第二阶段注重巩固已有成果，追求人口和就业均衡发展，即所谓的管理增长。历届政府均不同程度地重视为工业化创造条件，尤其是 70 年代以后，市政府更是着力引进和培育电子产业，逐渐把引进和培育的重点从工厂向研发机构总部过渡，从而抓住硅谷每一次革新浪潮等历史机遇，在 20 世纪 90 年代终成"硅谷首府"。

三　良好的区域治理促进湾区协同发展

旧金山湾区共有 101 个城市。很难找到一个城市能满足所有条件，或拥有所有东西，因此寻求联合、分工协作，甚至良性竞争互相促进才是明智做法。①

（一）最早构建湾区协调机制

由于各自为政，湾区早期恶性竞争较为严重，产业发展同质化较为突出。1945 年，湾区委员会发起成立，该委员会至今已拥有超过 275 家大型

---

① 湾区政府联盟首席经济学家 Cynthia Kroll，转引自《湾区城市群一定是单核的吗？》，《南方日报》2017 年 12 月 5 日 A06 版。

企业的 CEO 成员，由企业赞助，针对湾区面临的问题，推动成立专门的区域公共监管机构予以解决。

在湾区委员会推动下，旧金山湾区组建了半官方性质的地方政府联合组织，力图解决大都市区发展中的区域性矛盾和问题，从而实现区域协调发展。它们是由地方政府、相关机构自愿联合，获得联邦和州政府支持的半官方性质的、松散型的行政组织，由于这类组织易被各方接受，且具有一定的协商、协调功能，因而发展较快。

在湾区这一层面上，这些协调机构包括：旧金山湾区政府协会（Association of Bay Area Governments，ABAG）、大都市交通委员会（Metropolitan Transportation Commission ，MTC）、湾区空气质量控制局（Bay Area Air Quality Management District，BAAQMD）、海湾保护和开发委员会（Bay Conservation and Development Commission，BCDC）、区域水资源质量控制委员会（Regional Water Quality Control Board，RWQCB），以及湾区可持续发展联盟（Bay Area Alliance for Sustainable Development）等。这些专业性公共监管机构多数通过湾区委员会游说立法来建立。

（二）统筹编制和实施湾区规划

1961 年成立的旧金山湾区政府协会（ABAG）统筹推进区域综合规划。作为一个半官方性质的联合政府规划咨询机构，ABAG 是最主要的地区性综合规划机构，成员包括海湾地区的全部 9 个县和 101 个城市，以"自愿参加，统一行动，互相平等，每人一票"为基本模式，突破地方行政边界，统筹负责区内各类问题的咨询协调，虽不具备实质的行政权力，但对地方政府规划合作发挥了十分重要的作用。"不是让每个城市自顾自地建设完全不和其他城市交流，而是通过城市之间良好沟通共建区域共享的运输系统，共同承担解决人们住房等问题的责任。"①

ABAG 机构设置见图 7 - 1。

---

① 转引自《湾区城市群一定是单核的吗？》，《南方日报》2017 年 12 月 5 日 A06 版。

```
                          ┌──────────┐
                          │  代表大会  │
                          └────┬─────┘
                          ┌────┴─────┐
                          │ 执行委员会 │
                          └────┬─────┘
   附属机构                                        常设委员会
┌──────────────────┐  ┌──────────────┐  ┌──────────────────┐
│   ABAG金融公司      │  │ 执行主席和职员  │  │     行政委员会      │
├──────────────────┤  ├──────────────┤  ├──────────────────┤
│ ABAG公共责任保险网络 │  │ 湾区保护和开发委员会│  │   财物和人事委员会   │
├──────────────────┤  │ 大都市交通委员会  │  ├──────────────────┤
│  ABAG非营利性机构   │  │ 海湾地区经济论坛  │  │  立法和政府组织委员会 │
├──────────────────┤  │ 海湾地区贸易委员会 │  ├──────────────────┤
│  旧金山海湾探索计划  │  │  旧金山河口计划   │  │    区域规划委员会    │
├──────────────────┤  │ 海湾三角洲委员会  │  ├──────────────────┤
│     ABAG公司      │  │ 海湾生物科学中心  │  │   联合空气质量委员会  │
│（与海湾地区政府的联系途径）│  │ 区域港口顾问委员会 │  ├──────────────────┤
├──────────────────┤  └──────────────┘  │   区域机场规划委员会  │
│    ABAG电力公司    │                    ├──────────────────┤
└──────────────────┘                    │   危险废物安置委员会  │
                                        └──────────────────┘
```

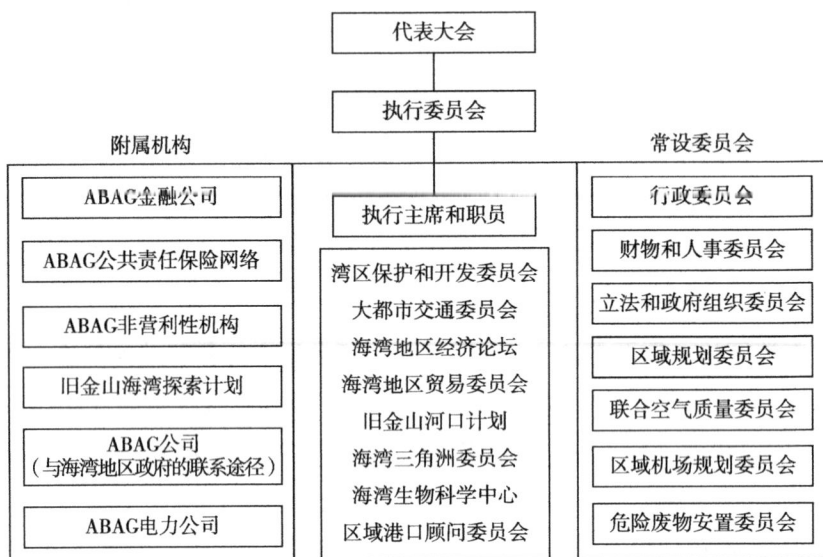

图 7-1 ABAG 机构设置

2013 年，旧金山湾区政府协会（ABAG）会同其他机构共同启动 "Plan Bay Area" 2040 区域战略修编，预测 2040 年湾区人口比 2010 年增加超过 240 万人，增加 130 万个就业机会和 82.3 万套住房单位。共规划 188 个优先发展地区（PDA）、165 个优先保护地区（PCA）。PDA 和 PCA 划定并不涉及对区域性各城市土地规划功能的强制性规定，但当城市政府调整地区规划符合 PDA 或 PCA 要求时，将能得到州或联邦政府的专项资金支持，用于发展地区和基础设施建设。

（三）湾区交通协调机构作用突出

1970 年由加州立法机关成立的湾区大都市交通委员会（MTC），在协调解决湾区交通问题上发挥了巨大作用。MTC 专门负责整个湾区交通的计划、融资和协调，同时它又是湾区高速公路和快速道路服务局（SAFE，1988 年并入）、湾区大桥收费局（BATA，1998 年划入）的"三合一"机构。MTC 负责制定并实施湾区公路、铁路、航空、海港、自行车、人行设施等综合发展规划，并兼有为加州和联邦政府审核把关交通项目拨款申请的职能，任何新建项目如不能进入 MTC 的 20 年规划，便无法获得联邦和州政府的支持。MTC 还代表联邦政府和州政府确定湾区交通项目的选择和拨款资金使用，监督湾区各公交运营机构的年度预算，评估整个交通系统的效率和有效性。

在 MTC 等机构的协调指引下，湾区形成强大的基础支撑协作功能，成为美国西海岸的交通枢纽，以及连接美国和亚太地区的重要节点。湾区三大机场直飞各大洲，旧金山机场是北加州最大的机场和主要的国际门户，2013 年机场旅客吞吐量达 4400 万人次，居全球第 22 位。又如奥克兰港和旧金山港都曾大力发展集装箱运输，由于恶性竞争反而效益下降，之后两个港口重新定位，奥克兰港定位于集装箱运输，旧金山定位于散货运输，两港效益均获提升。奥克兰港由此成为美国太平洋沿岸集装箱第一大港，成为中美两国集装箱运输的主要港口。

从上可以看出，旧金山湾区各类协调机构尽管不完全是政府组织，但在协调解决发展重大问题，如基础设施、教育、公共卫生等方面卓有成效，在推动湾区内部密切联系、形成一体化发展格局等方面功不可没。

四　优美的宜居宜业环境提升湾区发展凝聚力

旧金山湾区虽然已成为全球高科技产业集中地区，但依旧保留多丘陵的海岸带、海湾森林山脉和广袤原野，优美的自然生态与极具包容性的创新文化相映照，成为吸引全球顶级人才的重要因素之一。旧金山市被视作全美城市规划做得最好的城市，被评为"全美最佳绿色城市"。它三面环水、环境优美、气候宜人，又被誉为"最受美国人喜欢的城市"。

湾区汇集了全球众多的青年才俊，超过 50% 的企业创始者是移民，非白种人占总人口的 40% 以上，优良的文化设施和多元的文化氛围对青年人才具有极大的吸引力。在硅谷公司集中的圣克拉拉县和圣马特奥两个县，出生在美国境外的居民超过 100 万人，占当地人口的 38%。25～44 岁主要就业年龄组中，67% 出生在国外。估值超过 100 亿美元的初创公司（即独角兽企业）半数以上由美国的境外移民创办。湾区非常丰富的文化元素及多元文化的融合，给了年轻人除商业机会和就业机会之外的享受多元文化的机会，加上清洁的空气和水源、舒适的居住环境，一并成为留住他们的重要原因。"旧金山湾区成为世界级湾区的一个重要原因便是它足够开放、足够包容。在这里，世界各地的文化可以共生，思想自由传播，创新自然会出现。"①

得益于上述因素，旧金山湾区形成了强大的区域魅力，由此成为全球最主要投资目的地，每年吸引境外投资 50 亿美元以上。这些境外投资不仅为湾区增加了大量资本，更为湾区带来众多的优秀人才以及先进技术，从而进一步巩固了旧金山湾区的全球创新中心地位。

小　结

总的来看，旧金山湾区建立了良好的湾区发展治理机制，建立了发达的城市轨道交通网络，形成了强大的金融创投体系，集聚了众多世界一流的大学、研发机构以及创新型企业，并保持了足够充裕的土地等发展空间。这些重要发展经验十分值得国内学习和借鉴。

但旧金山湾区发展也有一定的问题。气候干燥引发的森林大火频发，对湾区高品质生活造成一定的影响。而高企的房价、物价对外来移民、创业者构成极大压力，目前仅有 1/7 的当地居民有能力购买住房，这易形成一种排他性的增长方式，外来富人集聚形成"封闭社区"，与湾区的"进步主义"理念并不相符。尽管经济繁荣，但是高房价使得湾区人口增长率低于全国水平。据不完全统计，2000～2013 年湾区国内移民减少约 55 万人，而同期纽约、休斯敦等都市区人口和就业岗位都在增加。同时，随着湾区产业的日趋繁荣和就业机会的大幅增加，湾区原有轨道交通系统已不能完全适应，但基础设施项目的推进和实施受到征地拆迁等因素制约而进展缓慢。这些均对旧金山湾区下一步的发展构成一定的阻碍。国内湾区经济发展对此问题也应予以重视，防患于未然。

---

① 转引自《湾区何以称世界级》，《南方日报》2017 年 11 月 29 日 A07 版。

第 八 章

东京湾区经济发展

东京湾位于日本本州岛中部关东平原南端，为房总、三浦两半岛所环抱，南北长 80 千米，东西宽 20～30 千米，湾口仅 6 千米，里阔外狭，形状如袋，是优良的深水港湾。东京湾区包括东京都、琦玉县、千叶县、神奈川县等一都三县，人口约 3600 万人。湾区内有东京、横滨、川崎、船桥、千叶 5 个大城市，以及市原、木更津、君津等工业重镇。东京湾区经济总量占了全国的 1/3，集中分布了日本的主要产业部门。

东京湾区发展经历了工业集聚、服务业集聚及创新资源集聚等不同阶段，既有着显著的湾区经济特征，也有着浓厚的首都型经济特点，在日本经济发展格局中举足轻重。东京湾区经济综合实力强劲，在全球 500 强企业和最具创新力企业数量方面尤为突出，在全球经济增长中也发挥着重要作用。

第一节　东京湾区经济发展历程

伴随着工业的现代化，东京湾周边不断进行移土填海，沿岸出现了包括川崎港、东京港、千叶港、木更津港等在内的港口联合体，以及京滨、京叶两大世界级工业带。在经历了高速发展后，自 20 世纪 90 年代起，东京湾区开始转型，从单纯依靠大企业、扩大生产规模为主导，逐步进入以大批研发机构和产品试验机构集聚为主导的新阶段。

一　重化工业发展阶段

二战前，日本的制造业中心并不在东京湾区。二战后，日本利用自由贸易和全球化的契机，建立了以出口产业主导的发展模式，这种产业模式依托海外能源和原材料大规模进口，在庞大港口群带动下，湾区沿京滨、京叶线集中了钢铁、有色冶金、炼油、石化、汽车、造船等产业，成为当时全球最大、最先进、出口实力最强的新型工业地带，日本年销售额 100 亿日元以上的大企业有五成设于湾区，三菱、丰田、索尼等一大批世界 500 强企业总部均设于此。

（一）东京湾区产业重型化发展

东京湾区城市在战后 1945～1955 年这十年复兴时期发生了巨大的变化。一方面，东京湾区城市在战后确立了重工业为主导的发展方向，大量吸纳农村人口，快速壮大了城市规模。另一方面，在原来的城市与城市之间空白地带，一个个新兴的工业市镇崛起，形成了带状工业地带。在战后复兴发展时期，湾区完成了从战时体制到近代城市经济发展的转变。50 年代初爆发的朝鲜战争，再一次刺激了日本军事工业、机械工业、钢铁工业的发展，东京作为日本的首都和重要工业城市，吸收了一大批农村流入的劳动力，工厂则大量向郊区的八王子、多摩等卫星城市扩展。当时引领日本经济的主要产业是钢铁、石油精炼、石油化学、造船等重化工业，这些产值规模大、效益高的产业支撑并促进了东京湾区的飞速发展。同期日本政府实行"倾斜生产方式"，以基础工业和能源产业为重点，对基础工业部门进行重点扶植，促进了钢铁、煤炭、电力、造船、机械等部门的迅猛发展，以大企业为中心的重工业部门比例由此不断上升。

1968 年，日本政府发布了"第二个首都圈基本计划"，东京湾城市群"一都七县"的范围从此圈定。东京周边 4 县全部被定位成规划区中的开发区，成为集聚现代工业和发展现代农业、交通业、文化旅游业的都市区，明确综合性都市、工业城市、观光都市、研究学园都市等不同城市功能定位，较好地分流和缓解了东京及周边大城市因人口和产业过度集聚而产生的弊端。

东京都第二产业机构数见表 8 - 1。

表 8 - 1 东京都第二产业机构数

年份	采矿业	建筑业	制造业	基础设施
1975	177	41505	121337	597
1972	203	37493	119852	692
1969	180	31079	112104	532
1966	145	26209	102624	510
1963	188	22864	94899	519
1960	218	17396	82940	397
1958	291	16480	80381	401

数据来源：Tokyo Statistical Yearbook。

（二）东京湾区工业与港口布局

在东京湾区内，东京都与其南面的神奈川县和东面的千叶县共同构成了举世闻名的"京滨和京叶工业带"，主要工业有钢铁、造船、机器制造、化工、电子、皮革、电机、纤维、石油、出版印刷和精密仪器等。

以京滨、京叶工业带为核心的东京湾沿岸成为日本经济最发达、工业最密集的城市化区域，京滨、京叶两大工业宽带仅 6 千米左右，各长 100 千米左右，而工业产值却占全国的 40%，GDP 占全国的 1/4，不仅是全球最大的新型工业产业带（甚至还有迪士尼等大型娱乐和文化设施），港口和大规模产业集聚促进了湾区形成高效率的大进大出格局。众多以进口能源为主的火力发电厂和炼油厂等能源工业，给湾区及其腹地提供了稳定、廉价、多样化的能源，并在环东京湾两侧延伸布局上保持了与东京都主城区高密度人口一定的隔离。而湾区港口群庞大的进出口量支撑了至少 3600 万人的高质量的全球性消费，并实现与东京都的金融、研发、总部等功能的紧密互动，使生产地接近消费地的经济原则得以充分实现。

在产业重型化带动下，东京湾港口进入大规模建设时期，天然良港优势使其工业布局发挥到最佳。各城市纷纷建设深水港，以适应经济发展需要。东京湾内拥有六个重要港口，即千叶港、横滨港、川崎港、东京港、木更津港和横须贺港，六港几乎首尾相接，由此形成沿海岸向东南开口的马蹄形港口群以及工业城镇群，港口年吞吐量超过 5 亿吨。湾区港口货物吞吐量占到全日本的四成，原油进口量占到三成，液化天然气占到五成。庞大港口群支撑了京滨、京叶两大工业带的崛起，促进了产业和人口的大规模集聚，促进了以东京都为核心的湾区都市圈经济的繁荣发展。

东京湾区港口职能分析见表 8-2。

表 8-2　东京湾区港口职能分析

港口	港口级别	基础和特色	职能
东京港	国际集装箱战略港	内外贸码头 24 个，泊位 115 个，国内集装箱吞吐量占 20%，国内运往欧洲的集装箱数量占 1/4，蔬菜输入量占全国的 24%	输入型港口，商品进出口港，内贸港口，集装箱港
横滨港	特定重要港口	日本最大港口，世界亿级大港之一，世界十大集装箱港口之一。东日本最大汽车吞吐量，整车出口量占全国 14%	国际贸易港，工业品输出港，集装箱货物集散港
千叶港	特定重要港口	共 11 个港区，货物吞吐量常居日本前两位，日本最大的工业港，原油进口量占全国的 13%，液化天然气占 15%	原料输入港，工业港

续表

港口	港口级别	基础和特色	职能
川崎港	特定重要港口	与东京港和横滨港首尾相连，多为企业专用码头，深水泊位少。京滨工业带的中心工业港，湾区能源供应基地，原油进口量占全国的7%，液化天然气占9%	原料进口与成品输出
木更津港	地方港口，1968年改为重要港口	以服务境内的君津钢铁厂为主，铁矿石进口量占全国的10%，钢材出口量占全国的9%	地方商港和旅游港
横须贺港	重要港口	主要为军事港口，少部分服务当地企业，素有东洋第一军港之称	军港兼贸易

资料来源：《东京湾区港口群发展》，每日财经网，2017年3月。

东京湾区通过在大城市沿海地带围海造陆，推动产业重型化突飞猛进，并在大城市圈边缘地带开辟建设新产业市镇和工业整备特区，通过交通干线建设促进新功能区与产业转移相互衔接，将港口、制造、科技研发在周边布局，从而形成了全产业链发展。

二　服务和知识技术密集化发展阶段

20世纪70年代开始，东京的制造业开始面临用地紧张和土地价格攀升等困难，工业开始向东京以外的地方转移，服务业则进一步向东京集聚。工业就业人员数量和比重逐步下降，而服务业就业人员数量和比重逐步上升。第二产业就业比重从41.5%下降到34.3%，下降幅度超过7个百分点，在之后的3个10年间，又分别下降了3~4个百分点；第三产业就业比重增长了7.4个百分点，后来的3个10年间上升速度相对较慢，从57%上升到74.2%。

70年代后，在国内外经济危机、生态危机和能源危机交织迸发的背景下，东京湾区在经济政策和产业结构上做了较大调整，逐渐转向生产服务业方面，努力促进金融和生产服务业联为一体加速发展。从80年代开始，东京湾区在日本率先实现了从制造业转向服务业的产业结构升级过程。

（一）中心城市高度服务业化

从1986年到1996年，金融、保险和不动产业的就业增长25%。到90

年代末，东京服务业就业占比达到60%以上。

1986～2006年东京的经济结构状况、服务业状况见表8-3、表8-4。

表8-3 东京的经济结构状况

单位：亿日元，%

财政年度	1986	1991	1996	2001	2006		
					东京	全国	占比
农林渔业	250	233	308	310	343	19756	1.74
采矿业	126	127	82	79	81	3024	2.68
建筑业	48068	49466	52357	46698	43167	548799	7.87
制造业	115255	107342	93463	75564	63007	547888	11.50
电力、煤气、供热、供水	230	220	233	228	244	3147	7.75
服务业	621490	608194	613074	588145	571935	4600001	12.43
总计	785419	765582	759517	711021	678777	5722615	11.86

数据来源：Tokyo Statistical Yearbook。

表8-4 东京服务业状况

单位：亿日元，%

财政年度	1986	1991	1996	2001	2006		
					东京	全国	占比
信息与通信	12111	14855	15445	18826	21366	59578	35.86
交通	3221	23709	25523	22732	20392	129783	15.71
批发与零售	248626	219882	212980	193255	176253	1601446	11.01
金融与保险	12076	14279	13865	11547	9826	83970	11.70
房地产	48092	51607	52213	51194	51533	318647	16.17
餐饮宾馆	118397	115598	114048	106015	100837	186078	54.19
健康与社会福利	23309	24542	27120	30577	36389	311152	11.69
教育	13212	14514	15820	15788	17030	170243	10.00
多层次服务	666	763	1015	1400	2693	49027	5.49
其他	121780	129045	135045	136811	135616	1090077	12.44
总计	621490	608194	613074	588145	571935	4600001	12.43

数据来源：Tokyo Statistical Yearbook。

东京中心城区强化高端服务功能，重点布局高附加值、高成长性的服务性行业、奢侈品生产和出版印刷业，东京都从传统工业化时期的一般制造业、重化工业为主的产业格局，逐渐蜕变为对外贸易、金融服务、精密机械、高新技术等高端产业为主的产业格局，石油、化工、钢铁等重化工业则全面退出东京中心城区。

（二）工业依旧保持强大竞争力

东京湾区在第三产业迅速发展的同时，仍然保持着工业的竞争优势。在 20 世纪 80 年代以前，东京都一直是日本最大的工业中心，此后因工业外迁，地位有所下降，但仍是日本重要的工业地区。

伴随着产品竞争和城市环境问题的出现，在"工业分散"战略推动下，东京都机械电器等工业逐渐从东京中心城区外迁到京滨、京叶两大工业带。同时，东京又出现了一批创新型的中小企业，例如，以大田区为中心的产业综合体成为重要的技术创新核心区，改变了原有工业产业内涵，表现为向生产服务业的延伸。随着日本从"贸易立国"向"技术立国"的转换，东京都规模小、门类多、技术先进的"城市型"工业结构进一步调整，以新产品的试制开发、研究为重点，发展知识密集型的"高精尖新"工业，并将"批量生产型工厂"改造成为"新产品研发型工厂"，促使工业逐步向服务业延伸，从而实现了新的产业融合。

在东京都工业调整辐射带动下，东京湾区内的京滨、京叶两大工业带在完成重化工业向外扩散阶段后，随着产业结构的调整升级也逐步进入知识技术密集型产业阶段，向特定产业大规模生产基地演化，继续保持规模化专业化生产的优势。

第二节　东京湾区当前产业和空间形态

东京湾区产业布局，呈现出圈层式扩散布局特征。东京都是湾区经济的中枢，主要布局都市工业和服务业，神奈川县主要布局工业和港口物流，千叶县主要布局临空产业和物流、商业，琦玉县是东京副中心，承接中央政府部门职能的转移。

一　东京湾区产业形态

东京湾区大体量产业在狭窄区域内交织叠加，湾区内京滨工业带、京叶工业区的化工业、装备工业以及各大港口的物流业继续保持强大竞争力，而以东京都为代表的各大中心城市则实现高度服务业化发展。各种大体量、高密度产业的叠加发展，使得东京湾区的港口经济、工业经济、服务经济、创新经济各阶段推动要素能够实现融合发展，并促进共荣。

（一）生产服务业集群发展

在经历了重化工业发展阶段以及工业高度加工化阶段后，在石油危机的压迫下，东京湾区的产业结构逐渐由资本密集型向技术密集型转变。以产品研发和技术创新为特色的生产服务业集群发展，与高科技产业共同成为东京湾区经济发展的"双轮"。

2012 年，东京都第一、第二、第三产业增加值的比例为 0.27：17.46：82.27。从 2001 年到 2010 年，制造业增加值比重从 17%下降到 13%，而不动产业、通信业和服务业保持持续上涨的趋势。金融保险业则保持相对平稳的状态，占产业总增加值的 8%～10%。金融、保险和信息通信产业的区位高度融合，呈现强烈的都心指向。

（二）大规模大体量产业交织叠加

东京湾区经济的一大显著特色，便是大规模的人口集聚和大规模的产业集聚并相互交织，产业体量大、多样性强，商业、科研、金融、制造等多重功能形成良好的叠加效应，形成较完整的"全套型"（全能型）产业，推动形成专业分工并错位发展的产业格局。

2001～2010 年东京都主要产业增加值比重见图 8-1。

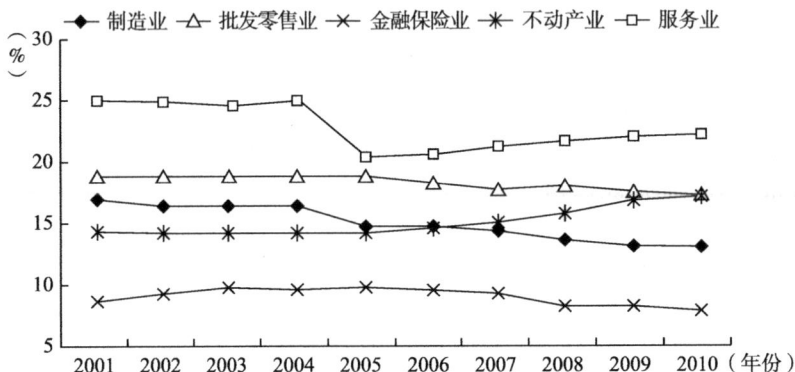

图 8-1 2001～2010 年东京都主要产业增加值比重

资料来源：根据日本内阁府（2013）"平成 22 年度县区经济计算"相关数据计算整理。

二 东京湾区空间形态

东京湾区城市群是世界城市化水平最高的城市群之一。东京湾区的各种资源已被用到极致，拥有全世界最密集的轨道交通网，形成要素充分流动与共享的大都市圈。二战后东京湾区经历了"集环带＋新城""一极集中""多心多核"等发展阶段。1986 年由西端川琦市横跨东京湾，至东端木更津市的跨海高速公路（以海底隧道为主）建成，湾区由此逐步形成一体化发展格局，多核分散、职住平衡的都市圈逐步发展成熟。

（一）东京湾区圈层式产业布局

共划分为东京首都圈、东京都市圈、东京都、东京区部和东京都心三区 5 个圈层，形成主中心区域→次中心区域→郊区区域→较边远的其他县镇区域的多核多中心的空间发展模式，湾区由此形成大规模的产业集聚和城市蔓延。城市功能按圈层布局，10~20 千米内为首都圈中心、物流枢纽中心，20~50 千米圈主要为近郊住宅中心、产研联合工业城等，50 千米圈以外，主要是重工业生产区、汽车及其他工业带城市和地区等。

伴随产业圈层布局的则是人口分布的调整。东京湾区人口分布的一个显著特征，便是大规模高密度的人口紧邻海湾，并逐渐向内陆延展。在城市化浪潮中，东京都与周边三县已浑然一体，构成东京大都市圈。区域内部的产业迁移，一开始从一般劳动密集型制造业圈层式扩散外移，再到钢铁、石油、机械等产业的圈层式扩散外移。到 20 世纪末 21 世纪初，东京湾核心区科技创新产业的发展及研发功能的外溢，则从根本上改变了以往产业外移的性质，即产业外移进入到一个层次更高、辐射力更强的新阶段。

支撑湾区圈层式产业布局的，是全日本最密集的环状放射性道路，由铁路、地铁、单轨列车组成的综合铁路网，年运输人口规模世界第一。湾区内六大港口与成田、羽田两大机场和东海道、北陆、东北等新干线以及数条高速公路一起，构成东京湾区与日本国内和全球主要城市间的海陆空立体交通圈，推动了圈层式产业扩散布局。

（二）东京湾区特色产城关系

东京湾区空间结构上的多元性和多样性较为突出，在湾区内穿行可以明显感受到不同的区域特色。东京都心区形成了世界上密度最高、规模最大的商务活动集聚区之一，总部活动、高端商务活动具有强烈的"都心"区位指向。为防止过度集中，东京都内先后规划建设了池袋（文化性的综合商业中心）、新宿（商务办公和文化娱乐为主的中心）、涩谷（信息服务和时装设计中心）、龟户（文化产业中心）、临海副都心（国际化展示中心）等 7 个副功能新区，均是轨道交通枢纽，极大地提升了商务活动效率。之后又规划建设了筑波科学城、大学城等 18 个功能性卫星城。这些各具特色、性质各异的都心、副都心功能区（包括银座、新宿 CBD、八王子大学城等特色功能新城、副都心新城、TOD 新城等），形成各具特色的副中心伴随外围卫星城市发展的城市群架构，支撑了东京作为世界级大都市的战略空间框架。

湾区外圈层则布局了日本主要的运输、食品和精密机械制造业集群，同时布局了世界级钢铁、食品和炼油基地，并相应规划建设了多个新城，包括相模源高技术工业城、横滨现代港口新城、千叶新产业城市和木更津现代港口新城等，这些新城功能分工明确，与东京都的副都心新城，以及其他市镇共同推动了东京湾区多中心网络型空间结构的发展与升级。

三 东京湾区主要城市功能体系

东京湾区注重各等级城市关系的处理，如东京都与其他县、市的关系，县、市之间的关系等，"多中心、分层次"的空间战略有力地支持了生产性服务业的发展，老中心区与多个新中心区分层次并进，形成合理有序的城市分工体系，促进了湾区整体经济结构的合理布局。

（一）东京都首位度和经济领取度最高

东京都依靠港口优势，通过海运带动国际贸易，迅速成为区域经济发展的核心力量，不断向周边城市扩散和辐射。东京都 GDP 占全国经济的 12.6%，公司总数占全国的 15.5%（注册资本 10 万亿日元以上的大企业则占到 48.3%），就业人数占全国的 15.5%，人均 GDP 为全国的 1.4 倍，东京都集聚了全国媒体从业人员的 45%、网络服务的 80%、大型文化设施的 35%、科研人员的 46% 和外资法人企业的 90%。总部经济功能十分突出，集聚 50% 以上的国内大公司，100 多家银行总部、86% 的证券交易，拥有 13 家国际组织。外资企业数量占全国的 75.7%，出口额和进口额分别占 21.5% 和 26.0%。东京都的金融中心功能、政治中心功能、教育与创新中心功能、工业中心功能等多种功能叠加，在世界级城市中首屈一指。

东京都内各区都发展了自己的专业化部门，在各自专业化产业领域集中发展了内容极其丰富的关联及配套产业，实现局部高度价值循环，通过专业化分工协作形成知识密集型产业集群，通过广泛的产业融合形成了巨大的城市创新网络，从而提升了东京湾区的活力和创造力。

（二）次中心城市错位发展

随着东京城市化演化和郊区化的进展，中心城区的各种职能开始转移。在城市化扩散中，湾区内各城市充分利用自身优势优化资源配置，形成自身发展优势。东京都与其他城市不断推进自身产业分工的选择与优化，形成各自的竞争优势，促进了城市间错位互补和良性竞争发展。

琦玉县成为日本东部最重要的交通枢纽之一，承担副都职能，接纳了部分政府职能的转移。其中浦和市是琦玉县的政府行政中心，承担国际交流和商务职能。大宫市是琦玉县的经济中心，商务职能较为突出。

神奈川县是日本四大工业基地之一，其中横滨市成为日本经济规模第二大的城市，二战后横滨进行了大规模的填海造陆工程，兴建了京滨工业带，建立起一批极具国际竞争力的工业产业，石油、石化、运输机械和钢铁生产居全国前列。同时还聚集了很多国家行政机关、企业总部和尖端产业，外加横滨港是日本最大、最重要的对外贸易商港，在国际交流上承担重要职责。川崎市是日本的重工业中心之一，工业80%来自重化工、钢铁、水泥、机电、炼油、造船、水电等，川崎港功能与横滨港互补，推动神奈川县渐成湾区工业和物流业的集聚地。

千叶县是日本重要的工业县之一。在京叶工业带推动下，千叶县不仅发挥着国际空港、海港、商务、国际交流等作用，更是重要的工业集聚地。物流、临空产业以及商业在该区域具备较强的发展能量，钢铁、食品和炼油产业约占工业总产值的3/4，其中钢铁工业占1/2，千叶钢铁公司是世界著名的十大钢铁公司之一。君津是东京湾东南岸钢铁城市，60年代填海建设的君津大型钢铁联合企业是世界最大钢铁企业——新日铁的骨干企业，年产钢1000万吨，专用码头19米深，可停泊25万吨级巨轮。

东京湾区各县、市的功能看似单一，但这些县、市汇集在以东京都为核心的湾区内，分工协作、紧密联系，产业互补性强，所展示出的整体功能远大于单个城市功能的叠加。借助东京都的资本优势，湾区内的每一个中心城市都形成了各自的产业特色，寻求构建与东京更加错位互补的产业结构，从而增加整个湾区在国际上的竞争力。

东京湾区"业务核心城市"职能见表8-5。

表 8 - 5   东京湾区"业务核心城市"职能

地区	业务核心城市	职能
东京	东京市区	国家政治、行政、金融、信息、经济、文化中心
多摩地区	王八子市、立川市	高科技产业、研发机构、大学的集聚地
神奈川地区	横滨市、川崎市	工业集聚地和港口，也是部分企业总部和国家行政机构集聚地
琦玉地区	大宫市、浦和市	接纳了东京都市区部分政府职能的转移，成为国家机构、居住、生活、商务职能集聚地，一定意义上已成为日本副都
千叶地区	千叶市	拥有成田国际机场，国际空港、海港、国际物流、临空产业工业集聚地
茨城南部地区	土浦市、筑波	以筑波科学城为主体的大学和研究机构集聚地

资料来源：郑京淑、郑伊静：《东京一极集中及其城市辐射研究》，《城市观察》2013 年第 5 期。

第三节　东京湾区经济增长动力因素

东京湾区具有独特的海湾环境和明显的区位优势，工业化和城市化与湾区发展空间实现了有机统筹。在强大的政府规划和协调机制推动下，湾区要素资源实现了高效便捷流动，从而获得巨大的外部发展效应。拥有地缘优势的外向型经济是东京湾区发展壮大的重要动力，东京都依托港口和国际贸易集聚区域经济发展的核心力量，不断向周边区域扩散和辐射，带动周边城市的发展，形成大规模的产业集聚和城市蔓延。

一　城市之间形成良好竞争分工合作格局

东京湾区十分注重政府机制与市场机制的共同作用，城市间形成了良好的竞争分工格局，尤其是港口群成为良好的分工典范。

（一）市场机制和政府机制共同促进

从东京湾区产业形态的演变历程看，在市场机制和政府行为共同作用下，湾区内产业结构调整、资源优化配置以及产业转移得以有序进行。例如，在城市化初期，东京都市化开始，众多的人口和企业集聚到东京都，城市规模迅速膨胀，东京都的物价、地价等飙升，环境污染加重。伴随着这些问题的出现，很多制造业企业、政府机关以及基础设施开发商等开始向郊区及其他城市转移，进而带动了从业人口向城郊乃至其他城市集聚，促进了郊区工业化和其他城市的发展。

（二）港口群成为良好分工典范

东京湾区形成分工明确、协调发展的港口群体系，通过规划、法规将各港口整合为一个分工不同的有机整体，形成一个"广域港湾"。如东京港是输入型港口，主要商品进出口港；横滨港承担工业品输出、集装箱集散功能；千叶港属于能源输入港、工业港；川崎港主要承担原料进口和产品输出；木更津港是地方商港和旅游港；横须贺港则是军港兼商业贸易。各港口群体虽然保持独立运营，但对外竞争中则形成一个整体。

2017 年 7 月，日本颁布新的物流改善政策，专门成立半官方半民营性质的公司——横滨川崎国际港湾株式会社来运营东京、横滨、川崎港，国家和地方政府共同出资，运营和吞吐出入由公司运作，基础设施建设则由政府进行。

二 政府规范引导提升湾区发展合力

日本是政府主导型的国家，中央政府对东京湾区发展进行了较大的干预。从某种意义上看，在填海造陆等工程推动下，东京湾区可以被视为世界上第一个主要依靠人工规划缔造出的湾区。中央政府通过完善权威的区域规划体系及强有力的项目资金保障，加上自上而下的宏观调控配套政策，实现了区域行政协作的目的，以解决专业性问题为导向的区域协议会等正式体制外的协调机制，如 2002 年成立的"首都圈港湾合作推进协议会"等，成为中央政府主导区域协同机制的重要补充。而以地方政府为主体的区域联合组织或机构的数量和活动范围，受到了诸多行政法令的限制。

（一）多轮统一规划调控发展

为了保证各城市间的战略协作，日本中央政府多次制定统一的湾区（都市圈）规划，核心目标就是致力于解决湾区一体化过程中的空间结构、功能布局和因人口、资源和城市功能过度集聚而引发的区域性问题，并建立交通、环境、信息共享平台，并相应改革行政体系。规划实施不受行政区划限制，不划分具体城市等级，适用于所有城市。近期实施的规划致力于将"一极一轴型"都市圈结构转为"多核多轴型"网络化结构，构建一个职住相对平衡的都市地域结构，以抑制东京都职能的过度集中。通过都市圈规划，引导具有若干单项功能的外围城市建设和发展，以副都心为基点，建设高覆盖的轨道交通系统，可以有效降低通勤、通学时间。

东京都市圈五次规划要点见表8-6。

表8-6 东京都市圈五次规划要点

次数	第一次 （1958年）	第二次 （1968年）	第三次 （1976年）	第四次 （1986年）	第五次 （1999年）
时代背景	战后经济复兴、人口产业向东京集聚、城市快速增长	经济高速增长、地区发展不平衡加剧	受石油危机影响，经济发展趋于稳定，经济社会结构发生变化	以国际化和信息化的经济全球化，日本社会逐步老龄化	泡沫经济破灭后，首都圈中心空洞化，价值观趋于多样化和个性化
规划连贯衔接	绿环→近郊土地整备→	三类区域→两类区域→	商务核心城市→	自立都市圈→	分散型都市圈网络
区域空间结构	环状三圈层	环状三圈层扩大	多核心型区域城市复合体	多核多圈层	分散型都市圈网络
规划主要内容	①建设东京都近郊绿带 ②严格限建具有集聚效应的设施，转移部分功能 ③建设卫星城市分担东京市部分功能	①修建铁路公路，调整建成空间结构，增加中心区中枢管理功能 ②综合开发近郊地区，有计划地进行城市化改造 ③完善卫星城教育流通等功能	①促进有选择地分解中枢功能 ②在东京大都市圈进行多中心建设 ③分散中心区大学等设施向周边地区转移 ④产业向周边地区迁移，控制制造业扩张	①东京部分职能向其他核心城市转移 ②以产业自立城市为核心形成自立都市圈 ③培育管理、国际交流、教育等功能形成多功能圈城	①建设高覆盖轨道交通系统 ②确立东京中心区与各产业自立城的功能分工 ③各产业核心城市功能增强
规划思路调整	①限制城市发展转为引导城市发展 ②功能集聚转为功能扩散 ③关注城市活动转为关注区域竞争力 ④规划理念单一转为规划理念多元化 ⑤规划主体从地方转为中央，再转为地方				

资料来源：根据张良、吕斌《日本首都圈规划的主要进程及其历史经验》（载于《城市发展研究》2009年第8期）及相关资料整理。

2006年、2011年、2014年，日本相继推出《10年后的东京——东京将改变》《2020年的东京——跨越大震灾，引导日本的再生》《创造未来——东京都长期愿景》等专项规划，通过具有连续性、可调整的统一规划，以促进区域经济的深度融合。

（二）政府财金政策直接引导支持

为加速实现规划目标，中央政府建立了一系列配套的财政金融政策，如财政转移支付（中央税收一部分转移给企业迁入地所在地方政府），搬迁企业的所得税减免，新开发地区的地方政府债由中央财政贴息，中央政府通过政策性银行向市场主体发放产业转移专项贷款，近郊整治地带、新兴工业园开发还可享受法定的特定税制优惠，等等。日本政策性金融机构如日本政策投资银行（DBT）通过专项贷款或导向性贷款，对都市圈空间建设和管理起了较好的引导作用。在政府"集中分散模式"政策强力引导下，湾区内早期得以有效疏解过度集聚的中心城区功能，多个自立型都市区既保持各城市一定的独立性（内部功能均衡），又形成特色鲜明、错位发展的分工格局（外部功能互补）。

三　区域法律法规强力促进协调分工

日本是一个成熟的法治国家，包括大都市圈规划和建设在内的一切活动，均以法律为依据。东京湾区的产业、港口、城市功能的发展和调整，在很大程度上得益于完善的法律体系保障。

（一）专项法律规范约束

在东京都市圈发展过程中，政府根据发展阶段的不同，及时调整、完善相应的法律体系，以适应东京湾区经济发展要求。多轮首都圈规划的实施，《首都圈整备法》等法规的多次修改调整，有力促进了东京湾区内部各级县市间的政府协作，从而加快推动了东京湾区整体产业和城市功能的合理布局。

（二）强化环境整治法规实施

在湾区环境整治上，区域法律法规发挥了极为重要的推动作用。日本中央及地方政府通过法律约束来强化湾区整体环境整治标准，组织各县市联合开展环境综合整治专项行动。东京湾早期工业化留下的污染后遗症，目前基本得到缓解和消除。

四　创新成为湾区发展重要推动力量

在东京湾区发展，"技术立国"战略得以充分地体现湾区各大产业集群的发展离不开产学研一体化的强力推动。湾区工业企业的创新能力之强，在全球首屈一指。2013 年，东京湾区发明专利权数占全国 61%。根据世界知识产权组织 2017 年全球创新指数报告，按区域创新集群的世界专利申请（PCT）排名，东京湾区位列第一，在深圳香港地区和旧金山湾区之前。

（一）"技术立国"战略大力推动

日本是传统的技术大国，"技术立国"思想深入人心，抓住战后科技革命机遇，积极吸收国外的先进技术。1950～1975 年，日本从几十个国家引进了 25000 多项技术，只用了不到 60 亿美元的代价便拿到了外国用半个多世纪、花费 2000 亿美元才取得的成果。几十年来，作为产业技术创新联盟的主要形式，技术研发组合已成为日本实施国家重大产业技术计划、开展产业共性基础技术、关键技术等研发的重要平台，为支柱产业的技术进步和新产业的发展发挥了重要的促进作用。

日本官方和大企业、银行等共同出资的相关产业创新机构，最大投资规模可达 9000 亿日元。凭借长期以来的技术积累、高效的科研制度、充裕的科研投入和经验丰富的科研队伍，东京湾区企业和科研机构在基础技术研究、应用技术研究和新产品研发等方面具有很强的竞争力，其优势几乎体现在各个学科和各类高技术产业的前沿，多项新型技术融合与产业领域相互渗透，为新兴产业发展提供了强大的技术创新支撑。当地企业在技术与市场衔接方面拥有成熟的经验和良好的机制，使新技术能够迅速进入市场创造效益，而市场收益又能反哺技术研发部门，这些均为东京湾区长期保持产业技术优势的重要原因。

（二）产学研一体化发展推动

东京湾区的产业升级建立在发达的高等教育和强大的创新型企业之上，教育水平和科技创新能力对经济发展具有重要影响。东京湾区拥有数量众多的大学，如东京大学、东京工业大学、电气通信大学、中央大学等，达 225 所，占全国 780 所大学的 29%，而学术研究机构占全国 40% 左右，研究人员占比则过 60%。东京都、神奈川县、琦玉县的大学及研究生院规模与学生数量庞大且不断增加，为湾区先进制造业和高新技术产业发展提供了强大的人才和知识保障。

东京都、神奈川县及琦玉县的大学和研究院与学生状况见表 8－7。

表 8－7 东京都、神奈川县及琦玉县的大学和研究生院与学生状况

年份	2002	2003	2004	2005	2006	2007	2008	2009	2010
大学、研究生院数量（所）	162	164	171	176	187	187	192	192	196
大学、研究生院在全国所占比例（%）	23.6	2304	24.1	24.2	24.7	24.7	24.7	24.8	25.2
大学、研究生院学生数（人）	1002268	1010968	1010219	1030398	1027245	1027245	1015311	1039600	1060521
大学、研究生院学生数在全国所占比例（%）	36	36.1	36	35.9	35.9	36.2	36.2	36.5	36.7

资料来源：根据日本国土交通厅《首都圈白书》（平成 23 年）相关数据计算整理。

湾区内京滨、京叶工业带集聚了许多具有技术研发功能的大企业和研究所，主要有 NEC、佳能、三菱电机、三菱重工、三菱化学、丰田研究所、索尼、东芝、富士通等，均是具有强大产业创新能力的机构。汤森路透发布的"2015 年全球创新力企业（机构）百强"中，仅东京湾区就有 27 家。

2015 年全球百强创新企业机构在东京湾区、旧金山湾区、纽约湾区的数量和分布见表 8－8。

表 8－8 2015 年全球百强创新企业机构

名称	企业数量	代表性企业
东京湾区	27	三菱、富士、富士通、佳能、索尼、卡西欧、本田、日产、日立等
旧金山湾区	11	甲骨文、苹果、谷歌、英特尔、AMD、高通 Micron、Marvell、Symantec、Xilinx 等
纽约湾区	4	BD、百时美施贵宝、通用电气、强生

资料来源：汤森路透：《2015 年全球创新力企业（机构）百强》，2015 年 10 月。

东京湾区同时也建立了专业的产学研协作平台，积极完善相关产学研合作机制，将原来隶属于多个省厅的大学和研究所调整为独立法人机构，从而赋予大学和科研单位更大的行政权力。在科技创新及相关产业政策推动下，东京湾区一直保持着全球制造业创新最强地区的地位。

五　全覆盖轨道交通发挥关键支撑作用

东京湾区具有亚洲都市圈人口高度密集的显著特征，狭长的区域内聚集的人口高达 3600 万以上。东京湾区之所以能容纳如此庞大的人口规模，并还能有序运转，轨道交通的作用至关重要。虽然汽车是日本的支柱产业，但政府并不鼓励居民拥有和使用小汽车，反而严格控制居民小汽车数量增长，在高速公路网建设上也未投入太多，东京都高速公路通车里程迄今仅有 260 千米。政府主要集中发展轨道交通，四通八达的蛛网型轨道交通基本覆盖到湾区每个角落，将庞大的地理空间进行另一种形式的"拉伸"和"折缩"，从而有效解决了城市空间的拥堵和隔离问题。

作为拥有全世界最密集轨道交通网的湾区，东京湾区轨道交通系统通车里程长达 2300 千米，包括 JR 线（国家投资的承担城市间客运任务）、地下铁（东京都政府投资的满足 23 区内部交通的线路）以及各种形式的私铁（私人财团兴建的新城至中心区线路）。以东海道（东京—大阪）、东北干线（东京—仙台）联系 500 千米范围（2~3 小时）主要城镇，强化湾区对全国发展的引领和辐射作用。城际轨道出行主要由"环形 + 放射线"的 JR 铁路承担，私铁为补充，以保证与中心区域和主要城镇间"1 小时"的出行服务水平。

政府鼓励私人财团参与轨道交通建设，极大地推动了轨道交通的繁荣和发展。目前湾区居民 80%~90% 通勤客运依赖轨道交通，发达的轨道交通系统促进了湾区发展一体化，也有效疏解了城市功能。东京市民可在都市圈内自由选择居住地和工作地，不仅缓解了中心区域人口过密问题，也促进了多中心网络状湾区空间结构的良性发展。通过外围城市功能体系的不断完善，东京的向心通勤量与 1990 年代相比减少了 10%，并形成独有的"枢纽站文化"，即轨道枢纽站边是高密度开发的公共设施建筑和高层公寓，东京都市机动车保有量虽超过 460 万辆，机动车拥有水平超过 370 辆/千人，但开小汽车上班次数人均不足 1 次/天。受益于此，作为全球人口最为密集的都市圈，东京湾区的"城市病"反而相对较少。

东京湾区城际轨道交通布局模式见表 8 - 9。

表 8 - 9　东京湾区城际轨道交通布局模式

圈层	范围	面积（km²）	人口密度（万人/km²）	轨道线网类型及密度（km/km²）	功能	站间距（km）	运行速度（km/h）
核心区 5 千米	山手线环线	90	1.88	地铁：3.61	城市内部出行	0.5 ~ 1	30 ~ 35
中心区 15 千米	东京都区部	622	1.41	地铁 + JR 国铁 + 私铁：1.23	城市内部出行	0.5 ~ 1	30 ~ 35
近郊区 30 千米	东京都	2188	0.59	JR 国铁 + 私铁：0.83	中短途城际出行	1 ~ 2	40 ~ 45（普速）
远郊区 70 千米	一都三县	13400	0.25	JR 国铁 + 私铁：0.27	都市圈通勤	5 ~ 6	50 ~ 60

资料来源：根据刘贤腾《东京的轨道交通发展与大都市区空间结构的变迁》（载于《城市轨道交通研究》2010 年第 8 期）以及其他资料整理。

小　结

总体而言，东京湾区依托港口建设，发展规模化的重化工业和海运物流业，建立了世界级的产业中心，通过政府的政策引导和市场调节，实现了大都市圈内联动互补、错位发展的产业格局，这些均值得我们学习和借鉴。

但东京湾区的一些发展教训同样值得国内借鉴。受地域狭小等因素影响，东京湾区要素资源已被用到极致，人地关系十分紧张，各种发展要素过于集中，占全国经济比重过高，对全国区域发展平衡产生了一定的负面效果。在地震、台风等天灾较频繁的日本太平洋沿岸，这种高强度高集中的经济模式存有一定的风险。

从德川家康时代，东京湾就开始填海造陆，二战后城市化加速，填海造地步伐加快。迄今，东京湾填海造地面积超过 250 平方千米，东京湾海陆 90% 以上都被开发成人工海岸线，如银座等繁华商业区均由填海而来。

由于日本土地的私有性质，城市建设用地受到极大限制，填海用地因归政府支配，可在上面建工业项目、垃圾处理场、发电厂等需要与居民保持一定距离的设施，也可以营建机场、港口等大型交通设施甚至迪士尼乐园等大型娱乐设施，日本政府对此十分积极。但是，政府主导的大规模填海用地虽获得了可观的收益，但也带来对自然环境的破坏，水面缩小，天然岸线被人工岸线替代，湿地近乎全部丧失，负面影响至今尚难完全消除。此外，东京湾是典型的"先污染、后治理"的发展模式，二战后工业化前期污染十分严重，并引发了较为严重的社会危机。虽然日本政府及时刹车治理，但也付出了巨大的代价。这些教训同样需要我们认真吸取。

第 九 章

纽约湾区经济发展

纽约湾区由纽约州、康涅狄格州等州的 31 个县市组成，面积 2.15 万平方千米，人口 2000 万人以上，包括纽约、费城、波士顿和华盛顿等中心城市，以及巴尔的摩等一些次中心城市和周围的若干卫星城镇，一起构成了大都市带。

纽约湾区依托发达的金融和制造业、整体水平极高的教育和科研，以占美国 1% 左右的面积集聚了美国 7% 左右的人口，创造了占全国近 9% 的生产总值，集聚了世界著名大学 58 所，2900 多家世界金融证券机构，对外贸易周转额占全美的 1/5，成为世界金融核心枢纽和国际商业中心，被公认为全球发展水平最高、最具影响力的湾区。

第一节　纽约湾区经济发展历程

纽约湾区随着美国经济的发展逐步形成。通过城市工业园区战略、区域经济发展战略以及外向型服务业等战略，纽约市政局及时对三次产业比例、三次产业内部结构进行了调整，使纽约市较早转向以金融贸易等现代服务业为支撑的产业结构，成为新兴的国际金融贸易大都市和崛起的全球金融中心，继而推动形成以纽约为核心的世界级都市圈。从早期港口经济起步，到成为全美工业制造中心，再到目前的全球金融及创新中心，纽约湾区呈现出湾区经济发展的典型阶段特征。

一　20 世纪 80 年代以前

随着贸易的发展以及资本的大量流入，纽约迅速成为全球重要的港口城市。受益于两次世界大战，特别是在美元成为国际流通货币后，纽约成为全球金融中心，为纽约湾区成为世界级湾区奠定了重要基础。

（一）港口引领湾区经济发展

在纽约湾区发展史上，拥有世界优良天然深水港之一的纽约港发挥了关键作用，不仅带来了大量物产及财富，也带来了来自全球各地的移民，促使纽约在 19 世纪末就成为全美制造业中心以及金融商贸中心。港口群的兴起催生了港口城市群，推动纽约成为并一直保持全美第一大港口城市，也促进了波士顿、费城、巴尔的摩等港口城市的快速发展。通过 200 多条水运航线，以及稠密的铁路网，公路网通腹地扩大至美国东西部，使港口货运总量超过美国北大西洋货运市场运输量的 50%，由此带动湾区制造业、金融、贸易和一般服务业的发展。

（二）中心城市率先进入服务经济阶段

20世纪70年代，美国经济进入转型时期，工业生产发展放慢，纽约制造业大量工厂搬迁。随着郊区化发展，各大公司总部也向外迁移，工业企业就业人数减少，从1965年的86.5万人降至1988年的35.5万人，其中，塑料、橡胶、制衣等产业就业人数减少至原来的1/3，有些行业则萎缩了70%左右。到了21世纪，纽约市制造业就业人数仅占6.6%。

与此同时，从20世纪60年代至90年代，第三产业特别是生产服务业在纽约迅速崛起，吸收了大量就业人口，推动了制造业经济转型为服务业经济。第三产业的崛起主要体现在金融业和管理业（包括政府部门）的迅猛发展。金融业由于通信、信息技术创新而获得巨大发展机遇，管理业（主要是政府公共部门）则由于凯恩斯政府干涉主义的兴起也获得快速增长。第三产业由此对纽约市经济增长起着重要决定作用，对整个城市生产总值的贡献率提升至90%左右。1969~1989年，纽约生产性服务业就业人数从95万人增至114万人，就业人口比重从25%升至31.6%。

1963~2003年纽约市三大产业产值见图9-1。

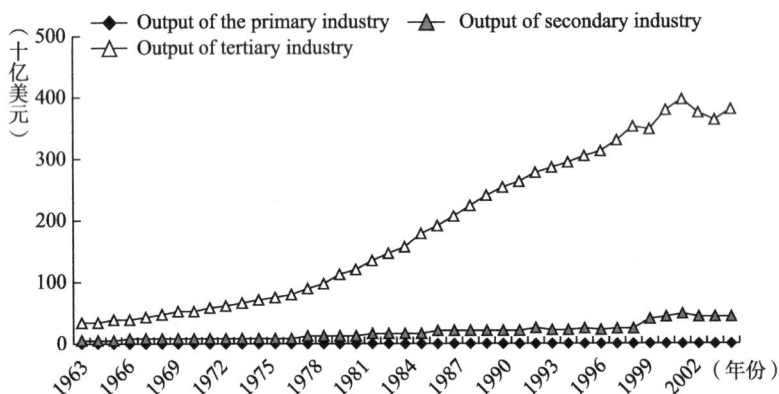

图9-1 1963~2003年纽约市三大产业产值

资料来源：纽约市统计中心。

随着金融业及管理业的迅速发展，纽约湾区国际贸易频繁，外国在美国的财富以及美国的海外财富增长迅猛，推动技术密集型和知识密集型等生产服务业的聚集效应快速扩大，并逐渐成为第三产业发展的主体。

（三）湾区各县市产业发展各具特色

在纽约市产业转型升级推动下，湾区内其他县市产业发展各具特色。纽约湾区的康州地区是美国传统的工业重镇，制造业历史悠久，种类多样，是全美最重要的制造业中心之一，而全球对冲基金之都格林尼治则反映出了康州金融某些细分领域的行业地位。新泽西州制药业在全美名列第一，世界上最大的21家制药和医疗技术公司或中心设于此。一大批通信产业则集聚在普林斯顿大学和贝尔实验室旁边。

作为湾区重要城市，波士顿在高新技术产业发展上也同样突出。20世纪60年代以来，波士顿128号公路附近汇聚了很多高技术企业。来自美国军方的大规模订单给波士顿经济发展带来机遇，导弹制造、导航系统和雷达等军工项目研发机构陆续建成。20世纪70年代后半期，由于中小型计算机的大规模发展，波士顿的高新技术产业逐渐走出困境。有关数据显示，波士顿当时就拥有近千家高新技术企业、700多家从事技术支持和相关产业资讯的公司，就业人数急剧增加到25万人。

二　20世纪90年代以来

20世纪90年代以来，在新一轮科技革命中，纽约湾区率先抢抓"信息高速公路"机遇，大力推动科技金融与金融科技发展，纽约作为全球金融心脏的地位继续保持，湾区呈整体发展向好态势。

（一）中心城市全球金融心脏地位保持并提升

20世纪90年代开始，纽约市金融、保险、房地产业占GDP的比例大幅度上升，由1990年的26%上升到2000年的37%。从服务业内部产值结构来看，1990～2000年商务服务业占整个服务业的比重也大幅上升，从1990年的18%上升到2000年的23%。纽约不仅保持世界最大的金融服务中心城市地位，也仍保持美国第一大港口城市的地位。曼哈顿CBD的金融商务服务业集群仍是全球最具影响力的产业集群。纽约外汇交易量约占全球的16%，衍生金融工具成交量约占全球的14%，外国债券发行量的市场份额约为34%。金融从业人员超过32万人，占纽约总就业人口量的 24.7%。

纽约集中了全美 10 家最大的咨询公司，35% 的全美前 100 位的法律事务所，多家世界顶级证券公司和会计师事务所，以及 219 家银行总部，有大约 20 万家企业从事专业服务业。以华尔街为中心的金融商务区是大银行、金融、保险、贸易公司的云集之地，而以第五大道为中心的商业区，则云集了世界一流的名店、娱乐厅、酒吧等商业服务业。总面积仅 57.91 平方千米的曼哈顿集聚了 150 万的人口，是世界就业密度最高的城区。

（二）湾区产业发展和就业机会继续向好

1990 年以后，波士顿开始改变对计算机制造等单一产业的过度依赖，电子通信、软件等行业成为区域支柱性产业。与此同时，波士顿还对生物技术进行大量投资，成为美国最重要的生物技术中心之一。新泽西的制药业、康州的机械制造等产业也顺利实现了产业转型和持续繁荣。

过去 20 年，湾区增加了 230 万居民和 150 万个就业岗位，预期寿命增长速度超过全美平均水平，世界一流的公共交通系统提供数百万个便利的工作岗位，湾区犯罪率急剧下降，成为全美最安全的区域之一。

第二节 纽约湾区当前产业和空间形态

纽约湾区的一大突出特点，便是形成了较强的功能互补、错位发展的格局。纽约市是全美经济乃至全球经济的神经中枢和心脏，发达的总部经济和种类齐全的高端专业服务部门，使其成为控制全国、影响世界的经济管理和服务中心。纽约与周围城市形成较为合理的地域分工和产业链的深度融合，纽约市作为首位中心城市的充分发展推动了湾区整体发展水平的提升，推动了城市间产业合理的分工布局。其间，前瞻性的权威性区域规划发挥了重要引导作用，推动湾区成为全球产业分工布局最完善、城市功能差异最明显、城市竞合最有序的都市圈之一。

一 纽约湾区产业形态

纽约湾区的产业形态，以金融商务为主体的高端服务业成为产业升级的强大引擎，各大城市形成良好的产业分工格局。

（一）金融商务等高端服务业成为核心动力

纽约湾区在长期发展和演变进程中，产业结构遵循集聚→扩散→再集聚→再扩散的调整模式。金融等现代服务业成为纽约湾区经济发展的主要推动力。2012 年，纽约湾区第一、第二、第三产业增加值比例为 0.65∶10∶89.35。纽约湾区专业和商业服务业、房地产业、金融保险业增加值所占比重较大且10 多年来相对稳定，目前金融、保险、房地产业等部门的区位熵超过 5.0，表明它们已成为纽约湾区乃至全国的产业核心。

纽约湾区高度集聚了金融、信息、艺术娱乐、科技服务等高附加值、高技术含量的知识密集型服务业。湾区拥有全球市值最大的纽约交易所和全球市值第三的纳斯达克交易所，全球金融中心指数 GFCI 长期稳居第一。全美最大的 500 家公司，1/3 以上总部设在纽约湾区。

2001～2012 年纽约湾区主要产业增加值比重见图 9 - 2。

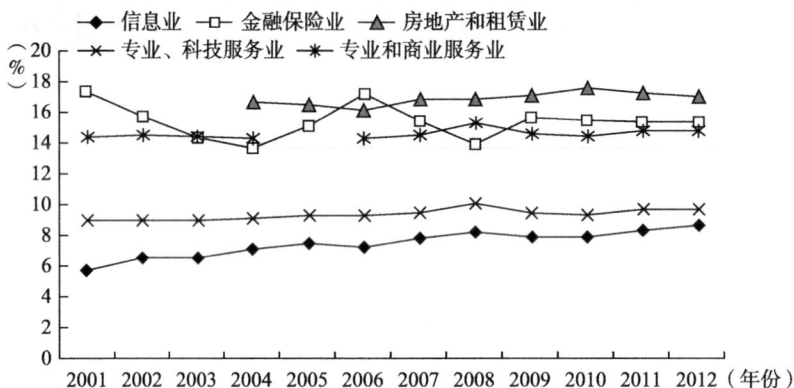

图 9 - 2　2001～2012 年纽约湾区主要产业增加值比重

注：部分年份数据因保密或其他因素影响缺失，如房地产和租赁业 2001～2003 年数据、专业和商业服务业 2005 年数据为保密，为保证客观性与准确性未对缺失处进行推断或估算，计算中以 Real GDP 为标准。

资料来源：US Department of Commerce，BEA（Regional Economic Account）。

（二）湾区形成良好产业分工和产业链

湾区产业结构调整的整体效应，表现在湾区形成合理的产业结构和区域分工格局。纽约以其科技、资本和产业的优势，在产业结构调整中起着先导作用，通过产业集聚—扩散机制的发挥，既增强了中心城市的实力和地位，也带动了其他城市的发展。周边中小城市、城镇高度集聚了中心城市产业升级后转移出的产业（如制造业、零售业、医疗及社会救助业等）。例如，纽约制造业转移至费城，助其成为美国东海岸的炼油中心及钢铁、造船和重化工业基地；高技术产业群部分转移至波士顿，助其成为仅次于硅谷的微电子技术中心。

合理的产业分工格局和产业链，成为纽约湾区持续发展的基础和保障。例如，纽约发达的金融贸易业及专业服务业，费城的重化工业及交通运输业，波士顿的微电子工业及其他高科技产业，巴尔的摩的有色金属和冶炼工业，促进形成多样化、综合性的整体产业功能，推动形成湾区内产业结构多元化和强互补的格局。从各中心城市转移出的制造业在等级较低的中小城市、城镇仍有很大的发展空间，制造业成为中小城市的支柱产业，这些促进了湾区产业结构形成梯度发展格局，同时也促使湾区仍然保持了美国重要工业中心之一的地位，服装、印刷、化妆品等行业仍居全国前列，机器制造、军工生产、石油加工、食品加工仍占重要地位。纽约湾区最大的成功在于，许多大企业不会单独在新泽西、曼哈顿或布鲁克林选址，而是根据企业的具体需求来决定，或在纽约湾区多个地点选址。①

　　未来纽约湾区可凭借健全的金融体系，以金融、航运、商务等产业为主导，依托极强地缘优势的外向型经济基础，充分利用世界资源及先进技术，仍能继续保持全球金融中心、全球航运中心、商业中心、总部基地以及美国重要制造业中心地位，仍将是世界上就业密度最高的地区，对全球的财经政策、资本资源流动仍具有十分重要的影响力。

二　纽约湾区空间形态

　　纽约湾区以纽约市为首位中心城市，波士顿、费城、华盛顿、巴尔的摩等为次中心城市，形成首位中心城市—次中心城市—中小城市的扩散式格局。市场力量和城市分工意识促进部分产业实现规模集聚效益后，迅速向中心以外扩散，在扩散过程中实现中心城市与其他城市的错位发展。

（一）城市功能合理分工错位发展

　　湾区内不同城市各具特色，优势互补，承担不同的功能分工，共同形成集聚优势。湾区内各中心城市分工则协作明确，功能定位合理，其他县、市、镇经济发展路径则视与中心城市关联度而定，最终形成不同产业集群的空间组织布局。

　　各城市在产业多样化基础上，主要通过水平和垂直分工，形成自己的优势和特色产业。纽约市承担了全美金融和商贸中心职能，既是全球金融

---

① 纽约区域规划协会 Thomas Wright，转引自《为了成为世界级湾区，它们经历了什么?》，《南方日报》2017 年 12 月 1 日 A07 版。

中心，也是国际重要的政治中心。波士顿原以纺织、造船等传统工业为支柱产业，现已成为全美最负盛名的高科技产业基地和高等教育名城，沿波士顿128号公路形成与"硅谷"齐名的"高科技走廊"。费城不仅是纽约都市圈的主要港口之一和重要的铁路枢纽，作为美国历史名城的费城还是全国重要的制造业中心，为美国东海岸主要炼油和钢铁中心、造船基地。巴尔的摩是美国重要的海港和工商业中心，还是国防工业重镇，重要的工业部门包括钢铁、造船和有色冶金，因紧邻华盛顿特区，分享了很多联邦开支和政府采购合同。华盛顿是世界少有的仅以政府职能为主的现代化城市，总部经济优势突出，集聚了一批全球组织，如世界银行、国际货币基金组织、美洲发展银行等。

各城市都保有自己的个性特征，都形成占优势的产业部门，在湾区都市圈内发挥着各自的特定功能。但是，波士顿的高科技产业中心功能、费城的国防及航空工业功能、巴尔的摩的矿产冶炼功能及作为首都的华盛顿政治中心功能，均离不开纽约金融中心的辐射作用，这一点与东京湾区类似。孤立地看，每个城市的主导产业相对单一，但从湾区整体上看，多样化、综合性的整体功能远大于单个城市功能的简单叠加，以纽约为核心，工业带、交通带、城市带融为一体，从而构筑湾区整体功能的多元互补格局。

（二）全世界最发达海陆空交通布局

湾区内有约翰·肯尼迪机场、纽瓦克机场、拉瓜迪亚机场等国际机场，以及若干个中小型机场、通用航空机场，机场旅客吞吐量2015年达到1.37亿次，人均出行量遥居全球前列。湾区内还形成了运输效率极高的港口群，纽约港、费城港、巴尔的摩港等港口分工明确，互为补充。纽约港作为美国东部最大的商港，重点发展比较高端的远洋集装箱运输，费城港主要从事近海海运，巴尔的摩港则为矿石、煤和谷物等大宗原材料商品的转运港，波士顿港则是转运地方产品为主的商港，并有渔港性质。港口的合理分工推动形成了有序的区域分工格局。

纽约湾区以发达的公路交通系统闻名于世，作为世界上小汽车拥有量最大的都市圈，公路网络系统十分发达，四通八达的高速公路导致纽约都市圈形成分散的多中心格局。湾区主要以高速公路及规划的高速铁路，强化与 500 千米范围内重要枢纽、腹地的联系；以航空运输支撑 1000 千米范围内的客运交通需求。湾区城际轨道系统主要以大都会北方铁路、长岛铁路及新泽西捷运为主体，形成以纽约为中心的放射形轨道网络。而湾区内 14 条铁路线联系周边城市，与高速公路、水运及航运一起形成的立体复合式交通网络，促进了湾区内要素由点到面的轴向集聚和扩散，引导了湾区空间结构的改变和产业结构的分工，使"跨城而居、跨州而居"成为普遍现象。

纽约湾区各大城市主体功能见表 9 - 1。

表 9 - 1 纽约湾区各大城市主体功能

纽约湾区	城市功能布局
纽约	金融、商业和生产服务业
波士顿	高科技产业和教育
费城	清洁能源、制药、空间制造和交通服务
华盛顿	政府、旅游与高科技服务
巴尔的摩	制造业与服务业

（三）湾区多中心网络空间架构

作为全球城市化水平最高的区域（城市化率超过 90%），纽约湾区在城市化→郊区化发展过程中，不断推动中心城市居住功能、产业功能及商业功能的郊区化布局，促进了各中心城市与周边中小城镇的联动发展，有效解决了大都市规模膨胀、居住环境恶化等问题。在城市功能布局上，不是简单地将这些城市分成几个区域，而是按照每个城市的区位条件确定相应的中心功能，从而呈现分散的多核型发展架构。

湾区内各大城市根据自身特点，谋求与纽约的错位发展途径，力求差异化发展，而纽约则通过金融中心地位对其他城市产生影响，形成整体上互补发展态势。良好的城市功能定位避免了城市间的恶性竞争，也促进了湾区资源整体上合理有效的配置。

第三节　纽约湾区经济增长动力因素

纽约湾区拥有功能齐全、服务广阔的消费市场，资讯信息十分丰富，利于形成发达的经济集聚中心。纽约港天然的地理区位优势使得纽约成为联结欧美的最佳贸易中心，不断强化湾区经济发展的核心竞争力。国际资本的大量流入有力地改善了湾区基础设施，日益完善且不断创新的产业链则成为湾区经济增长的重要引擎。

一　市场机制促进发展要素自由流动

市场机制在纽约湾区形成和发展过程中发挥了关键作用，在市场机制调节主导下，都市圈产业集聚和扩散效益得以无障碍地发挥和释放。

（一）市场机制调节主导

湾区发挥其地理位置上的优势，充分利用世界资源及国际的先进技术等，并且通过区域合理的分工、市场的重新组合以及产业结构的调整，促使市场机制成为区域经济发展的核心推动力量，从而有效调节区域内资源的配置，加强了城市产业间的互补性，加快了生产要素的自由流动。

（二）集聚扩散效应充分发挥

城市间生产要素和非生产要素集聚和扩散的顺畅进行，促使湾区内部形成分工合理的产业体系，对外则提升了整体发展效率。各城市在坚持产业多样化基础上，主要通过水平和垂直分工形成自己的优势产业，并将这些优势产业相互叠加、紧密联系，并逐渐发展成为不同的主导产业集群，由此高效推动了湾区产业结构的调整和升级。

二　区域规划发挥重要引导作用

在纽约湾区形成与发展历史中，首先产生了基于区域利益协调的大都市区管理模式，通过多种集团的对话、协商、合作以最大程度地动员资源，补充市场机制和政府调控的不足。由"第三部门"主导的跨区域的统筹协调规划起到重要作用，纽约区域规划协会（RPA）编制了4次区域发展规划，在区域规划政策领域对跨政府和跨行政边界的合作进行了积极探索，突出了政府、企业和社会等三方合作机制在区域规划中的作用，成为一个由第三部门组织制定和推进区域规划的成功案例。

（一）区域规划调整引导作用突出

RPA致力于"中心城市—周边城市"良性互动的可持续发展，对空间资源的优化利用做出统筹安排。1929年，RPA发表了纽约及其周边地区的发展规划是真正意义上的"世界上第一个关于大都市区的全面规划"。1968年，RPA制定了第二次区域规划，规划的核心是再集中，将就业集中于卫星城，恢复区域公共交通体系，以解决郊区蔓延和城区衰落问题，规划推动了布鲁克林、纽瓦克等地区的经济发展，但并未完全解决土地利用效率降低、城市空洞化现象严重等问题。

1996年，发布了第三次区域规划——"危机挑战区域发展"，实施东北部沿岸城市带规划。规划的核心是凭借投资与政策来重建3E（即经济、公平与环境），通过植被、中心、机动性、劳动力和管理五大战役来整合3E，以提高居民生活质量。规划确立了建设纽约都市圈的全新理念，促进纽约与新泽西州、康涅狄格州等共同繁荣。这次规划的结果是区域经济得以进一步整体、协调发展，中心城市以其科技、产业和资本优势，在产业结构调整中充分发挥了先导和创新作用，周边地区也得到了良好的发展契机。

2013年，RPA启动纽约大都市区第四次规划，为未来25年地区发展和管理提供策略。2014年发布的评估报告划分了城市核心、市中心和地区中心、商业和工业区、主要居住区、乡村和公共空间等不同空间类型，认为湾区就业增长主要集中在城市中心，就业机会较过去 20 年增加 1/3，且一半的增长在纽约市，居住成本和交通成本从 2009 的 51% 减少到 2013 年的 45%。规划的重点是"区域转型"，提出"经济、包容性和宜居性"目标，确立"经济机会、宜居性、可持续性、治理和财政"四方面议题，旨在创造就业、改善商业环境、减少家庭住房开支、解决贫穷，力争将其打造为向全球展示如何应对海平面上升和气候变化的湾区，以及利用广阔资源和创新能力打造舒适健康、可持续的湾区。预计到 2040 年，可增加 190 万就业岗位和 370 万人口。2017 年 11 月 30 日，第四次纽约大都会区区域规划公布，主题为平等、共享繁荣、健康、可持续发展。

纽约（湾区）都市圈规划十分重视可持续发展的规划理念，"以居民为中心"，始终关注城市间的整体联动和空间协调，规划尊重客观规律并持之以恒，有力促进了湾区在全球经济格局中地位和作用的发挥。

（二）城市和港口功能调整效果显著

通过区域规划调整，促进各中心城市功能与主导产业的错位发展，是纽约湾区始终充满活力和可持续发展能力的重要保障。在城市功能定位上，区域规划促进形成各级城市与纽约错位联动的特色发展格局。在港口功能布局上，区域规划成功引导了各港口的有序分工和错位发展，纽约港、费城港、巴尔的摩港、波士顿港实现了港口功能的有序分工，构建了运营灵活、极具效率的美国东海岸港口群。

三　良性协调机制提升整体发展合力

在湾区经济发展中，政府的政策指导可使湾区产业结构和空间结构演进时间大大缩短，加速提升湾区经济整体发展能力。纽约湾区在市场机制发挥主体作用的同时，始终未离开政府的参与。州市政府通过制定政策及相关法律法规，直接或间接平衡各方利益冲突和矛盾，在空间布局、产业发展、城市功能及规范市场秩序等方面发挥了重要作用。政府协调手段的发挥，是纽约湾区成功发展的重要外在推力。

（一）多元治理机制实施推动

美国政府管理文化重视区域自治，各地区政府更加注重通过协商共同建立一种管理体制而非政府行政干预体制。纽约湾区就采取了自发秩序占主导和支配地位的"多元"治理机制，该治理机制将政府与非政府、行政手段与市场手段相结合，推动政府与非政府机构之间的紧密合作，成为地方政府行政管理体制的有益补充。例如，在其城市管理中运用了 ULURP（The Uniform Land Use Review Process）程式（即城市土地利用审批程序），该程序从制度上为公众、社区、规划委员会、地方政府、市议会等利益主体提供了法定途径。社区董事会和地区行政长官对项目的任何建议只能作为参考，不具行政命令，而社会各界和公众可以对公共事务的规划和建设行使发言权。整合不同团体以及公众的利益，优化了大都市管理程序，促进了大都市建设与管理的协调，减少了新上产业项目对地区发展的负面影响，使产业升级更加有利于都市圈经济社会的整体发展。

各州政府努力为湾区的投资、就业和经济发展创造良好的环境。纽约湾区由多个州县构成，涉及多层次的行政司法管辖区。各州政府通过资金扶持政策促进各县市执行整体发展战略规划，在资金控制、基础设施等关键领域拥有决策权，在科研、教育、人才、环境保护、投资、税收、技术创新、公共监管等方面促进城市间、社区间协调合作。

（二）专项协调机构解决难题

针对湾区内发展中涉及的利益与冲突，通过设立专项协调机构给予解决。这些地方性事务专门机构有的是几个城市的联合，有的则包括了整个大都市区的各个城市的联合。地方政府通过协商，共同建立职能专一的专门协调机构，实现区域之间的资源共享，并对地方政府行政管理的不足进行补充。这些非政府组织形式的管理机构对于区域间利益冲突的解决、区域规划的制定和实施起到了十分重要的作用。

例如，为加强港口、机场等基础设施的协调，纽约州和新泽西州联合设立跨区域的协调监管机构——纽约新泽西港务局，负责区域内港口、机场系统的统筹协调。港务局管理着纽约—新泽西港这一美国东海岸最大的港口，有6个货运码头为客户提供高效便捷的服务。通过采用价格、收费等不同手段，港务局在肯尼迪、纽瓦克、拉瓜迪亚三个机场间灵活、动态地调节航空旅客运量，促使运量从容量饱和、服务质量下降的大型机场及时向其他利用不足的中小型机场分流。在统一监管机制下，各机场依旧保持产权主体独立，以独立市场地位参与区域竞争。此外，港务局在州际大桥、城际轨道交通方面还进行了投资，在湾区诸多关键基础设施建设上起到了他人难以替代的作用。

与港务局并列的大都会运输署（MTA）则管辖着纽约市五大区、纽约州12个县、新泽西和康州部分地区的公共交通运输，覆盖范围达4000平方英里。

四 雄厚人才资源提供强大发展支撑

纽约湾区拥有美国除加州以外最好的科学技术资源。纽约的劳动力仅占全美劳动力的6.2%，却集聚了全美10%的博士学位获得者、200多名（约占10%）美国国家科学院院士、40万名科学家和工程师、全美医学会10%以上的会员，有300多所高等院校，学生人数占全美的10%左右。世界级的大学和人才就近为纽约湾区科技创新提供不竭活力。纽约有高技术公司13000家，雇用高技术人才32.8万人。据美国电子协会评估，纽约的高技术企业数量在全美列第2位，而在拥有高技术领域雇员和吸引风险投资方面，纽约均居全美第3位。

强大的人才及科教资源推动了湾区基础设施、科技和信息技术的进步，极大地改变了湾区时空结构，推动了城市间各类要素的集聚和扩散，成为全球率先进入"信息高速公路"时代的地区，从而成为当时美国最抢眼的经济增长点。而纳斯达克则是美国金融与科技的最优组合，是纽约能够成为全球科技金融中心的重要原因之一。纽约湾区良好的金融市场为创新科技企业提供专业的服务，共同分享高科技产业的高成长和高回报，并以此形成良性循环。依靠雄厚的人才资源和创新氛围，湾区金融机构高度重视金融产品创新和技术创新，在区块链、人工智能、大数据等方面的运用走在全球前列。

小 结

总体而言，纽约湾区强大的金融产业优势，广阔的经济腹地，完善的内外交通条件，源源不断的高端人才资源，强大的国际贸易功能，是其取得成功的关键，十分值得国内发展湾区经济学习和借鉴。

　　但纽约湾区发展有些问题也需要我们予以重视。如建立小汽车基础上美国式的发展模式——低密度的城市扩张，造成大量土地及其他资源的过度消耗，难以实现城市再中心化，并不适合我国国情。纽约湾区虽然交通系统发达，但是自配小汽车为主的出行方式也产生了交通拥挤、环境污染等问题，并与当今绿色低碳发展理念和方式并不相符。在人地关系十分紧张的中国，这种发展模式不应被提倡。

第 十 章

国际湾区经济发展借鉴

在对纽约湾区、旧金山湾区、东京湾区发展历程的详细分析中可以看出，东京湾区等成为世界公认的一流湾区，基本上是在二战之后。世界政治、军事、经济格局的变化乃至颠覆性重组，是其成为世界一流湾区的重要契机。上述湾区的生产总值和人口规模在国内举足轻重，金融和科技创新实力全球领先，集约发展效益最为突出，已进入发达成熟的湾区经济发展阶段，在世界经济发展中发挥着重要作用。

第一节 发达湾区经济作用综述

纽约湾区、东京湾区分别是美国、日本综合竞争力的重要承载，旧金山湾区则是全球技术和知识创新的重要承载。综合前三章可以看出，这三大湾区走过依港兴起的初级阶段，已完成由工业经济向创新经济和服务经济的转变，它们都已发展形成相应规模的超级体量，呈现高密度、高产出、高流量的发达区域特征，发挥出强大的产业集群集聚外溢效应。湾区依托强有力的核心区和广阔的经济腹地，促进了集合经济效应的最大化，所拥有的世界一流水准的教育科研机构又为其提供强大的增长支撑和引擎。这些因素推动湾区超越自身发展湾区的空间概念，成为国家对外对内战略的重要基石。

国际湾区主要特征比较见表 10-1。

表 10-1 国际湾区主要特征比较

湾区	首位特征	金融	贸易	航运	创新	教育（TOP100）	其他
纽约湾区	国际化资本集聚和物流枢纽型	全球第一金融中心	全球第一贸易中心	国际航运中心	全球金融创新中心	2	全球文化和传媒中心
东京湾区	工业基地型	全球第四大金融中心	全球第二贸易中心	亚太航运枢纽	全球制造业创新中心	2	亚太文化和传媒中心
旧金山湾区	知识驱动型	全球第九大金融中心	美国西海岸贸易中心	美国西海岸航运中心	全球科技创新中心	3	美国西海岸文化创意中心

注：TOP100 指全球排名 100 强的大学。

一 发达湾区国际影响能力

在第六章"湾区经济发展指标评价"中，我们已对纽约湾区、东京湾区、旧金山湾区的综合竞争力、辐射带动能力等方面做了全面的比较。结合各湾区发展的分析，可以看出发达湾区在全球经济发展中的地位和作用。

（一）引领全球产业调整升级

纽约等世界一流湾区，均在全球经济技术变革等重大机遇中实现了跨越式发展。纽约湾区率先抓住全球贸易大发展的机遇，成为世界级金融和贸易中心；东京湾区率先抓住全球制造业升级变革的机遇，成为世界制造中心，继而成为金融和贸易中心；旧金山湾区率先抓住全球高科技迅猛发展的机遇，成为全球创新中心。

抓住这些重大发展机遇，湾区大幅提升了内部产业深度融合水平，金融、物流、仓储、会展、商业等服务功能不断增强并产生极具活力的产业集群，从而引领全球经济结构的优化升级。

（二）主导全球要素资源配置

纽约等一流湾区拥有完善的市场体系和灵活的市场机制，交易市场品种齐全，交易机制高度市场化。作为全球最重要的金融枢纽和信息枢纽，纽约证交所、东京证交所等证券市场、生产要素市场、商品期货市场，产生和消费着数量庞大的数据信息，是市场要素交易的风向标，引导和影响全球范围内的生产要素配置。

作为全球重要的交通枢纽和贸易枢纽，湾区跨国公司的总部也在此集聚，这些跨国公司庞大的全球生产和营销网络对全球资源的配置产生重大影响。

（三）带动全球创新发展

世界一流湾区的创新动能持久不衰，创新成果层出不穷。纽约湾区拥有普林斯顿大学等若干世界一流的大学，集聚了众多的世界级科研机构和跨国公司研发中心。从纽约湾区专利数量及其占全国的比重来看，纽约湾区科技创新实力实际上在美国也处于非常领先的地位，是美国仅次于旧金山湾区的科技创新中心。东京湾区是世界重要的创新发源地之一，在机械、汽车、电子产品等领域科技创新水平全球领先。旧金山湾区是世界级科技创新中心，拥有一大批引领全球产业技术创新的高科技公司，同时旧金山湾区也是高等教育中心、文化创意中心。

发达的科技教育促进了顶尖创新人才及各类技能人才的大规模集聚，推动各大湾区成为本国受教育程度最高的地区之一（旧金山湾区受教育程度为本科及以上的劳动力占全体劳动力的比重达到46%，而纽约湾区的比重也达到42%，远高于美国28%的平均水平），正是拥有这些高素质人才，湾区才拥有持续强大的创新能力。

综上，可以看出，世界发达湾区是全球资本要素流动、交易、配置的枢纽型功能节点，是全球经济、科技和文化交往的重要中心，不仅具有金融服务、国际交往等显著的国际服务功能，且通过资金融通、资本交易、技术标准等方面的话语权，形成对全球金融贸易、航运等多领域的支持力和支配力。充分借助一流高校和科研机构的强大基础研究能力，使发达湾区成为全球创新的重要引擎。

二　湾区经济发展战略价值

从各大发达湾区的影响力来看，湾区经济发展在某些方面改变了当前国际经济版图，具有极强的国家战略价值。

（一）区域增长极作用突出

发达湾区经济的发展，一般为集聚技术、商业等资源，善用湾区空间特征推动湾区多层次功能布局和优化，又通过文化、教育、科技等方面的发展，以及基础设施和营商"硬软"环境的完善，不断推动湾区经济发展模式的优化与更新。作为连接国内外市场的前沿门户，发达湾已成为新技术、新产业、新商业模式的策源地，国际经济文化交流的前沿，以及全球创新发展要素集聚的核心。湾区内部产业发展深度融合，发展要素高效便捷流动，集聚辐射能力强大，引领全球经济结构的调整和优化升级，成为区域发展的重要增长极。

（二）国家发展战略迫切需要

世界湾区经济发展历程表明，依托现代化的国际海运、航空及高速路网和强大的集疏运体系，发达湾区充分发挥了高效的资源配置和辐射带动作用，突破了行政壁垒和体制束缚，在国家发展战略格局中具有举足轻重的地位。湾区发展与所在国家的发展密不可分，大国崛起需要一流湾区提供强大动力和有力支撑。

世界各大湾区经济发展部分指标比较见表 10 - 2。

表 10 - 2　世界各大湾区经济发展部分指标比较

项目	湾区	2007 年	2008 年	2009 年	2010 年	2011 年	2012 年	2013 年	2014 年	2015 年
本地生产总值（亿美元）	纽约	12708	12571	12765	13385	13368	14392	14770	15428	16083
	旧金山	5368	5539	5348	5349	5576	5939	6294	6758	7327
	东京	15419	14972	14352	14433	14618	14474	14728	14838	15000
年末常住人口（万人）	纽约	—	—	—	1996	1974	1983	1992	2000	2012
	旧金山	706	708	710	711	713	715	719	738	749
	东京	3494	3520	3544	3563	3572	3575	3584	3597	3614
湾区GDP占全国比重（%）	纽约	8.78	8.54	8.85	8.94	8.79	8.91	8.85	8.85	8.88
	旧金山	3.7	3.76	3.64	3.57	3.59	3.68	3.77	3.88	4.04
	东京	33.7	34.3	33.9	33.6	34.5	34.2	34.2	33.9	33.9

资料来源：根据相关统计资料整理。

第二节　发达湾区经济成功因素综述

在前文分析中，可以看出各大湾区在不同发展方面各有优势，纽约湾区在经济规模、金融服务、专业服务等方面较为领先，东京湾区在世界500强企业、最具创新型企业数量等方面优势明显，旧金山湾区则在专利数量、100强大学数量等方面保持强势。这些湾区竞争优势各有不同，经济发展模式与定位也各有侧重，成功因素上则存有诸多共同点，如宜居宜业的湾区环境和开放包容的多元文化为其提供了发展的源泉，全球创新要素源源不断地汇聚为其提供了不竭的动力，适合自身治理需要的、有效的治理手段和机制为其发展提供了有力保障。

一　基础设施一体化推动

发达湾区在经济发展过程中通过大规模投资，率先构建了区内高效运行的交通、能源、水电、通信等基础设施网络，同时又构建了协同发展的机场群和港口群体系。高水平的一体化基础设施有力地推动了湾区集聚扩散机制的发挥，并随湾区经济发展能级提升又进一步强化，引领湾区经济布局优化和完善。

（一）基础设施一体化高效运行

国际湾区实际上都是世界级城市群，湾区内大中小城市众多，但基本已实现基础设施一体化，城际轨道、高速公路、城市道路等交通设施呈现无缝对接的网络化格局，形成以高速公路、高速铁路或航空为主，便捷联系国内腹地的交通网络。除了交通设施，湾区在通信、水电等方面也实现了高度一体化，全方位、系统化、嵌入式的深度融合有效提升了湾区作为一个整体的运行效率和竞争实力。表10－3通过北京与三大湾区名城部分交通数据的对比，反映了我们的发展差距。

表 10－3 三大湾区名城交通数据（2015年）与北京比较

	地铁线路长度（km）	人均道路面积（m²）	路网密度（km/km²）
东京	326	10.3	18.4
旧金山	167	25.3	36.2
纽约	369	28.3	13.1
北京	465	7.72	1.73

资料来源：王旭阳、黄征学：《湾区发展：全球经验及对我国的建议》，《经济研究参考》2017年第24期。

（二）港口群、机场群协同发展

发达的港口群和机场群是湾区经济发展的基础推动力。优良港口易形成运输枢纽，加速形成港口群，促进产生城市间的集聚效应，从而形成新的城市群，并推动运输、外贸等产业加快发展，并形成产业群。多个强大能级的港口城市及其联通世界的航空网络产生强大的外部性效应，促进了产业集聚和扩散，推动产业集聚效应和城市网络效应能够充分发挥。东京湾区的港口群、纽约湾区的机场群分工均充分体现了这一点。

发达湾区通常以体系化的机场群支撑其国际化功能，一般有2～3个大型枢纽机场，并辅以一系列中小机场，东京湾区包括成田、羽田在内的6个机场，羽田机场主飞国内及亚洲航线。纽约湾区拥有肯尼迪等若干大型机场及一系列中小型机场，肯尼迪机场的国际航线占其运量的80%，而纽瓦克机场运量占国内航线运量的80%。旧金山湾区的旧金山机场主飞国际航线，奥克兰机场主飞国内航线及国际廉价航线。枢纽机场形成对核心地区"一小时"（即50千米左右）的高效交通服务。几大湾区均通过区域立法或规划，以及公共管理一体化等形式整合湾区内港口群和机场群功能，对外错位互补竞争，对内则强化区域集疏运体系发展，从而有力提升了湾区一体化发展的效率和水平。

二 区域产业分工协调化推动

在市场机制和行政机制有机结合下，发达湾区形成了较为良好的区域产业分工和城市功能分工，避免了诸多内部过度竞争，形成了对外竞争的整体合力。

（一）增长极群效应引导

世界城市化发展表现为人口向沿海地区集聚，沿海城市向大都市区集中。湾区经济则体现出人口与经济由沿海集聚再向沿海大都市区集聚的过程，多个优势互补的大城市形成了"增长极群"效应，以及强大的规模经济效应，并成功建立了产业分工的雁阵布局体系，核心区高端要素和产业高度集聚，在产业价值链中占据主导环节，承担"发动机"角色，外围区承接核心区产业转移和配套设施功能，布局与核心区产业关联度高、处于价值链中间位置的产业部门。因此，中心城市的集聚外溢效应更易发挥，更有利于形成"极点引领、梯度分布"的协同开放格局。如旧金山湾区以"硅谷"为头雁，旧金山市依托风险投资输送资金，奥克兰市为硅谷高科技产业提供原材料、中间品和产品输出服务。

（二）中心城市引领推进

强大的中心城市是湾区经济发展的重要牵引。湾区中心城市主城区往往是高端产业集聚区，发挥"雁阵演化"的领头作用，与外围城市配套产业相互协同演化，技术溢出效应和反馈促进效应显著，推动发轫于中心城市和上游产业的科技创新，形成显著的圈层扩散效应，由此促进中心城市和外围城市形成高度协同化的分工，从而构成产业链上游、下游就近布局紧密衔接的发展模式。东京湾区的东京都及其衍生的京滨、京叶工业带，在充分合作、优势互补的基础上促进了产业结构横向集聚分类、纵向链化分层，最大程度提升了产业协同发展效率。

三 营商环境包容化推动

发达湾区经济的形成在很大程度上受益于高度包容的营商环境，制度环境的宽松提升了贸易和投资便利化水平，促进了发展要素的高效便捷流动，并形成良性循环。通过构建包容开放的贸易投资体系，企业经营成本和创业风险被有效降低，有利于更专注于自身生产经营活动，更有利于中小企业的创新创业。

（一）国际化、透明化贸易投资环境

在发挥市场机制主导作用的同时，配以有效的行政机制作用，通过营造国际化、透明化、法制化、自由化的营商环境，解决产业布局所需的基础设施配套等问题，为湾区高端要素集聚提供优良的环境和服务。行政机制主要解决湾区发展所面临的基础建设和法律保障问题，政府部门较少干预市场运行，即使干预其流程也高度透明。湾区形成的开放包容的创业环境和经营环境，塑造商事规则国际化透明化的"湾区形象"，既充分调动了中小创业者的积极性，也充分发挥了大企业的规模效应和示范效应。

（二）自由贸易特色突出

通过建立自贸区等形式，湾区投资贸易环境更加便捷。旧金山对外贸易区依托旧金山港，利用其优越的经济地理优势发展对外贸易活动，实行了很多优惠的政策与项目，增强了区内企业的国际竞争优势。纽约港自贸区是全美250多个自贸区中面积最大的自贸区之一，地处美国商业中心区域，同时享有离岸运营的优势，对纽约湾区经济发展功不可没。

四　发展要素流动自由化推动

发达湾区都是发展要素流动高度自由化的区域，内部行政壁垒障碍基本消除，尤其创新人才这一核心要素基本实现了无障碍流动，这是各大湾区能够持续保持领先的根本所在。

（一）降低地区间行政壁垒

受益于高度一体化的基础设施和市场机制建设，发达湾区内部城市间行政壁垒相对较低，阻碍要素流动的各种显性和隐性壁垒得到了较大程度的削弱和消除，技术、人才、资本等生产要素通过自由流动达到上佳配置状态，在提高资源配置效率的同时也带来更高的回报率，并进一步吸引优质资源向湾区集中。

（二）促进创新人才要素自由流动

随着城市的发展，港口的作用趋于减弱，城市持续发展动力需要及时转换。只有实施从要素推动向创新推动转变，湾区发展的自组织方可持续。这就需要湾区能够持续集聚高端创新机构和金融等服务平台，以全球视野谋划和推动创新，集聚大量的研究生、科学家和工程师等研究人才。这些优秀人才不仅来自当地高水平的研究型大学，来自众多具有强大技术研发能力的大企业研究所、国家级实验室和研究中心等研究机构，也来自世界级的证券交易中心、风险投资基金以及众多企业融资平台。这些创新人才实现了充分的自由流动，推动了其他发展要素实现高效便捷流动，从而最大限度地创造了价值。

五　区域治理机制协同化推动

湾区是一跨政府和跨行政边界的概念。湾区发展十分需要企业、政府和社会多方的合作，统筹协调不同层次、不同部门及地方政府之间的目标需求。

（一）突破行政区划限制

湾区经济发展一般涉及多个城市行政区，无论是产业的分工合作、城市基础设施的衔接，还是生态环境的保护，均需要有良好的区域协调机制，通过顶层设计打破行政区划限制。发达湾区基本做到公共福利全覆盖，"租住同权"成为居民生活的重要保障。湾区中心城市与周边城市则形成高度协同化的分工模式，从而提升了湾区整体运行效率。

（二）治理模式切合实际

发达湾区经济均已形成较为合适的区域管治机制。东京湾区总体上属于"单向中心"的治理机制，政府自上而下进行区域规划，制定了都市圈主要城市的空间发展战略。纽约湾区采用"市场为主、多向中心"的治理机制，区域政府通过协商，共同建立规划机构、相关协调机构或公共管理机构，旨在实现区域之间的资源共享，并对地方政府行政管理的不足进行补充。旧金山湾区形成"政府引导＋市场主导"的相对平衡的多元治理机制，共同推进公共项目一体化，以促进内部投资互助和服务共享。

综上，可以看出，世界各大湾区善用湾区自然条件和空间特征实现多层次功能，同时不断推动发展方式的转变，打破各自为政的行政区划格局，实现市场与资源的深度融合，构建了产业分工的雁阵布局体系，引导了新旧功能的顺利转换，并明确了市场机制与行政机制的边界，打破了阻碍资源流动的樊篱，创造了良好的创业投资与贸易经营环境。

第三节　国内发展湾区经济借鉴

从国际湾区经济发展历程来看，国内发展湾区经济的意义远超湾区发展本身，具有重要的国家战略价值和全球战略价值。发展湾区经济应充分借鉴世界一流湾区经济发展的路径和经验，与国家战略有效衔接，从国家战略层面科学规划湾区经济发展的方向与重点。

以世界一流发达湾区为参考，国内发展湾区经济，首先，需要以湾区经济思维构建全方位的湾区开放格局，加快构建高效的湾区交通网络，尽可能提升对全球战略性通道的控制能力；其次，需要完善湾区协调机制，加快构建开放的湾区创新网络，促进知识在创新网络各节点间高效流动；再次，需要尽快构建现代湾区产业体系，抢占全球价值链高端，提升全球战略性产业发展控制能力；最后，还需要加快构建合理的湾区空间布局，打造宜居宜业空间。

一　先行推动湾区规划布局一体化

湾区产业升级转型、价值和利润的实现，均需要区域内高效基础设施体系的支撑。产业转型和空间转移带来了基础设施需求的多元化和差异化，生产成本相应从经济成本变迁到时间成本（即高附加值产业强调时间成本，低附加值产业强调经济成本）。高铁、高速公路、机场等高效基础设施系统可以实现人的高效快速流动，有利于时间成本敏感度高的信息经济等新兴产业发展。这些均有赖于湾区规划布局的一体化。

（一）超前规划统一布局

世界一流湾区建设基本上都有前瞻性的总体规划，并根据实际发展情况不断修正调整。中央政府或其授权的区域协调机构牵头制定湾区发展规划，明确湾区经济总体战略目标和地位，确定在基础设施、公共服务、产业分工、要素流动、环境治理等方面的具体措施，以固化湾区建设和发展一体化的时空布局关键节点，并配以土地混合使用、废弃地再开发以及区域更新等措施，从而提高湾区空间整体利用效率。

区域性统一规划的最大作用，在于能够跨越行政区划范围，从国家战略需求角度以及更大程度发挥区域规模效益和集聚优势的角度，对空间组织、基础设施、城市环境、产业布局及公共服务等问题进行统筹考虑，开展整体性规划和针对性的项目规划，以打破行政区划对经济社会发展的束缚，减少土地低效开发，为各类要素集聚提供相适合的空间。由此，在整体功能定位基础上做好湾区内城市间的功能定位，避免湾区内部的过度竞争和同质化发展，引入需求管理理念，规划制定的全过程中应充分考虑公众的需要和感受，尽可能将未来需要较合理地分配在不同时间段内，从而能有效控制使用区域内各种生产要素和资源，达到以人为本、综合平衡各种诉求、效率与公平相统一的发展目标。

（二）推动湾区建设发展一体化

湾区建设与一般都市圈或城市群建设的不同，在于不是通过分散中心城市功能来缓解一些短期的城市问题，以提高区域竞争力，而是在于立足更高层面提高湾区各城市发展能级及其在全国乃至全球网络中的作用，统一构建其各自特色的高层级功能性设施，以便能够在湾区整体范围内发挥支撑作用。因此，需要根据湾区总体规划要求，推进交通、电信、金融等基础设施一体化建设，实现城际轨道、航运物流、网络通信等无缝对接，打造便利化的生产生活环境。

同时，引导实施 TOD 为主导的湾区整体开发模式，推动产业结构一体化建设，尽可能形成各有侧重、互相协同的湾区生产网络体系。促进形成专业资质互认、专业人才互动、专业岗位互通的人才无障碍流动。此外，还要重点推进科技创新一体化协同，在全球范围加快构建生产链、创新链，提升整合配置国际创新资源的能力。

二 优先构建区域协同治理机制

区域性行政协调和合作机制的建立，需要紧密结合湾区自身的特点和外部条件，采取灵活不同的形式予以完善。既要能发挥中央政府主导下提高资源利用效率、避免无序竞争的优势，也要能在不突破先行地方行政体制框架的前提下，实现部分区域职能的协作。

（一）灵活实施区域协同机制

可在较少影响地方政府职能的基础上，探索剥离一些政府职能，设立功能单一、跨城市的小规模非政府组织或专门委员会，解决湾区发展的一些公共问题。可考虑建立一些客观独立的组织协助政府进行规划，提供发展策略和建议，协商解决一些合作问题，如城市建设、产业结构、经济社会政策、公共服务、环境整治等方面的协同，形成多中心城市联动、产业链条内嵌融合，经济社会政策高度协调的协同分工体系。

（二）打破行政壁垒和地方保护

湾区发展协调机制强调以市场为主导，充分明确市场的主体地位，打破行政壁垒和地方保护，促进城市群内最广泛的合作，从而突破行政区划管制，全面放宽市场准入，统一市场规则、准入和监管，激发市场主体活力。应加快共建湾区社会信用平台和市场监管平台，形成沟通良好、运作有效的多元复合型治理机制。建立以企业、非营利组织以及居民个体之间相互合作为基础，以企业为主导，多元利益主体共同参与的综合治理机制，协调解决"邻避效应"等问题，解决湾区一体化发展的阻碍。

湾区区域协同发展的相关法案见图 10-1。

三 突出港口群、机场群协调发展

世界一流湾区建设离不开一流的交通体系。湾区城市与世界的联系主要体现在航空和海上航运，世界一流湾区城市基本上是世界上航空线、航海线的集聚和辐射枢纽。建设世界级港口群和机场群，整合其发展资源和能力尤为重要。

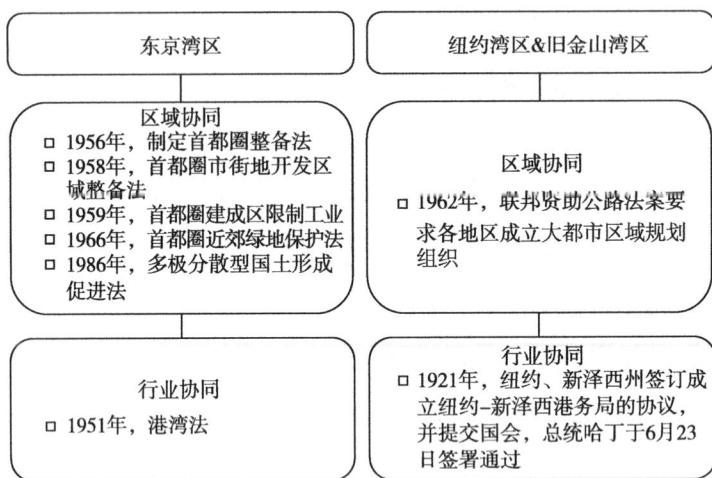

图 10－1　湾区区域协同发展的相关法案

（一）构建强力协调机制

世界级港口群和机场群的发展特别需要有力的行政协调机构，采取适当的协调机制，以平衡各方利益，有效推动港口及机场一体化发展。依托协调机制突出完善多层次航空航运运输体系，形成内外畅达、衔接高效的高标准一体化综合交通体系，从而实现海陆空铁立体化联动发展。这点在拥有五个机场、三大世界级集装箱港口的粤港澳大湾区显得十分迫切。

（二）促进港口机场错位互补发展

国际航空枢纽能够有效推动全球高端资源的集散，增强面向全球的资源集聚和辐射能力，尤其是增强对跨国企业总部、国际组织机构、领事馆等国际政治经济资源的吸引力，推动形成面向全球的创新网络。纽约等湾区均形成面向全球、分工协作的多枢纽机场系统，实施统一的空域规划和飞行程序设计。

积极构建湾区内港口、机场共享信息平台，为港口、机场之间错位互补发展提供技术保障，也可加强区内港口、机场企业间的产权共享、交叉投资，推进企业层面的港口、机场一体化。这样才能发挥各港口、各机场的独特优势，促进各港口、各机场之间的差异化发展。

四 着力强化一流湾区品质建设

善用湾区自然景观和空间特征，实现湾区多层次功能布局，通过完善基础设施改善生活品质，不断推进湾区发展方式的转变。

（一）构建不同层级公共空间体系

世界级湾区城市都拥有一流的生活品质，拥有良好的公共空间和基础设施体系。可借鉴发达湾区的规划建设经验，从宏观、中观、微观三个层次构建公共空间体系，如宏观层次上的湾区生态绿地系统、中观层次上的湾区滨海大道、微观层次上的十分钟可达的滨海休息空间，实现友好的人车分离，提供绝佳的滨海观景平台等。可采用高质量的基础设施建设标准，如可直接饮用自来水等。推动公共基础设施配置多样化，满足居民高质化、多样化的生活需求，统一布局世界级的大学、歌剧院、会展中心、体育场馆等。

（二）强化陆海空间统筹

借鉴发达湾区经验，湾区发展应突出统筹陆海空间，突出滨海特色，优化岸线开发强度梯次，调整岸线功能布局，科学规划并合理开发滨海区域。以城市、港口为依托，以河流、交通线、海岸线为纽带，推动港口、产业、城市互动融合发展。以国际一流水准提升重点湾区、重点组团的规划设计水平，打造体现海洋风貌的湾区都市景观。可推动空间立体共享和集约利用，形成网络化复合公共空间。打造世界级城市建筑群，构建世界级滨海天际线，塑造开放包容、宜居宜业的城市典范，并依托智慧城市和新型经济发展，逐步构建无边界的湾区城市发展格局。

（三）突出国际化发展特色

全方位开展国际交流合作，加快国际语言环境、国际化优质商圈和生活社区建设，培育多元包容的开放文化。鼓励举办具有全球和区域影响力的会议、展览，引进或鼓励成立区域性经济文化合作与促进机构，搭建重大赛事、高水平文化活动等国际文化交流平台。

应积极构建符合国际惯例和促进商业文明运行的规则和制度体系，探索建立与国际接轨的民商事法治环境，打造良好的营商环境，塑造出真正的"国际范"。

第 十 一 章

粤港澳大湾区经济发展

中国的知名湾区，分别是珠江口湾区、环渤海湾区、杭州湾区、胶州湾区、北部湾区等。环渤海湾区范围过大，联系不够紧密，更多体现的是"海"的概念。胶州湾区只覆盖山东半岛城市群的很小一部分，辐射带动范围过小。北部湾发展水平较低，未达到湾区经济必备的基本规模和集聚经济效应。真正具备国际一流湾区基础和条件的，目前来看就是珠江口湾区（即粤港澳大湾区）以及杭州湾区。

将粤港澳大湾区打造成比肩纽约湾区、旧金山湾区、东京湾区的世界一流湾区，是粤港澳大湾区城市群规划建设的核心要义。关于粤港澳大湾区的战略意义、重点领域等问题已有诸多论述，这里不再赘述。需要强调的是，粤港澳大湾区包括珠三角九市和香港、澳门两个特别行政区，这个湾区与世界几大著名湾区相比较，有着更长远的历史和独特的政治特色，一方面，它基于"一个国家、两种制度、三个独立关税区"的制度安排，发展要素自由流动阻碍尚未消除，并且该湾区在地理名词上并不存在，未如旧金山、东京等湾区以核心城市命名；另一方面，湾区内部尚未实现均质化发展，存有较大的梯度发展差异，香港、澳门这两个国际化城市是由于历史因素而形成的，深圳、珠海则是改革开放的产物，相较于其他湾区，粤港澳大湾区更为丰富多元。

"粤港澳大湾区真正的意义就是打破中国传统的以单个城市论英雄,以单个城市比 GDP 的概念。……是广东、是中国南方、是整个华南地区再一次改革开放的高潮。"① 可以认为,粤港澳大湾区建设是基于粤港澳各城市共识基础上的互动策略,通过各个城市的共同进步促进大湾区更进一步的整体发展,通过各城市的互相信任和分工合作,促进粤港澳大湾区形成合力、共同发展。

---

① 唐杰(原深圳副市长):《深圳超越香港就是个伪命题》,凤凰财经网,2017 年 12 月 13 日。

第一节　粤港澳大湾区经济发展历程

改革开放以来，深圳、珠海、汕头等经济特区和广州、湛江等沿海开放城市的确立，使广东与港澳的经济合作空前推进，从有限的贸易联系进入整体紧密联动的发展阶段，并推动立足珠江口的粤港澳大湾区发展成为我国综合实力最强、开放程度最高、经济最具活力的区域之一。

一　"前店后厂"发展阶段

1980 年代，广东省借助改革开放的政策优势，主动把握产业转移机遇，利用廉价的土地、劳动力等生产要素优势，与港澳的资金、技术、管理经验相结合，承接从港澳或通过港澳转移来的劳动密集型产业，加速了经济的起飞与发展。

（一）区域产业梯度分工

珠江口地区形成了以大规模制造业转移为主体，以"前店后厂"分工为形式的经济合作模式。区域产业层次性十分明显，香港是典型的服务型产业结构，以金融等第三产业为主，深圳地区以技术密集型和深加工的加工企业为主，而珠海、东莞等地则以资本密集和一般加工工业为主，其他珠江三角洲地区以劳动密集型加工企业为主。港澳投资珠三角的企业多为塑料制品、玩具、五金制品等劳动密集型的加工业。1991 年底，在广东登记注册的"三资"企业已达 16376 家，"三来一补"企业 2 万多家，其中，80% 以上是港澳商人投资设办的企业。香港企业在广东直接或间接雇用的制造业工人约 1000 万人，其中东莞就超过 400 万人，深圳大约 250 万人。

（二）香港"单龙头"引领作用突出

香港利用国内廉价劳动力与土地等要素，顺利完成了劳动力密集型产业的内迁，实现了从制造业与服务业并重的产业结构向服务经济的转型，并支撑了经济的长期高速增长。珠三角各市工业化的产业服务——资本市场、生产技术、市场信息、产品设计、市场营销等全部需求均指向香港。香港服务业的就业人数占总就业人数比重由 1980 年的 48% 急升至 1990 年的 63%，服务业产值占总产值比重超过 70%。香港作为单一龙头城市，在粤港港大湾区经济发展初期起到十分强大的引领作用。

二　多中心推动发展阶段

21 世纪初，广东要素禀赋与比较优势发生了变化，劳动与资源密集型产业成本提高，成本竞争力逐步下降。与此同时，香港和澳门分别从英国、葡萄牙的管治之下变为中国的两个特别行政区，政治、法律地位发生了根本性变化。

（一）粤港澳由外部关系转为内部关系

粤港澳的关系由内地—海外关系转变为"一国两制"下的区域关系，推动了原先民间和半官方的合作向更高层次合作，也推动粤港澳合作方式的进一步变化。珠江口地区"前店后厂"分工合作形式由此也产生了内在改变，在产业链分工上，"后厂"的内涵得到极大扩展。在"前店后厂"的空间拓展中，随着设厂地点由集中一处向多处扩展，"后厂"逐步向北推进，其衍生出的"三来一补"与"三资"企业等具体合作方式发生重大变化，推动粤港澳经济贸易方式产生了根本性改变。

2013 年粤港澳大湾区各市工业优势产业（不含港澳）见表 11 - 1。

表 11 - 1　2013 年粤港澳大湾区各市工业优势产业（不含港澳）

地区	优势产业（区位商大于 1，占该市工业产值比重大于 10%）
广州	汽车制造业、化学原料和化学制品制造业
深圳	计算机、通信和其他电子设备制造业

续表

地区	优势产业（区位商大于1，占该市工业产值比重大于10%）
珠海	电气机械和器材制造业、计算机、通信和其他电子设备制造业
佛山	电气机械和器材制造业
中山	电气机械和器材制造业
江门	金属制造业
肇庆	有色金属冶炼和压延加工业、非金属矿物制品业、金属制品业
东莞	计算机、通信和其他电子设备制造业
惠州	石油化工，计算机、通信和其他电子设备制造业

资料来源：广东省住建厅：《珠三角全域规划研究》（内部资料），2016年。

（二）由单中心演化为三中心发展格局

2015年世界银行报告指出，珠三角已取代东京大都市区成为全球规模最大的"巨型城市区域"，在紧密的空间环境下，分布着广州、深圳两座超大城市及其他数座大城市，连绵地带城市间的边界以及城乡间的边界已模糊。在城市关系上，香港自2000年起人口规模就不再居于湾区首位，2015年深圳和广州城镇人口均超千万，远高于香港770万人的规模。从地区生产总值上看，香港首位度不断下降，1990年香港地区生产总值是广州的6.81倍，2017年深圳、广州已超越香港。在港口关系上，深圳港集装箱吞吐量超越香港居全球第三位，广州港则居全球第七位，珠海港、东莞港、惠州港也各形成特色发展。庞大的港口群催生了港口城市群，湾区则呈现由香港单中心向广深港三中心演变的新发展格局。

总体而言，珠江口地区呈现"河口三角洲经济"向湾区经济转变的特点。在农业经济时代，伴随东江、西江流域的开发，以广州为首的三角洲城市率先崛起并发展；在工业经济时代，随着对外贸易网络的扩大、制造业规模的裂变，珠江口边上以香港为代表的港口城市迅猛发展，港口群迅速崛起，从而带动深圳、东莞、佛山、中山等制造重地崛起。进入创新经济时代后，以深圳为代表的湾区城市则呈现后来居上的发展态势，深水大港、国家金融中心、国家科技创新中心聚合产生强大的裂变效应，与广州、香港共同构成粤港澳大湾区发展的三大支柱和引擎。

第二节 粤港澳大湾区发展战略基础与目标

与纽约、东京这类集全国之力而成的全国乃至全球中枢"首都型"湾区相比，粤港澳大湾区更多呈现"自生型"湾区的特征。而从湾区经济"气质"角度看，粤港澳大湾区与旧金山湾区又有一定的相似之处，具有"创新型"湾区的部分特点。但粤港澳大湾区内法律体系不同，社会制度迥异，行政层级较多，又呈现较为独特的"异质化"特点，对于"要素自由流动"这一其他湾区常态化特征，粤港澳大湾区却需要做出特殊的制度安排。

一 世界一流湾区条件初步具备

作为我国综合实力最强、开放程度最高、经济最具活力的区域之一，粤港澳大湾区具备成为世界一流湾区的条件。2016 年粤港澳大湾区地区生产总值已近 1.4 万亿美元，接近世界第六大经济体规模。

粤港澳大湾区与国际著名湾区详细比较见表 11 - 2。

表 11 - 2　粤港澳大湾区与国际著名湾区详细比较

湾区	粤港澳大湾区	东京湾区	旧金山湾区	纽约湾区
面积（万平方千米）	5.6	3.68	1.79	2.15
人口（万人）	6671	3614	749	2012
生产总值（万亿美元）	1.36	1.5	0.73	1.6
人均生产总值（万美元/人）	2.04	4.14	11.19	5.98
港口集装箱吞吐量（万 TEU）	6520	766	227	465

续表

湾区	粤港澳大湾区	东京湾区	旧金山湾区	纽约湾区
机场旅客吞吐量（亿人次）	1.75	1.12	0.71	1.3
第三产业增加值占 GDP 比重（%）	62.2	82.3	82.8	89.4
世界大学 TOP 200 强数量（所）	5	6	5	18
全球前 200 位科研机构数（所）	1	10	28	26
世界 500 强企业总部（个）	17	58	28	22
科技创新从业人员（万人）	80.9	62.3	70	40.1
海外年游客人数（万人次）	1690	556	1651	5200
最具创新力企业（家）	4	20	8	3
R&D 经费占生产总值比重（%）	2.7	3.68	6.1	3.12
PCT 国际专利申请量（万件）	2.15	2.64	1.6	1.72
核心城市国际组织总部（含使领馆）数量（所）	50	100	45	113
中心城市间平均通勤时间（分钟）	55	60	30	40
全球银行 500 强总部（个）	10	27	15	37
举办国际会议次数（次）	159	149	151	176
国际友好城市数量（座）	365	97		158
核心城市万人拥有轨道线网长度（千米/万人）	0.20	1.73	0.41	1.66
千人拥有 Wi-Fi 热点数（个）	30.2	31.8	35.3	37.9
生产性服务业与世界城市的联系强度	β+	α+	α++	α++
森林覆盖率（%）	50	53	60	60
空气中 PM2.5 浓度 $\left(\frac{\mu g}{m^2}\right)$	47	15	10	12
全球金融中心指数	755	740	724	780
代表产业	金融、航运、电子、互联网	装备制造、钢铁、化工、物流	电子、互联网、生物	金融、航运、计算机
核心优势	一国两制、高科技集群	首都发展圈、产业集群	高科技产业、风险投资、高校	国际金融中心、高校

注：全球金融中心指数指湾区各首位城市的金融中心指数，粤港澳大湾区以香港为代表（深圳为715分），（旧金山湾区以旧金山市为代表）核心城市国际组织总部、万人轨道线长度也是以香港为代表。

资料来源：根据相关统计资料整理。

（一）基础条件

粤港澳大湾区在世界主要湾区中的经济地位不断提升。2016 年粤港澳大湾区经济总量与纽约湾区相近，远超旧金山湾区。预计到 2030 年粤港澳大湾区生产总值将超过 2.5 万亿美元，经济规模有可能位居世界各大湾区前列。

粤港澳大湾区 GDP 占全球比重见图 11－1。

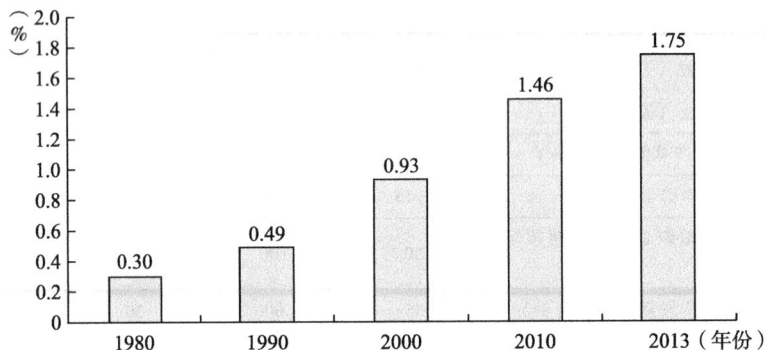

图 11－1 粤港澳大湾区 GDP 占全球比重

第一，现代产业体系初步构建。粤港澳大湾区产业体系完备，是全球重要的制造业基地，已经形成较完整的分工协作网络。湾区第三产业比重合计占比超过 60%，香港第三产业占比超过 90%。金融业发达，拥有香港、深圳等金融中心城市，吸引了 70 家世界排名前 100 位的银行，港交所和深交所 IPO 总额仅次于纽交所，位居全球第二。湾区对外贸易总额、利用外资总额、港口集装箱吞吐量、机场旅客年吞吐量等居世界前列。港澳服务业高度发达，珠三角九市已初步形成先进制造业和现代服务业双轮驱动的产业体系。湾区内形成梯次型产业体系，既有接近发达国家的高端产业，也有相对低端的产业，产业层次的多元性和产业结构的多元化，既增加了区域产业的丰度，也有利于较短时间形成较好的产业协作。

未来中国制造业特别是高端制造业，仍会向临海地区集中，先进制造业与国际市场分工的互动会越来越频繁，而以信息、研发等为代表的知识经济和高端服务业也会向临海地区集中。在湾区从城市各自发展向城市群整体发展转变、从生产制造中心向科技创新中心转变的过程中，粤港澳大湾区多元完备的产业体系将发挥良好的促进作用。

第二，创新驱动能力较为突出。粤港澳大湾区以相对较好的自然、生态、社会、文化环境，初步形成了鼓励创新的良好氛围。香港拥有 5 所世界 200 强大学，有 30 多名中国科学院、工程院院士以及获聘其他国家同等职衔的科学家，拥有国家重点实验室 12 个。珠三角拥有众多研发机构，涌现出华为、比亚迪、腾讯等一批知名企业，PCT 国际专利申请量占全国的 56%，接近韩国专利申请总量，在国家（含中国）排名中位居全球第六位。2016 年珠三角地区研发经费支出占 GDP 比重 2.7% 以上，技术自给率超过 71%，国家级高新技术企业总数近 1.9 万家。

第三，国际化水平国内领先。大湾区是我国对外贸易的重要门户，是我国国际化水平最高和全球投资最活跃的区域之一，香港连续 20 多年获"全球最自由经济体"称号，广州、深圳等珠三角城市是国内外向型经济发展的重要代表城市，在 CEPA 框架下，粤港澳三地已初步形成多层次、全方位的合作格局，已从"中心＋腹地"模式走向"枢纽＋网络"模式。

国内各大城市 2016 年有效发明累计拥有量见表 11 - 3。

表 11 - 3　国内各大城市 2016 年有效发明累计拥有量

单位：件

城市	有效发明专利拥有量 （截至 2016 年 12 月）	城市	有效发明专利拥有量 （截至 2016 年 12 月）
北京	166722	青岛	18290
深圳	95370	宁波	18227
上海	85049	重庆	16737
苏州	40724	济南	14628
杭州	36579	哈尔滨	13372
南京	33458	沈阳	11108
广州	30305	大连	9625
成都	25198	厦门	7291
天津	22663	长春	6960
武汉	24460	香港	4626
西安	24368	澳门	90

资料来源：国家知识产权局网站。

第四，国内区域增长极作用显著。粤港澳大湾区以不到0.59%的国土面积集聚近5%的人口，创造了12.7%的国内生产总值。初步拥有世界级海港群和机场群，深圳、香港、广州三大港口年集装箱吞吐量均居世界前八强；区内机场年旅客吞吐量接近1.75亿人次，远超过纽约湾区三大机场的吞吐量。粤港澳大湾区作为我国发展基础最好、体制坏境最优、整体竞争力最强的区域，地区生产总值超过印度尼西亚、沙特，相当于韩国和西班牙的水平，已成为中国构建对内对外开放战略格局的重要支撑。

粤港澳大湾区与世界航空比较见表11－4。

表11－4　粤港澳大湾区与世界航空比较

	全球	粤港澳	长三角	伦敦大都市区	纽约大都市区	东京大都会区
航空出行人次（亿人次）	33	1.75	1.42	1.32	1.3	1.1
人口（亿人）	70.57	0.6	0.7	0.0817	0.0836	0.1318
生产总值（万亿美元）	77.3	1.36	1.71	0.8356	2.63	2.99
人均航空出行次数	0.47	3.28	2.03	16.16	13.76	8.04

资料来源：周顺波：《粤港澳大湾区需要构建世界级多枢纽航空系统》，"今日头条"网站，2017年9月16日。

2007～2016年各大湾区航空客货吞吐量对比见图11－2。

（客运）

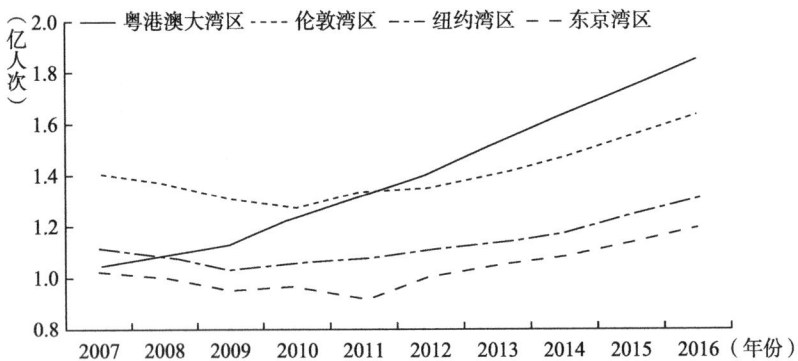

（货运）

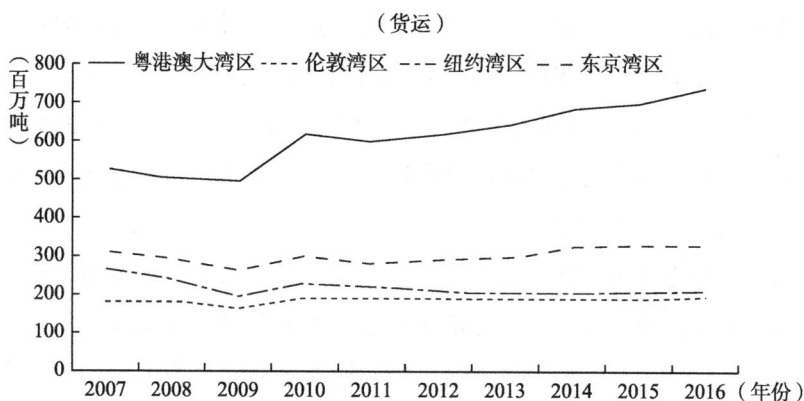

图 11 - 2 2007 ~ 2016 年各大湾区航空客货吞吐量对比

从区域经济形态观察，粤港澳大湾区初步成为较为发达的都市连绵区，产生了一批引领性的全球化企业，形成了多种类型的完整产业链，初步构建了具有较强发展能量的巨型空间结构。湾区内绝大多数企业经历了多轮自我升级和迭代的演进过程，区内香港、广州、深圳三个中心城市形成了以生产性服务业为支撑的产业集群，深圳、广州形成了较为发达的内向型金融服务业，香港形成了较为发达的外向型金融服务业，这些都有助于形成以贸易为先导、以工业为基础、以科技为核心、以金融为支撑的"贸易—工业—科技—金融"的生产环境，相比于其他著名湾区，创业成本相对更低，对市场更为敏感。

从近年来的发展看，粤港澳大湾区的生产总值、机场群和港口群吞吐量等指标与东京等湾区差距不大（甚至某些指标还领先），但若从对全球经济的控制力和话语权等方面看，粤港澳大湾区则有明显不足，在服务业发展层次、顶尖高校数量、国际总部功能等指标上差距则更加突出，这也正是粤港澳大湾区亟须迎头赶上的关键所在。

（二）困难与挑战

在本章开头中，我们也指出了粤港澳大湾区与其他著名湾区的不同之处，而这些也是粤港澳大湾区必须面对的困难与阻力。

第一，粤港澳大湾区是在两种不同政治制度中推进的，即内地实行社会主义制度，香港、澳门实行资本主义制度，在经济模式、法律体系等方面存在明显的差别。同时，存在港、澳两个独立关税区，以及属内地关税区范围的广东省共三个相互独立的关税区，税制管理差别较大。在坚持"一国两制"不动摇、不变形情况下，如何促进珠三角九市与港澳经济模式的对接、资源要素的自由流动以及行政管理的同构，是粤港澳大湾区规划建设首先要解决的问题。

第二，粤港澳大湾区内部有香港、广州、深圳三个一线城市，各城市在机场、港口物流、资本市场等诸多方面存在较强的竞争关系。城市间交通规划一体化、新兴产业错位发展、公共服务同城化等方面的协调也存在一定的难度，原始创新不足，区域内整体创新合作程度不深，创新资源未能完全实现共建共享。区域对外通道、湾区东西岸连接较为薄弱，跨界交通基础设施衔接还不够顺畅。地方保护、无序竞争、行政壁垒等非市场化因素并未完全消除，各城市国际化存在较大的不均衡，城市间没有形成强大的聚合力，融合难度较大。

第三，目前要素自由流动障碍无法满足更高要求的产业分工协作需要。湾区内产业尚未完全实现低端化向高端化转变，产业层级相较世界一流湾区仍偏低。湾区城市空间经济结构上东重西轻，珠三角大部分城市在支撑经济发展的教育、人力资源、科研创新等领域存有先天不足，加大了产业升级转型的难度。而香港、澳门在发展方式转变、产业结构转型方面也面临相当大的压力。大湾区整体上更加迫切需要利用自身产业体系的多元性和完备性，形成更为高效的协作分工机制，促进生产性服务业尽快向专业化和价值链高端延伸，生活性服务业尽快向精细化和高品质方向转化。

第四，起源于加工业生产基地的迅猛工业化使珠三角地区土壤和水环境受到较大损害，治理成本日益趋高。各城市都在实施或准备填海造地，对湾区自然环境的损伤不容小视，湾区水体面积萎缩，湿地遭大面积蚕食，生物多样性退化，环境污染问题依然突出。同时，香港特别行政区、澳门特别行政区、深圳的畸高房价，广州等城市交通拥堵等"城市病"的蔓延和扩散，或多或少地阻碍了粤港澳大湾区的宜居宜业"品质"的提升。

二 建设世界一流湾区战略定位目标建议

在新的国际化坐标体系下统筹谋划，立足粤港澳、辐射东南亚、面向全世界，以经贸合作、科技创新和基础设施为支撑，以增强湾区国际竞争力为根本，充分发挥香港作为世界级都会的引领作用，在"一国两制"前提下促进珠三角各市与港澳接轨，推动国际化和全球化，加速融入世界经济体系。共同建设国际金融贸易中心、科技创新中心、交通航运中心、先进制造业中心，成为全球规模最大、实力最强的湾区城市群之一。

（一）总体目标定位

从目前发展态势来看，到 2030 年，粤港澳大湾区有可能成为创新能力卓越、产业层级高端、交通网络发达、基础设施完善、生态环境优美、辐射功能强大的现代化、国际化一流湾区。

——世界一流湾区。坚持高端发展的战略取向，发挥资金技术密集优势，建成世界级先进制造业和现代服务业基地，形成优势互补、融合发展、互利共赢的多层次经济合作格局。积极探索贸易投资便利化，推动输出更多资本、技术、管理和服务，经济综合实力和影响力进一步增强，成为世界经济版图的新亮点。

——国际重要交通和信息枢纽。依托粤港澳大湾区一流海港、空港综合优势，加快高铁、深水航道、机场等枢纽性基础设施建设，加强跨界基础设施建设规划衔接和互联互通，增强贸易、航运等资源配置能力，成为亚太地区航空客运及货运中心。依托一流信息基础设施，实现信息互联互通，建成全球信息网络的核心节点。

——国际科技创新中心。以全球视野谋划和推动粤港澳创新圈建设，广泛吸引集聚全球高端创新资源，构建高水平的湾区创新环境和研发网络，推动实现技术、产业、金融、管理和商业模式创新的跨界融合，成为全球科技创新的重要策源地。

——"一带一路"核心节点。立足于粤港澳自身多元开放的文化交流优势，与沿线沿路国家开展教育、文化、旅游、设计、时尚、艺术、创意等领域的合作，促进城际交流和民间交往，进一步增强互信合作关系，与经贸、投资合作形成良性互动，成为国家与"一带一路"沿线国家交流的重要联系纽带。

——繁荣港澳开发南海重大平台。全面落实 CEPA 和粤港澳服务贸易自由化政策，构建粤港澳优质生产生活圈，推动香港、澳门实现长期繁荣稳定。通过陆海统筹，促进港口经济、海洋经济一体发展，提高海洋资源开发能力，成为服务建设海洋强国和南海开发的重大国家战略平台。

（二）主要推进原则

粤港澳大湾区不是区域内几个邻近城市的拼凑，应着力建立湾区经济一体化理念和机制，建立湾区优化分工和协调的统一竞争规则，以产业链和产业群为依托融入经济全球化进程中，促进决策共商，产业共建，文化共生，机遇共享。

——整体统筹。统筹协调产业发展和功能布局、经济建设和生态保护、陆地空间和海洋空间、远期规划和近期工作、对外开放和对内开放。以湾区经济为全新坐标系，进一步优化功能布局，促进海洋资源整合利用，加快发展海洋经济，全方位增强湾区核心竞争力和国际影响力。

——区域协同。遵循城市群发展规律，避免"政令打造"思维固化模式，协同各城市在求同存异上相互接纳和融合，推进功能和产业分工，打破行政阻隔和跨境分隔，促进基础设施互联互通。进一步推进粤港澳紧密合作，促进与粤东西北城市协同发展，与泛珠三角区域形成有效的分工合作网络。

——开放引领。以开放促改革，促进贸易和投资便利化，完善服务业特别是金融业对外开放体制机制，积极推进广东自贸区建设，打造高层级的湾区开放环境，促进国际国内要素有序自由流动、资源高效配置、市场深度融合，在更大范围、更高层级上参与全球经济竞争合作，增强开放发展新优势。

——创新驱动。以全球视野谋划和推动创新，打造粤港澳创新圈，优化创新生态，营造高水平的湾区创新环境，集聚更多高端创新资源，提升创新整体效能，构建具有创新链引领和控制力的产业体系，打造全球创新枢纽。

第三节　粤港澳大湾区经济发展策略建议

粤港澳大湾区经济发展，应在大湾区发展规划指引下，超前谋划和培育以全球经济服务枢纽为重点的功能，将其作为空间资源配置和基础建设的核心方向。构建相适应的湾区治理协调机制，推动湾区产业形态向高端化、高效化方向调整，发挥多中心网络空间结构的整体集聚和辐射效应，通过基础设施的互联互通带动实现发展要素的无障碍流动。

一　率先在湾区协同上取得突破

在我国现行行政体制下，多数都市圈或城市群建设由各大城市平等友好协商，虽然部分特大城市事实上起着龙头作用，但其协调能力与其地位并不匹配。湾区建设仍需由中央牵头推进，在市场主体自发合作的基础上，加强中央层面的协调。结合供给侧结构性改革，协调湾区的长远发展与合作，优化产业的区域合理性和整体性布局，避免同质竞争，形成分工合理的城市群发展体系。

（一）从国家层面建立具有约束力的大湾区治理协调机制

全面实现由粤港、粤澳双边合作向粤港澳多边合作转变、由单项推进向综合推进转变，共同增强湾区经济发展核心要素功能。发挥各中心城市引领辐射功能，建设以深圳为重点的创业创新圈，打造香港全球金融中心，发挥广州商贸中心功能。促进基础设施互联互通和发展要素高效便捷流动，共塑湾区整体形象，发挥国际竞争整体合力。

构建科学合理的湾区协调发展机制，提升湾区各级统筹管理机构的权威性，在处理重大问题时有较大话语权和处置权。逐步实现湾区内部协作发展机制制度化、常态化。构建多元化城市群体发展网络体系，引导社会、企业等多元主体的广泛参与。

粤港澳大湾区区域管治模式见图 11－3。

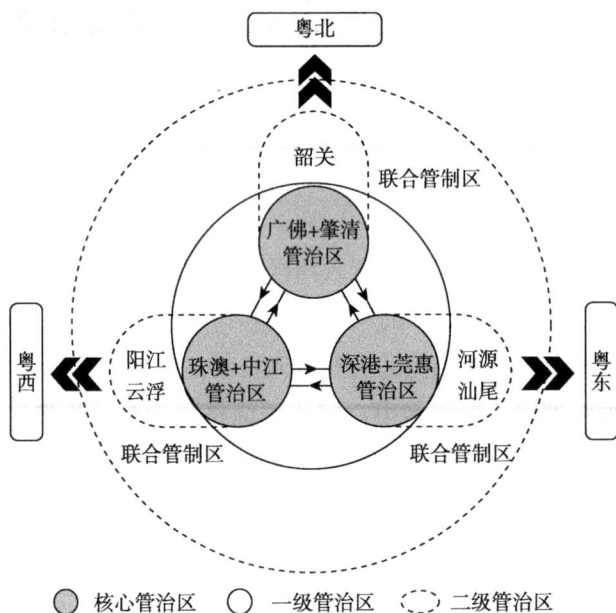

图 11－3 粤港澳大湾区区域管治模式

资料来源：范钟铭：《粤港澳大湾区超越珠三角"排位赛"》，微信公众号"城Plus"，2017 年 4 月。

（二）提升珠三角发展一体化层级

实现"行政异城、经济社会同城"，率先实现粤港澳服务贸易自由化，探索建立粤港澳服务贸易共同市场。推进区域布局和优势互补。强化世界级城市群功能，进一步发挥全球城市"香港＋深圳"以及次级全球性中心城市——广州、澳门的辐射带动作用，形成多层级、多中心联动的网络化城市体系。试点身份证明"E 证通"，大湾区居民在一部手机上承载多张证件，包括身份证、"回乡证"、电子港澳通行证等。探索运用人脸识别技术整合内地与港澳入境检核需求，提高通行效率。

加强珠江口综合治理、保护与开发，整合岸线资源，突出临海经济功能分工，建设大湾区黄金水域。探索湾区内教育、医疗、环境、文化等公共服务体制机制互认，资源共享。共建垃圾填埋场等"厌恶型"基础设施，研究养老、医疗、教育等福利的跨境可携带。提升湾区生态环境质量，改善各城市的宜居水平，推进粤港澳创新圈和优质生活圈建设。

（三）推进与泛珠三角地区的协同发展

促进资源要素全面对接，形成有效分工合作网络。促进产业、资金、技术等要素形成梯度转移，按产业层次高低从湾区核心区"现代服务业、高新技术产业和临港临空产业圈"→湾区外围"高端制造、城郊型产业圈"→"粤东西北一般制造和重化工业产业圈"→泛珠"产业转移与服务圈"。加快泛珠区域跨海大桥、跨界铁路、高速公路和航空基地设施网络建设。依托湾区内枢纽港推进内陆无水港建设，进一步消除行政和贸易壁垒，建设区域共同市场，共同拓展广阔腹地，促进区域共同发展。

粤港澳大湾区与周边地区协同发展模式见图 11 – 4。

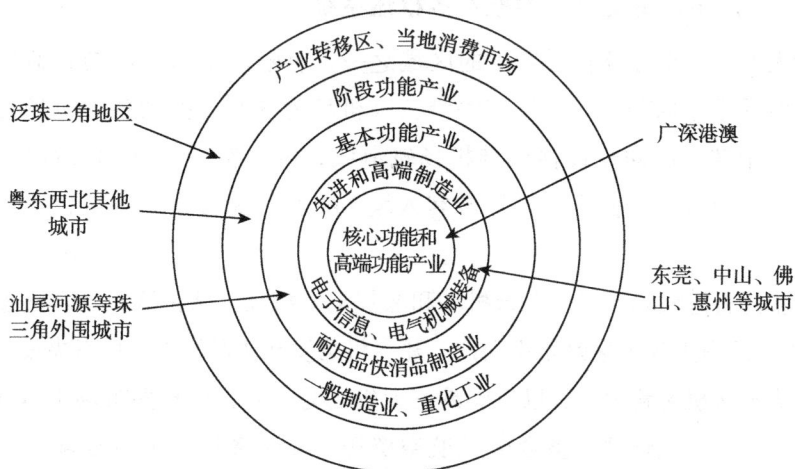

图 11 – 4　粤港澳大湾区与周边地区协同发展模式

二　突出增强湾区基础设施支撑功能

立足于国内重要国际战略通道定位，以海港和空港共同形成的"海空组合港"为链接点，将联通内陆的高速公路网、快速铁路网和高等级航道组成的"内陆交通网"，与远洋班轮和国际航线组成的"海空国际网"连为一体，形成多式联运、综合立体的对外交通运输体系。为满足湾区多中心网络化发展要求，构建以轨道交通和高速公路为主体的"湾区公交网"，形成高效率、低消耗、多层次、网络化综合交通体系。

（一）促进港口功能分工协调

以推动广州、深圳枢纽港口、航空口岸的建设发展为重点，畅通国际陆路通道，打造国际交通枢纽和国际航空门户。强化香港和深圳等远洋枢纽港功能，携手广州、珠海、惠州、中山等构建良性竞争、开放合作的世界级海港，构建大湾区组合港体系，建设亚太地区最为开放高效的国际航运服务中心。

借鉴上海与浙江在外海共建海洋深水港的案例，可考虑在湾区内较适宜的离岛规划建设深水集装箱港。重点开展与"一带一路"以及新兴市场国家重要港口的合作，共建友好港口、临港物流园区和产业园区。

（二）构建适度竞争的航空多枢纽系统

大湾区是全球飞行最繁忙的区域之一，有限的空域资源与日益增长的航空需求矛盾凸现。应以广深港三大机场为核心，推动各大机场无缝对接与中转，启动建设穗深港机场轨道线，统一空域规划和飞行程序，开放地区航权，全面推行国际旅客入境 144 小时免签、离境退税等便利政策。

依托香港机场、广州白云机场和深圳宝安机场，将湾区机场群建设成为 21 世纪海上丝绸之路航空门户。建立机场发展协调机构，可考虑设立粤港澳大湾区机场管理局，以广深港三大机场为核心，保持多市场主体竞争格局，优化空域管理，整合区域航空资源，完善多层次航空运输服务体系。提升枢纽机场集疏运能力，建设以机场为核心的大湾区综合交通体系，提升区域综合交通服务能力。

粤港澳大湾区重大交通基础设施规划见图 11 - 5。

（三）强化湾区内综合交通网发展

大湾区包含港深、广佛、珠中等都市圈，空间尺度大于纽约湾区、东

基础设施互联互通
├── 跨海交通群
│   港珠澳大桥
│   深中通道
│   虎门大桥
│   虎门二桥
├── 三核三辅空港群
│   三核：
│   香港国际机场
│   广州白云机场
│   深圳宝安机场
│   三辅：
│   澳门机场
│   惠州机场
│   莲溪机场
└── 高铁群
    赣深高铁
    广汕高铁
    广深港高铁

目前已拥有交通配套：

调整公路：总里程7673公里

铁路运营：总里程5500公里

城际轨道：总里程1430公里

机场：香港、广州、深圳、澳门、珠海5座干线机场

港口：深圳港、香港港、广州港、珠海港

正在规划中：

港珠澳大桥：预计2018年7月1日前正式建成通车

深中通道：预计2024年12月建成通车

虎门二桥：预计2019年建成通车

赣深高铁：预计2020年建成使用

广汕高铁：2017年开工

深圳第二机场：选址研究中

珠三角新干线机场：已确定选址佛山高明

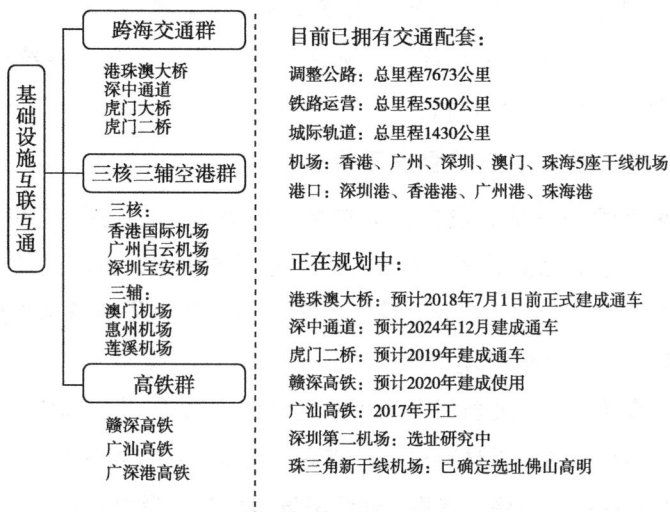

图 11 - 5　粤港澳大湾区重大交通基础设施

京湾区和旧金山湾区。基于"一小时"合理服务水平，城际轨道主要提供中心城市间的通勤服务，重要枢纽则强化与周边 80 ~ 100 千米范围内城镇与功能区的联系，高铁则兼顾城市群主要城镇之间的联系，满足中心集核化、高端环湾化、网络均衡化的多重需求。

构建以轨道交通、高速公路为主的湾区综合交通网，将湾区内主要城市通勤时间压至一个小时以内。对接国家陆路骨干通道网络规划，建设与珠江—西江经济带相衔接的战略通道，贯通至中亚、欧洲的陆路物流通道。建立更加便捷的跨境交通体系，实现跨境交通一体化发展。

三　优先构建全方位开放合作新格局

通过体制改革、简政放权，突破口岸、金融、贸易等方面的障碍，打破商事环境、要素流动、公共服务等方面的壁垒，激发湾区内部充分的竞争和合作，推动实现大湾区一体化发展。

（一）充分利用"一国两制"体制和制度优势

在中央"一带一路"倡议下，探索推动整个大湾区自由贸易化，成为"一带一路"开放型经济试验区。共同推动金融科技发展，加强大湾区内数字支付联系，打造良好的金融生态圈。构建集聚国际金融资本和人才的

体制机制。积极参与中国－东盟自由贸易区升级版建设，融入东亚经济一体化进程。共同推动湾区服务业国际化、制造业高端化、传统产业优质化，嵌入全球高端产业价值链。

（二）培育壮大供应链管理等新业态

加快境外营销基地、境外营运总部、境外批发市场和零售网点等建设。建设以大宗商品交易平台为核心的国际采购中心，推动高新技术产品和机电产品进出口。推进广州、深圳、东莞等跨境电子商务基地建设，拓展国际直销市场，降低跨境贸易成本。

拓展与金砖国家以及新兴市场国家经贸合作领域，扩大优势产品出口，加强特色产品和能源、原材料进口。在更广泛领域扩大对新兴市场的投资，深化产业对接和产能转移。完善总部经济发展机制，吸引和支持世界500强等跨国公司在湾区设立地区总部以及区域性销售、财务等功能性机构。

四　全面提升湾区自主创新能力

粤港澳大湾区与旧金山湾区在城市空间尺度上有一定相似之处，主要节点距离都在25～30千米，非常适合建立类似旧金山湾区的区域创新网络体系。可利用技术手段整合资源，跨越行政边界和法律法则，构建湾区城市无缝衔接的交流平台。

（一）推进粤港澳创新圈建设

充分发挥粤港澳科教资源和创新企业集聚的优势，以香港科技园、深圳国家自主创新示范区、广州大学城、国际创新城等为载体，推动技术、产业、金融和商业模式创新及跨境跨界融合。与欧美发达经济体建立广泛国际科技合作联盟，推动跨国科技协同攻关、协同创新，建设一批国际联合实验室和工程研究中心。推进互联网、大数据、云计算、人工智能等新技术的普及应用，探索建设"云上湾区"。统筹湾区科技、教育和人才资源，共同构建一体化的湾区创新体制机制，促进创新资源优化配置，争取把粤港澳大湾区打造为比肩旧金山湾区的全球创新中心。

（二）建设广深港科技走廊

规划建设"香港科技园—落马洲河套深港科技创新合作区—南山高新

区—深圳西丽大学城—深圳大空港新城—东莞滨海湾新区—广州大学城—广州科学城—广州中新知识城"的广深港科技走廊，促进创新要素无障碍流动，成为技术协作、信息传递、人才流动和服务合作等领域的快速通道。以城市社区为平台，培养自下而上创新创业的基础单元。沿走廊扩散创新和生产要素，包括数据中心、后台服务、科技孵化、关键部件生产等。推进走廊创新资源与珠三角传统加工业对接，形成"研发—转化—生产"的湾区创新链，其目的在于打破行政区划限制，让创新要素、先进制造业要素沿着物理通道自由流动，实现区域协同和融合发展，使其成为粤港澳大湾区创新主轴，带动提升大湾区创新能级。

五 注重提升湾区国际软实力

发掘与融合湾区城市群的人文价值，依托湾区与"一带一路"等国家紧密的人文联系，全方位开展文化交流合作，拓宽对外交流往来渠道，构建国际化法制化营商环境。

（一）加强湾区国际人文交流

实施文化"走出去"工程，依托外交渠道和国家资源，积极寻求与世界一流湾区深度合作机会，提升粤港澳大湾区国际影响力。加强与世界银行、亚太经合组织等国际组织的交流合作，争取承办更多国际性活动和体育赛事，从而增强引进国际机构、资本、人才的能力，打造国际高端要素集聚地。

（二）推进对外贸易和投资便利化

充分利用国家赋予的政策条件，加快引入国际通用行业规范、管理标准，推进大通关建设，全面实现进出口货物无纸化通关。推动粤港澳国际标准协作平台建设，探索共建粤港澳社会信用平台和市场监管平台。

为便于大湾区内部居民在共同生活圈内活动，建议三地政府加强协商，鼓励三地电讯商先从大湾区开始，实施电讯通信同城化收费，降低或免除跨境漫游费等相关费用。

珠三角各市跨市企业分公司设置与企业总数关系见图 11 – 6。

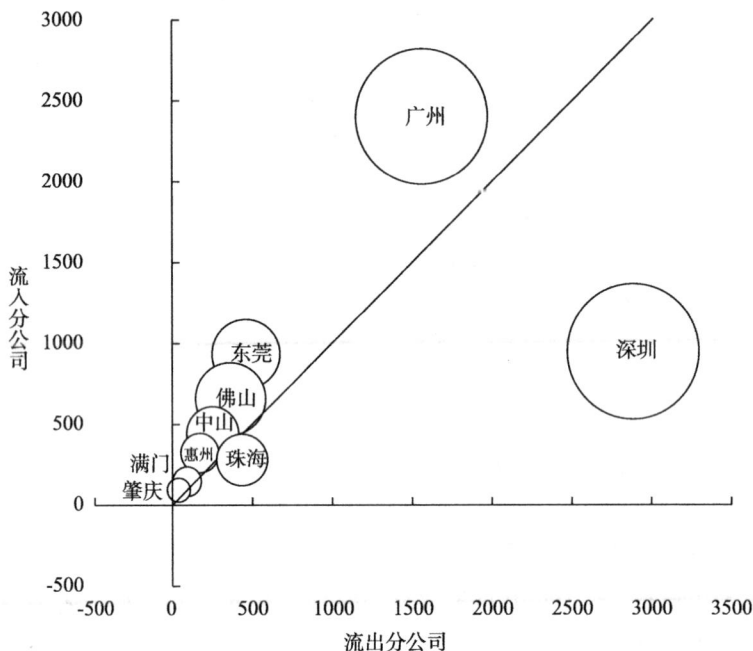

图 11－6　珠三角各市跨市企业分公司设置与企业总数关系

注：根据对 2016 年 12 月某日中国移动手机信令的数据进行分析，对于每一对城市，广州的数据是外地的到达量大于本地的出行量；而深圳则呈现相反的特征：对于每一对城市，深圳的数据是出行量大于到达量。如果说产业结构的数据反映了广州和深圳两个城市的产业差异的话，那么，企业分部和手机信令的数据，则充分显示了近距离的两个超级都市出现了竞合关系的新格局：广州呈现出门户城市的特点，而深圳则显现出经济中心的特征。

资料来源：微信公众号"PDRS 珠三角研究网络"：《奥港澳大湾区城市群发展》，2017 年 6 月。

第 十 二 章

杭州湾区经济发展

2017 年 6 月，浙江省第十四次党代会提出："谋划实施'大湾区'行动纲要，重点建设杭州湾经济区，加强全省重点湾区互联互通，大力发展湾区经济。"这是继粤港澳大湾区概念提出后，国内提出的又一重大湾区概念。事实上从地理学角度，杭州湾作为地理专用名早已存在，而从区域经济角度，杭州湾区的范畴、内涵等则有不同理解。本书所指的杭州湾区，主要包括上海、杭州、宁波、嘉兴、绍兴、湖州、舟山等城市，即以上海为龙头，以杭州、宁波为两大极核，辐射沿海和腹地空间的 "1 + 2 + X" 空间布局的湾区。

国际著名湾区均拥有至少一个世界级城市，杭州湾区的发展离不开上海的支持和深度参与。无论从经济总量还是从发展条件看，杭州湾区依托长三角经济带，辐射范围广，发展潜力巨大，综合实力强劲，是除粤港澳大湾区之外，国内可能再发展成为世界一流湾区的区域。

第一节　杭州湾区经济发展基础

杭州湾区是中国新一轮发展的重要增长极，初步具备成为世界一流湾区的发展条件，与粤港澳大湾区相比，在要素自由流动等方面还略胜一筹。

一　初步具备世界一流湾区发展条件

杭州湾区经济规模已超过旧金山湾区，区位优势十分突出，湾区经济发展所需的金融、航运、创新等核心功能要素较为齐备，具备成为世界一流湾区的基础条件。

（一）综合经济实力基本具备

杭州湾区是我国重要经济区之一，2016 年 GDP 达 0.94 万亿美元，超过世界第十六大经济体印度尼西亚的规模（8619 亿美元），是粤港澳大湾区的 69% 纽约湾区的 59%、东京湾区的 63%，超过旧金山湾区（见表 12 - 1）。GDP 全国占比达 8.42%，与纽约湾区占美国 GDP 比重大致相当。杭州湾区内有上海、杭州、宁波三大 GDP 居全国前列的副省级以上级别的城市，又拥有舟山群岛、浦东两大国家级新区，呈典型的雁阵发展模式，上海及杭州宁波、其余各市分属雁阵的第一、第二、第三梯队，人均 GDP 迈入全球中等偏上收入行列。

湾区内各城市发展水平大致均衡，贫富差距远小于粤港澳大湾区。湾区的互联网电商等产业高度发达，传统贸易已向资本、技术、服务和品牌输出转变，拥有 6 所全国重点大学，高等教育和科研实力强劲。截至 2017

年10月31日，上市公司数量最多的国内十大城市，上海270家列第2，杭州126家列第4，宁波68家列第10（粤港澳大湾区中深圳267家列第3，广州94家列第6）。一般公共预算收入前十强城市，上海居第1，杭州居第7，（而深圳列第3，广州仅列第8），这些均表明杭州湾区是中国经济最具发展潜力的板块之一。

表12-1 杭州湾区与其他湾区部分数据对比（2016年）

指标	杭州湾区	粤港澳大湾区	东京湾区	旧金山湾区	纽约湾区
面积（万平方千米）	8.39	5.63	3.68	1.79	2.15
GDP（万亿美元）	0.94	1.36	1.5	0.73	1.6
GDP全国占比（%）	8.42	12.39	33.9	4.04	8.88
常住人口（万人）	6041.6	6671	3614	749	2012
人均GDP（万美元）	1.25	2.04	4.14	11.19	5.98
集装箱吞吐量（万TEU）	6003.6	7165.1	766	227	465
机场旅客吞吐量（亿人次）	1.48	1.7	1.12	0.71	1.3
QS世界百强大学数（所）	2	4	2	3	2
福布斯世界500强企业数（家）	11	17	58	28	22

注：（1）国际三大湾区数据为2016年数据；（2）国内两大湾区的世界500强企业为中国企业，不含跨国企业分支机构。

图12-1 杭州湾区经济规模及增速

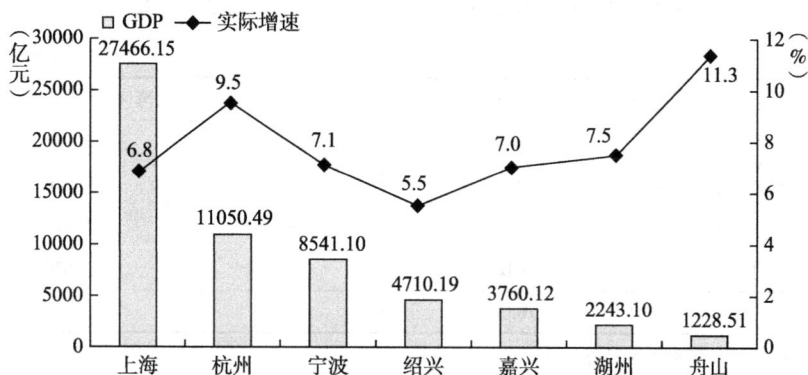

图 12 - 2 2016 年杭州湾区各市经济规模及增速

表 12 - 2 杭州湾区城市发展概况

城市	人均 GDP（美元）	世行标准	产业结构
上海	17122.30	高收入	0.4:29.1:70.5
嘉兴	12346.50	中等偏上收入	3.8:50.9:45.3
杭州	18106.81	高收入	2.8:36:61.2
绍兴	14273.76	高收入	4.5:49.2:46.3
宁波	16432.78	高收入	3.6:49.6:46.8
湖州	11351.24	中等偏上收入	5.7:47.2:47.1
舟山	15971.72	高收入	10.6:39.8:49.6

资料来源：宁波市发展规划研究院：《沪杭甬大湾区发展研究》（内部资料），2017 年。

（二）区位优势较为突出

杭州湾区位于国际西太远洋航线及我国东部沿海中部，海上丝路和长江经济带交汇处，空间广阔，人口众多，已是世界较为重要的海港和航空枢纽，是世界进入中国的主通道之一。湾区拥有两个超级大港，港口集装箱吞吐量和机场旅客吞吐量分列全球各大湾区第 2 位。2017 年，上海港和宁波舟山港集装箱吞吐量分别列全球第 1 位、第 3 位，港口竞争优势十分突出。拥有长三角城市群和长江经济带作为重要腹地，人流量、物流量丰沛，多式联运发达（见表 12 -3）。

表 12 - 3   2016 年杭州湾区与粤港澳大湾区港口吞吐量

单位：万吨

杭州湾区		粤港澳大湾区	
杭州港	6495	广州港	52181
宁波—舟山港	91777	佛山港	8300
嘉兴港	2800	深圳港	21417
上海港	64295	香港港	25670
合计	165367	合计	107568

资料来源：交通部规划司网站。

湾区内上海是全球金融中心和中国改革开放的门户，拥有巨大的资本优势和政策优势。杭州已成为"准一线城市"，是国内最具影响力的"互联网＋"创新创业中心，宁波是中国重要的港口城市与制造业重镇。类似于在珠江三角洲基础上的粤港澳大湾区，杭州湾区则是在长三角南部一体化发展基础上兴起的湾区。

（三）基础设施较为便捷通达

杭州湾跨海大桥、舟山跨海大桥、象山港大桥以及沪杭高速、杭甬高速、杭甬高铁等跨域通道建成投用，沪甬跨境高铁正在规划建设。跨海大桥及洋山深水港促进湾区空间格局更为紧密，湾区南北的"同城"效应初显。

至 2016 年底，浙江省公路通车总里程达 11.9 万千米，其中高速公路4062 千米。浙江正在实施"1210"交通强省行动，集中力量建设高速铁路、高速公路、机场、轨道交通和内河航道等重大项目，进一步完善省际省域通道网络。杭州湾区对湾区内外的辐射影响力将进一步增强。

（四）开放改革位居全国前列

杭州湾区开放型经济发展条件得天独厚，集聚了一大批国家级经济开发区，湾区内拥有全球 500 强企业已达 11 家。杭州湾区是国家重大改革先行先试的重点区域，拥有浦东新区、舟山群岛新区和上海、浙江两大自贸区，上海是国际经济、金融、航运和贸易中心，杭州是国家自主创新示范区和国家级跨境电商试验区，宁波是全国首个"中国制造 2025"试点示范城市和国家保险创新综合试验区。

湾区内分布有上海临港新城、嘉兴港区、海宁连杭经济区、海盐经济开发区、杭州下沙经济开发区、大江东产业集聚区、萧山经济技术开发区、绍兴滨海新城、杭州湾新区、宁波经济开发区等若干个新功能区，开放创新已形成集聚效应。多重国家战略叠加，为湾区深化改革、扩大开放创造了良好发展条件。

杭州湾区与其他湾区产业结构与发展方向比较见表12－4。

表12－4　杭州湾区与其他湾区产业结构与发展方向比较

湾区	第三产业占比	代表产业	发展方向
杭州湾区	60.1%	金融、航运、先进制造和电子商务	国际新经济发展高地
粤港澳大湾区	62.9%	金融、航运、高新技术和先进制造业、国际贸易	新的全球科技创新发展中心
东京湾区	82.3%	金融商务、装备制造、钢铁、化工和物流	世界制造业创新中心
旧金山湾区	82.8%	风险投资、电子、互联网、生物研发等	全球高新科技研发中心
纽约湾区	89.4%	金融、贸易、航运等	世界金融商业核心中枢

二　与粤港澳大湾区优劣势比较

与粤港澳大湾区相比，杭州湾区在发展要素便捷流动等方面有突出的优势，而在要素功能集聚等方面还存在一定的短板和不足。

（一）优势

湾区内部发展相对均衡。湾区人均 GDP 最高的是杭州（1.81 万美元），最低的是湖州（1.14 万美元），内部贫富差距不大。而粤港澳大湾区人均 GDP 最高的是澳门（47.7 万元）、香港（30 万元）、深圳（16.4 万元），前两者几乎是后者的 3 倍和 2 倍。而湾区人均 GDP 最低城市与澳门的倍数差达到 12.18，内部贫富差距极大。

协同发展效应相对较好。杭州湾区由上海一个直辖市和浙江的几个城市组成，不同于粤港澳大湾区的"一国两制三区"，自上而下的政策实施阻碍相对较小，长三角合作与发展联席会、浙东经济合作区等跨域合作机制运行多年，湾区内部文化同根同源，近年来发展政策相对统一，经济发展相对均衡，形成促进湾区经济协同发展的良好运作机制。上海正在推动南下杭州湾北岸、打造现代化都市湾区；杭州开始实施"城市东扩、跨江发展"战略，延续了一千多年的"西湖时代"逐步迈向"钱塘江时代"；嘉兴融入上海启动打造"浙江省全面接轨上海示范区"；宁波正在加快建设杭州湾新区，等等。围绕杭州湾区，各大城市正在抓紧构建更紧密的一体化发展格局。

（二）困难与不足

与粤港澳大湾区相似，杭州湾区经济发展同样面临不少困难和挑战。

第一，位于杭州湾口的上海南部地区处于上海远郊位置，金融商贸等核心要素集聚和辐射效应相对较弱，处于东海中的洋山深水港对滨海城区发展拉动效应较为有限。湾区内浙江各城市的经济实力，如杭州、宁波、绍兴等市相应低于广州、深圳、佛山、东莞等市，在国家发展的战略定位也相对低于粤港澳大湾区的各大城市（除上海外），且在与长三角苏南城市群的竞合关系处理上还须进一步协调，在对外开放度上还有较大提升空间。

第二，湾区在产业布局、城市建设、生态保护等方面的合力尚有诸多不足。湾区内产业同质化、产业布局雷同、低小散的问题仍较突出，除上海、杭州服务业优势相对明显，其他城市还是以工业为主导的产业结构，与世界一流湾区差距较大。部分区域城乡基础设施建设较为滞后，共享程度不高，对外交通建设较弱，对内联通性不足，县城、乡镇末端式交通格局尚未根本改变。湾区沿海大通道存有一定的交通短板，连接各大城市间的主要通道通行能力有限，还不能充分满足上海、杭州、宁波等地一体化发展要求。

第二节　杭州湾区经济发展策略建议

杭州湾区经济发展战略，应立足于充分发挥浙沪地缘相近、人文相亲、乡俗相似、经济互融、产业关联等天然优势，通过互助互利、共建共赢，打造集金融航运、科创智造、电商新经济等于一体的又一世界级城市群。

一　构建"三中心两带"空间格局

从功能布局、城市能级和开放格局等方面综合考量，可立足区域中心城市，塑造产业、城市、港口联动发展体系，构建"三中心两带"开放融合空间格局。

（一）"三中心"引领湾区发展

与粤港澳大湾区的广州、深圳、香港"三中心"结构类似，杭州湾区也具有上海、杭州和宁波的"三中心"特征。上海在国家的战略地位和城市能级较为领先，杭州是以互联网等新经济为特色的创新城市，宁波是国际港口城市和先进制造基地。可以上海、杭州、宁波三地作为杭州湾区的三大中心，互为犄角，形成三角闭环，有效支撑起湾区极核辐射功能，共同成为带动区域经济增长的中枢和引擎。

（二）"两带"推动湾区一体发展

杭州湾区可以杭州为原点，构建杭州—湖州—嘉兴—金山—南汇—浦东的杭州湾北经济带，以及杭州—绍兴—余姚—杭州湾新区—宁波—舟山的杭州湾南经济带，突出各自核心功能优势。杭州湾北经济带由上海、嘉兴、湖州、杭州等市域形成，侧重于联通各地制造、科技、信息、金融、航运等要素，可成为具有全球竞争力的产业创新中心；杭州湾南经济带由舟山、宁波、绍兴、杭州等市域共同构成，发挥港口、贸易和通道优势，以创新智造、开放资本集聚和辐射为特色，构筑大湾区发展骨架。

二　推动湾区融合共建

以湾内重大交通基础设施共建为依托，构建大湾区产业配套融合体系，提高参与全球产业分工的层次，延伸面向腹地的产业和服务链。

（一）促进区域专业化协作分工

按照高端化、智能化、服务化导向，聚焦产业绿色转型、智能制造和创新体系建设，重点培育发展高端装备、新材料、节能环保、新能源汽车、航空航天等战略新兴产业集群，提升产业发展国际化水平和国际竞争力。

围绕环杭州湾经济带，构建开放型创新生态网络。完善创新合作体制机制，依托上海全球科创中心建设，更加注重大科学装置、基础研发设施和国际创新资源的引入合作，突出建设湾区创新共同体。

（二）全面推进互联互通

推进铁路、公路、隧道、网络电缆和电网、路网等基础设施的互联，探索推进社保、医疗、教育、电信、环保等公共服务领域的同城化和一体化。充分发挥区内宁波舟山港、大小洋山港等各大港口，以及浦东机场、萧山机场、宁波栎社机场等各大机场比较优势，通过江河海联运、海铁联运、公铁联运等多种方式，使杭州湾区成为国家在全球范围内实现货物和资本集散、市场拓展的空间载体和管理中枢。完善杭州湾高速网，加快城际铁路建设，完善河道水运网。可谋划建设环杭州湾第二大通道，从上海经过洋山、岱山后经过舟山到宁波，形成公铁两路大桥，使得铁路直接上岛。建设从舟山港口到长江中上游河海联运通道。

深化与"一带一路"沿线国家和地区的设施联通、经贸合作和文化交流。利用上海、杭州、宁波、舟山等地各自特殊定位、禀赋条件和政策优势，构建全方位、立体式的开放系统。

（三）共同建设优质生活湾区

协同推进上海都市圈、杭州都市圈、宁波都市圈建设，完善就业创业服务体系，推进社会协同治理，共建绿色健康湾区，有序推进各具特色的活力型、魅力型城市建设，提升中心城市、节点城市和特色城镇功能品质，提升湾区宜居、宜业、宜游水平。

三　促进区域协同发展

按湾区经济新模式的发展要求，调整或构建相应的协调机制，尤其在跨行政区域的重大基础设施、公共服务、生态环境整治等领域探索新的湾区协同治理机制。

（一）推进要素市场一体化

全面深化杭州湾区城市合作，推动劳动力、资本、技术、环境容量等要素跨区域流动和优化配置，实现要素市场一体化。推动跨城市的人口服务、社会事业和社会管理协调发展，在全国率先建立湾区基本公共服务一体化发展机制。

（二）发挥区域协调机制作用

构建"三中心两带"工作协调推进架构。建立起钱塘江流域、杭州湾流域等跨行政区域的重点区域、流域环境污染和生态联合防治协调长效机制。建立湾区城市轨道交通和综合交通枢纽建设的协调推进机制，实现区域通勤一体化。

第三节 重点城市发展湾区经济策略建议

杭州湾区内上海、杭州、宁波三大中心城市是推动湾区发展的主导力量。上海正在推进"南下临海"战略，通过洋山港等建设发挥湾区辐射引领作用。鉴于上海城市发展战略研究较多，《上海市城市总体规划（2017－2035年）》也已公布，本书不再赘述。这里简单阐述另两个中心城市——杭州、宁波发展湾区经济的相关策略建议。

一　杭州发展湾区经济简要建议

杭州是杭州湾区的核心之一，2016年实现生产总值11050亿元，总量居全国第十位。作为历史文化名城，在G20峰会、亚运会等"大事件"的带动下，杭州近年来展现出强劲的发展实力。经济结构持续优化，服务业增加值占全市生产总值比重2016年首次超过60%，"首位经济"地位基本确立。文创、金融、电子商务、旅游休闲等引领发展格局初步形成，互联网金融领先全国，初步成为区域性金融中心和财富管理中心。萧山国际机场被定位为面向亚太的区域性航空枢纽，是世界百强机场、中国第四大航空口岸。杭州东站枢纽是目前接驳功能最为齐全、亚洲最大动车交通枢纽之一。作为中国创新型经济发展最为活跃的城市之一，杭州多元化人文气息浓厚，一直位居"中国最具吸引力的城市"前列，有条件成为杭州湾区经济发展的强大引擎。

（一）增强湾区经济核心功能

进一步聚焦国际高端资源，谋划未来国际"大事件"，提升实力，实现城市功能的国际化对接。充分发挥西湖"金名片"效应，以旅游国际化带动城市国际化，做大做强杭州世界级旅游休闲产业，充分挖掘"东方历史文化名城"的文化精髓，成为东西方文化交流的重要城市。借力 G20 峰会和亚运会等国际赛会重大机遇，发展更高层次的开放型经济，增强对湾区内外的辐射带动功能。建立全球互联网营销评估指数，深化跨境电子商务综合试验区建设，构建全球最优跨境电商生态圈。

依托国家自主创新示范区、跨境电子商务综合试验区，建设城西科创大走廊、城东智造大走廊，发展沿河沿湖高端商务带、钱塘江生态经济带，以及钱塘江金融港湾、空港经济区。杭州高新开发区（滨江）要致力于成为世界一流高科技园区。城西科创大走廊致力于成为新的国家级高新区，城东智造大走廊则成为"中国制造 2025"智能制造基地。可考虑全面推进撤县设区，实现全市范围都转为行政区，进一步突破区域一体化制度障碍。

（二）引领提升湾区互联互通水平

依托国际性区域交通枢纽建设，加强基地设施互联互通，提升区域整体发展效能。建设杭嘉沪、杭湖宁、杭黄（徽）武、杭新景、杭金衢、杭绍甬等重大综合交通通道，增强对外互联互通能力。加快沪乍杭、杭义温、杭绍台、金建、建衢等铁路建设，形成杭州至省内各市高铁 1 小时交通圈。建成杭黄、商合杭高铁，谋划建设杭州至武汉高速铁路，打通直通皖赣、中原及长江中上游城市群的快速通道。

完善城市轨道交通网和快速路网，提升杭州全国性综合交通枢纽功能。建设成杭州铁路南站综合交通枢纽，规划建设铁路杭州西站综合交通枢纽，健全萧山国际机场集疏运体系，提升各类交通运输方式的衔接配套能力。

（三）推动东进向湾城市发展布局

将钱塘江作为城市内河来重新规划定位，带动城市发展重心向杭州湾方向东移。依托丰富的自然要素资源和深厚的历史文化底蕴，强化经济、交通、生态、景观、文化等功能，提高钱塘江两岸创新创业、社会生活等要素资源的密度和强度，增强两岸国土空间开发和功能组织的多元性和复合性。

将钱塘江塑造为杭州城市发展的"城市中轴"，逐步成为拥江型、跨南北的杭州"主城"。突出钱塘江的中轴串联特色，统筹空间布局、产业发展、重大项目和用地保障，辐射带动杭州湾沿岸区域。将大江东作为承载杭州工业经济未来发展的主平台，发展汽车及零部件、航空航大、高端装备制造等，提升大江东与主城区互联互通能力，带动实现工业经济"再造一个杭州"目标。将萧山区作为杭州"拥江发展、跨江发展"的重点，构建"一心两翼"全域城市化新格局，以钱江世纪城作为区域核心，建设一个高品质的城区；东翼依托萧山国际机场以及国家级临空经济示范区，建设一个空港新都市；南翼依托南部优异的生态资源，建设浦阳江生态旅游区。

二　宁波发展湾区经济简要建议

宁波是我国东南沿海重要的港口城市，是杭州湾区仅次于上海、杭州的中心城市。宁波湾区经济资源条件优越，县域经济发达，区位优势明显，象山港、三门湾区域拥有港口、海湾、海岛等优势资源，建设基础扎实，发展潜力巨大。宁波应发挥自身比较优势，谋取湾区经济发展主动权，带动提升城市发展能级。

（一）构建拥湾发展城市新格局

推进余慈北部中心和杭州湾新区建设，建设环杭州湾南岸都市区，与上海的"南下临海"、杭州的"东进向湾"战略互为融合、互为支撑，形成杭州湾区犄角发展之势。

启动沪嘉甬（跨杭州湾）铁路、环杭州湾快速通道、甬台温高铁、环杭州湾城际铁路等重大对外通道规划建设。谋划建设宁波至象山城际铁路，规划建设象山港、三门湾区内联外接交通网络。加快杭州湾南岸区域城市化进程，加强象山港、三门湾的开发及与相邻地区在产业布局、港口建设、旅游开发、生态保护等方面的合作，提高区域经济发展的协同性和整体性。

（二）突出湾区产业重镇定位

作为杭州湾临港产业核心，以及杭州湾区产业核心功能承载区，宁波应瞄准全球产业链价值的中高端，聚焦智能装备制造、制造终端产品开发、智能无人系统应用、智能服务等领域，推动杭州湾南经济带成为具有全球影响力的制造业创新中心、全国重要的智能经济发展高地。

对标东京湾区的京滨工业带和京叶工业带，围绕湾区产业重镇定位，建设成为国家重要的轿车研发生产基地，实现"十三五"期末汽车产能达到 200 万辆的目标。依托镇海炼化、大榭石化等大型企业 3000 万吨原油加工、100 万吨乙烯等产能，建设国家级绿色石化产业基地。依托国际海洋生态科技城、鄞州经济技术开发区，重点发展海洋高技术装备、海洋生物育种、海洋生物医药等产业，成为国家海洋高技术产业基地。

（三）助推提升湾区开放水平

围绕"一带一路"综合试验区建设，强化"一带一路"国际港航物流中心地位，共建舟山江海联运服务中心，提升"海丝指数"国际影响力。建设中东欧投资贸易综合试验区，开展能源自由贸易试点，打造国际采购中心和国家贸易总部基地。建设"一带一路"保险综合服务中心，设立民营企业"走出去"投资基金，建立"一带一路"巨灾保险合作基金，推动设立"一带一路"财产保险公司，等等。

第 十 三 章

深圳发展湾区经济主要策略

引言中已经指出，深圳之所以提湾区经济理念，初衷是建立一个新的全球化坐标系，以湾区经济推动新一轮开放经济的发展。深圳市委、市政府发展湾区经济的相关文件明确提出，"到 2030 年，建成创新能力卓越、产业高级高端、交通网络发达、基础设施完善、生态环境优美的全球一流湾区城市，成为在海上丝绸之路中具有极强辐射力与影响力的核心城市"。① 要实现这一战略目标定位，一方面，深圳需要加快集聚湾区经济核心发展要素，增强湾区经济发展功能；另一方面，则需要借助粤港澳大湾区这个大平台，解决自身发展急待解决而又无力解决的问题。

---

① 《中共深圳市委深圳市人民政府关于大力发展湾区经济建设 21 世纪海上丝绸之路桥头堡的若干意见》（深发〔2014〕16 号），2014 年 12 月。

第一节　增强湾区经济核心要素功能

从深圳与 100 个世界城市生产性服务业联系强度来看，深圳目前高端服务功能嵌入全球网络、参与国际竞争的能力还明显不足。在全球经济重心东移和新一轮技术革命的大背景下，深圳要实现更高质量、更高能级的发展，必须增强湾区经济核心要素功能，从而能在更大范围、更高层次参与全球竞争合作，成为包括创新中心、先进制造中心、国际航运中心、国际交往中心等功能和特质在内的国际一流城市。

一　强化国际航运（空）核心要素功能

全球一流湾区城市的首要共性特征，便是依托发达的国际航空、航运交通网络，支撑湾区成为连接国内外市场的前沿门户、全球创新发展要素集聚的核心，吸引全球资源向湾区集聚（见图 13 – 1）。因此，强化国际航运（空）功能仍是当前湾区经济发展的基础，因为它不仅仅是基础设施互联互通的基本需要，更是提升全球资源调配能力和国际国内辐射能力的迫切需要。

目前深圳港口集装箱吞吐量位居全球第三，已超越香港。但必须看到，随着资源密集型制造业转移，大宗物资运输量快速削减，港口货运量继续增长、压力加大。同时，20 万吨级泊位短缺，10 万吨以上船舶待泊时间增加，大型港口设施结构性短缺，受铁路运输站场容量不足及铁路运输机制制约，铁水联运比例不足 1%，集疏运交通结构较不合理。城市滨水岸线价值凸显，前海、蛇口、大铲港等港城关系矛盾开始显现。这些均

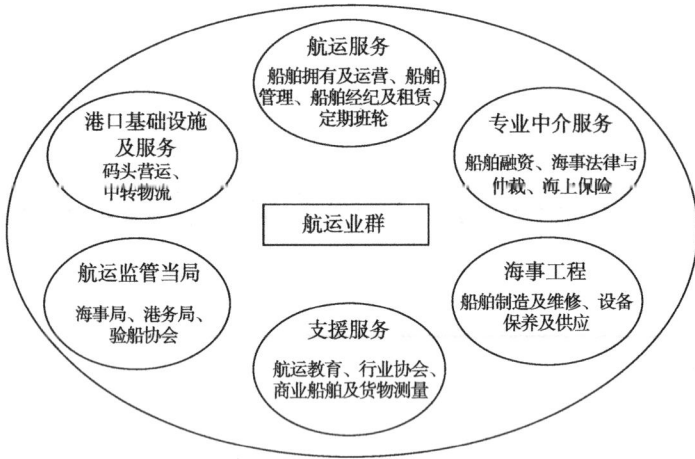

图 13-1　国际航运中心具有的航运服务种类

是深圳港下一步发展必须要解决的难题。

在航空方面，2017 年宝安机场以 4561 万人次旅客吞吐量居全国第五，位于北京首都机场（9579 万人次）、上海浦东机场（7000 万人次）、广州白云机场（6584 万人次）、成都双流机场（4980 万人次）之后。一方面，国际航线、航点覆盖短板突出，至 2016 年国际航线仅 25 条，与香港的 142 条、广州的 89 条相去甚远，对城市本身国际旅客的服务能力存在明显缺口（见表 13-1）。另一方面，空域限制扩容，航空出行需求受限，衔接机场的城际轨道及跨江通道建设滞后，在大湾区的区位优势远未充分发挥。

表 13-1　深圳宝安机场与其他机场比较（2016 年）

主要机场	国际旅客吞吐量（万人次）	国际旅客占比（%）
纽约肯尼迪	3136	53
东京成田	2847	73
上海浦东、虹桥	2828	26.5
广州白云	1277	21.4
深圳宝安	222.7	5.3

资料来源：深圳市交委、发改委编《深圳对外战略通道规划布局研究》（内部资料），2017 年 9 月。

面对这些困难，深圳应积极参与大湾区世界级港口群和机场群建设，和香港共建国际航运中心和物流中心。具体而言，就是要提升海空"双港"能级，通过海陆空铁网络成为全球城市网络中的大型枢纽节点。

（一）建设与世界一流湾区城市相匹配的国际航空枢纽

继续做大做强宝安机场，推进第三跑道、卫星厅、T4 航站楼建设，适时恢复 A、B 楼功能，建设机场东站空港综合交通枢纽，扩大对大湾区的覆盖。协调空域共享，扶持洲际远程和亚太中短程国际航空网络建设。与香港、广州错位发展，拓展欧美澳等洲际远程国际航空市场，培育战略协同基地航空公司。完善机场集疏体系，扩大机场客班腹地，尽早开展第二机场布局研究。

（二）强化远洋集装箱枢纽港设施功能

坚持"深水深用"岸线资源利用原则，调整优化泊位结构，推动深水航道规划建设，完善水上集疏运体系，加快海铁联运集疏运设施建设。推进盐田东、妈湾和大铲湾二期 20 万吨级超大泊位建设，打造深圳母港。优化西部出海航道布局，构建内陆无水港合作网络，打通多式联运通道，拓展国际中转等高端增值环节，争取试点外贸进出口集装箱在沿海其他港口和深圳港之间开展沿海捎带作业。增强对西江流域辐射作用，打造江海联运系统，构建内陆港合作网络，形成海铁联运大通道，打造国际采购、国际配送和全球集拼分拨管理平台。

（三）争取相关政策支持

在深圳机场等更多条件成熟的口岸实施 144 小时过境免签政策。根据党的十九大"建设自由贸易港"的相关部署，探索在前海蛇口自贸片区等地区建设自由贸易港。在蛇口邮轮母港实施更为便利的出入境政策。推动珠三角空域管理精细化改革，统筹研究规划空域资源，优化调整航路航线布局，争取扩大国际航权配额。

二　完善金融核心要素功能

深圳已成为国内重要的金融中心，2016 年金融业增加值 2876.9 亿元，占 GDP 比重 14.8%。持牌法人金融机构累计达 173 家，证券业、保险业等在全国各大城市中基本上处于前三名，多层级资本市场体系初步形成。但不可否认的是，深圳金融业在国际化方面远逊于香港，在国内政策支持获得方面则难以与上海、北京相提并论。这就需要深圳在增强金融核心要素功能上另辟蹊径。

深圳"十三五"规划提出建设"国际化金融创新中心"。围绕这一目标，深圳应在以下方面有所突破。

（一）培育发展金融新业态

加快培育互联网金融、对冲基金、融资租赁、股权投资、航运保险、商业保险等新业态新模式。高标准建设福田"深圳金融街"、罗湖"红岭创新金融产业园"、前海"金融城"、后海"金融商务总部基地"，引进一批国际性金融机构入户。扶持发展若干具有重要影响力的金融控股集团，大力发展财富与资产管理业务，聚集一批国际财富管理机构，成为跨境财富管理中心，吸引多边金融机构和"一带一路"沿线国家主权基金、投资基金落户。构建面向期货交易、金融后台和风险投资的专业化金融中心。

探索构建跨境人民币资产市场，拓宽跨境资金流通渠道，完善跨境资产交易机制，推动利率汇率产品创新，扩大商业银行产品市场化定价范围。以"深港通"为契机，推进资本市场开放和深港金融合作，促进前海股权交易中心、深圳联合产权交易所等区域性股权交易市场创新发展，争取开展股权众筹融资试点。发挥好国家"保险创新发展试验区"作用，创新发展专业性保险公司和培育再保险市场。加快科技金融与金融科技创新发展，推动金融与科技深度融合，鼓励合作开展绿色信贷、绿色债券、绿色股票指数和相关产品、绿色发展基金、绿色保险、碳金融等金融工具的推广应用。发展金融租赁和消费金融，探索金融支持开放型经济发展新模式。

（二）建立与国际接轨的金融制度规则和政策体系

培育金融差异化发展的竞争优势，加强与湾区其他城市合作，探索人民币国际化新通道。推动深港"债券通"、"新股通"以及交易所买卖基金等业务互联互通，以香港为平台设立面向"一带一路"国家和地区的人民币海外投资基金，为企业"走出去"开展投资并购提供融资服务，加快海外网点布局。

充分利用好前海"国家金融业对外开放试验示范窗口"，落实前海金融创新相关政策，拓宽离岸账户（OSA）功能，探索本外币账户管理模式创新，探索限额内资本项目可兑换。建设港交所前海联合交易中心、澳门前海联合证券交易所。建设深港绿色金融合作试验区，完善深港金融同业合作机制。提升前海跨境人民币业务创新示范区功能，深化跨境人民币贷款、资产管理等业务创新，率先探索跨境、跨部门、跨市场协作的混合监管模式。

三 突出创新核心要素功能

创新发展已成为深圳城市响亮的名片，也成为深圳在粤港澳大湾区建设的独特优势。2016 年，深圳全社会研发投入超过 800 亿元，占 GDP 比重达 4.1%。PCT 国际专利申请量达 19647 件，占全国的 47.6%，连续 13 年居全国首位；每万人有效发明专利拥有量 80.1 件，居国内大中城市首位（见图 13-2）。各类创新载体已达 1493 家，国家高新技术企业达 8007 家，占广东省的 40%（2017 年已达 9689 家）。集聚了全国 1/3 的 VC/PE 机构，数量达 5 万家，注册资本约 3 万亿元。华为短码方案成为全球 5G 技术标

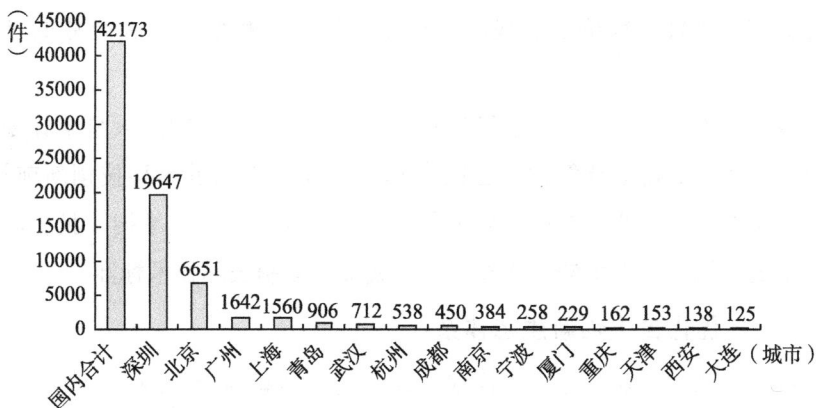

图 13-2 2016 年各大城市 PCT 国际专利受理数量
资料来源：国家知识产权局网站。

准之一，石墨烯太赫兹芯片、无人机、柔性显示等技术处于全球领先水平。创新驱动战略的成功实施，推动深圳经济初步实现向创新型经济的转变，新能源、新材料、互联网、智能装备等新兴产业增加值占 GDP 比重超过 40%。从某方面衡量，深圳初步形成了与旧金山"科技型湾区"相类似的发展特征。

但也必须看到，深圳的基础创新能力、原始创新能力与旧金山湾区的硅谷等地区仍有相当大的差距。深圳没有高质量的研究型大学，缺乏世界级的基础性、前沿性研究平台，产业发展和转型急需的生命科学、人工智能等重大科研设施缺乏。在国际科技竞争日趋激烈的同时，深圳还面临北京、上海、杭州等国内城市创新迅速发展的竞争和挑战，不进则退。深圳要保持创新发展领先一步的优势，围绕国际科技产业创新中心建设目标，进一步弥补短板、多重发力。

（ ）实施新 轮创新发展布局

抢抓新一轮科技和产业变革战略机遇，实施重大科研基础设施、重大基础研究机构、重大科技产业专项等行动计划。面向世界科技前沿，实施前沿技术攻关"登峰计划"，在下一代通信网络、生命健康、数字化装备、高端芯片、节能环保等战略性新兴产业和未来产业领域，争取一批产业核心技术和关键技术取得突破。加快推进 5G 关键技术研发、产业化和应用试点。在基础性、前瞻性、战略性科技领域，不断增强龙头企业的创新能力。

深化与国际一流大学及顶级科研机构的合作，参与国际大科学计划与大科学工程。支持创新能力突出的领军企业加速进入世界科技创新前沿。引导中小企业以产业链专业化分工方式进行模块化创新，掌握一批核心技术，形成一批核心自主知识产权，主导或参与创制国际技术标准。

（二）优化自主创新生态体系

推动技术、产业、金融、管理、商业模式创新与跨界融合，促进多主体结合、多要素联动、多领域合作。构建原始创新、开放式创新和协同创新协调共进的综合生态体系，支持分布式网络化创新和全社会"微创新"活动。实施最严格的知识产权保护制度，支持企业开展技术创新、管理创

新和商业模式创新，完善创新服务体系，强化金融对创新的助推作用。打
造国际创客中心，完善创新人才服务政策体系。推动科学发现、技术发明
和产业一体化发展。

（三）突出发展高端技术研发新业态

发挥强大的产业链协同创新优势，突出跨界融合、交叉渗透。以互联
网思维、云计算架构、大数据支撑，推动产业链重组、产业链重构和价值
链重塑，发展数字经济、分享经济、平台经济，深度挖掘互联网经济、蓝
色经济和绿色经济增长潜力。加快跨境电商等新业态发展，促进研发新业
态加快形成，将高端技术研发业态打造成为最具优势的湾区经济产业
形态。

依托现有产业集群，延伸产业链，丰富创新链，提升价值链，争取成
为全球创新网络的管理中心、成果转化中心及产业化集成中心。加强与香
港、广州等湾区兄弟城市的合作，致力于建设粤港澳大湾区创新主引擎，
推动建立粤港澳大湾区开放型科技创新体系，打破行政隔阂，推动科技创
新要素自由流动，聚集人才、技术、市场等关键要素，实现由"跟随"
"并跑"向"领跑"转变，在全球价值链中占据主导地位，努力使大湾区
成为第四次工业革命的重要策源地之一。

四　提升贸易核心要素功能

强大的国内外贸易功能是发达湾区经济的显著标志。深圳一直是全国
重要的进出口贸易中心，2016年完成进出口总额26307亿元，其中出口
15680.4亿元，连续24年居国内城市首位。跨境电子商务交易额403.5亿
美元，全社会消费品零售总额5512.8亿元，均居全国大中城市前列。但也
须看到，相比航运、金融、创新等功能要素，深圳的贸易功能还不够强
大，缺乏核心竞争元素，对国内外辐射带动能力上还有较大的提升空间。
"十三五"期间，深圳提出要"打造国际化消费中心"，这就需要做到以下
几点。

（一）大力发展高端价值服务业态

进一步发展总部经济，引入更多的世界500强跨国公司区域总部及功

能性机构，吸引国内大型企业集团、高科技中小企业上市公司总部落户，扶持培育一批本土总部企业，培育发展国际会展、文化创意、信息资讯、高端赛事等新兴业态。发展法律、会计、检验检测、认证等专业服务，促进黄金珠宝、服装、眼镜、钟表等传统优势产业项目向时尚创意产业转变。

加快发展供应链管理，推动物流服务模式创新，加强骨干物流网络与城市共同配送体系建设，建设具备物流集散、交易定价、设计展览、金融服务等综合性功能的国际贸易中心。

（二）加快商业集聚区和电子商务平台发展

建设中国国际电子展示交易中心，打造电子信息、黄金珠宝、工艺礼品、服装等国际采购中心。建设大型边境免税购物中心和区域性进口商品展示交易中心，培育一批本土电商平台。建设各类特色商圈，鼓励发展买手制百货、体验型购物中心、主题概念店等新兴业态，促进个性化定制、商品众筹、社区团购等新型消费模式发展。

以自贸区、保税区等特殊区域为重点，吸引、鼓励离岸服务等新型贸易业态集聚发展，争取国家支持建设自由贸易港区先行区，依托信息化监管手段，实施高标准的"一线放开、二线管住"的贸易监管制度。

（三）充分释放需求新潜力

培育信息、绿色、健康养老、旅游休闲、文化教育等消费新热点，成为智能家居、无人机等时尚消费发源地。建设中国国际电子展示交易中心，推动消费型经济综合改革，发展邮轮游艇等新兴消费，创新发展服务贸易，完善中国电子市场价格指数、水贝·中国珠宝指数，争取成为重要的消费品牌交易中心和定价中心。

推动新消费引领新供给，完善跨境支付结算系统、电信专用通道，建设与国际接轨的消费领域标准体系，塑造高品质、国际化商业形象，建设若干国际化优质商圈和社区，营造国际一流的消费环境。

第二节　强化湾区经济支撑功能

建成国家铁路、公路枢纽，国际航空枢纽机场，以及远洋集装箱干线港，成为国际性综合交通枢纽和具有重要影响力的全球门户。

一　促进多港经济联动发展

全面推进海港、空港、信息港与陆路口岸联动发展，增强湾区经济外溢拓展功能，为湾区经济发展提供强大支撑。

（一）率先发展新一代港口经济

继续实施国际一流远洋贸易大港战略，依托深水岸线和国际航线密集优势，完善东部港区后方陆域路网，加强与盐田综合保税区联动发展，申报试点启运港退税政策，提高中转比重和港口附加值。以外贸集装箱运输为重点，优化西部港区运输结构，逐步降低散杂货比重。加快推进盐田港西作业区、东港区深水泊位和大铲湾港区二期集装箱码头工程、蛇口太子港国际邮轮母港、西部港区出海航道二期等项目建设，鼓励支持海铁联运等多式联运。

（二）强化发展临空经济和空港经济

积极推进通用航空产业发展，加快通用航空机场及相关配套设施建设，培育和吸引具有国际航线运营能力的主基地航空公司。建设亚太航空货运转运中心，吸引国内外货运航空公司将深圳作为全球、全国货运网络的关键枢纽节点，强化陆路专线、海上航线、空中航线的立体联动功能，繁荣壮大临空经济，将大空港地区建设成为国家临空经济示范区。

（三）突出发展下一代信息经济

超前布局和建设一流信息基础设施，加快智慧城市建设，大力发展光纤宽带接入，全面提升城域网传输交换能力，积极推进基于 IPv6 的下一代互联网的规模商用。加快无线城市建设，基本实现重要公益性公共场所 WLAN 免费全覆盖。构建面向城市管理等领域的"深圳云"体系，形成辐射华南的云计算基础设施服务能力。

二　突出战略腹地支撑

构建深圳至上海、深圳至北京、深圳至成渝、深圳至昆明等方向的综合运输通道。深圳经高铁网联通全国大部分经济区，4 小时可通达周边省会、8 小时可通达大多数中心城市，与湾区各城市实现 100% 轨道交通直达，旅客出行 1.5 小时可达，货物运输 12 小时可达。广深港莞惠珠中地区形成 1 小时通勤交通圈，与汕尾、河源、江门、肇庆等市实现 2 小时覆盖主要城区（见图 13 - 3）。

（一）加快战略通道建设

完成广深港客运专线、穗莞深城际线等铁路工程建设，加快推进广东西部沿海铁路深圳段、港深西部快速轨道线、赣州至深圳客运专线以及深惠、深莞城际线等项目建设。推进东部过境高速、外环高速、深中通道等项目建设。

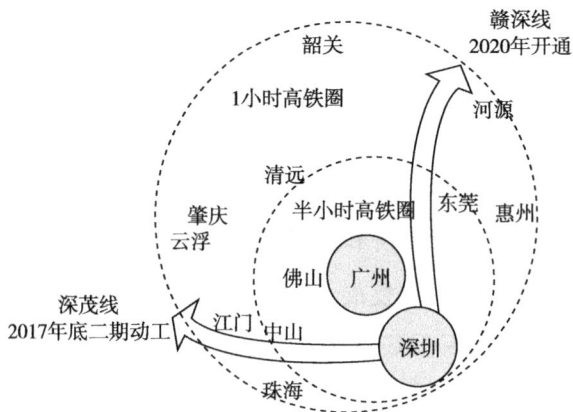

图 13 - 3　深圳 1 小时高铁圈城市范围

（二）扩大战略腹地范围

推进产业横向分工和纵向整合，强化深圳的研发机构和企业总部的集聚功能，引领区域制造业结构优化升级。加强区域一体化产业链构建，共同打造现代产业集群。联手共建一批重大建设项目，推动全产业链分工协作，突出建设全球电子信息产业基地。推动区域支付结算体系互联互通，实现海港、陆港、空港物流信息共享，全面提升产业融合和基础设施一体化水平。

发挥深圳经济中心城市辐射带动作用，强化供应链管理和资源配置的中枢功能，拓展粤东西北近邻腹地，促进资源要素全面对接，形成沿海产业链分工合作体系。全面推行"总部＋基地"外溢发展模式，形成湾区经济协同发展大格局。依托世界级航运物流服务功能，在与东盟的经贸往来中深化与大西南、中南相关省区市的合作，促进生产要素优势互补，拓展西南、中南等内陆深远腹地。

第三节　优化湾区城市空间布局

形成分工合理、功能互补、特色鲜明的湾区产业布局，打造最具活力的高附加值产业带，带动湾区城市整体空间结构的优化，实现从河口海岸型城市向湾区海洋城市的转变。

一　构建湾区城市整体发展架构

强化全市规划布局、产业发展以及海陆空和信息资源的统筹，实现原特区内外一体化发展，推动湾区空间布局一体化。

（一）构建横贯东西的湾区临海产业带

在湾区城市总体功能布局上，西部临海地区进一步突出经济和科技功能，建设新的国际化金融贸易和创新中心。东部临海地区进一步突出生态旅游功能，打造世界级滨海生态旅游度假区和高端生命健康基地。在各区位段上，宝安珠江口东岸突出创新型制造业、空港产业集聚，前海湾突出金融等现代服务业集聚，深圳湾突出总部经济、商务服务等高端服务业集聚，大鹏湾突出港口物流、滨海旅游、文化创意等产业集聚，大亚湾突出国际生态旅游、生命健康等产业集聚。

在强化湾区产业空间集聚基础上，高起点规划建设大空港新城、前海蛇口自贸片区、深圳湾超级总部基地、落马洲河套深港科技创新合作区、沙头角中英街商贸旅游区及盐田综合保税区、大鹏海滨生态旅游度假区、坝光国际生物谷等重点片区，加强战略区域联动。

（二）形成全市协同发展湾区经济格局

高标准实施战略区域和产业集聚区综合发展规划，引导空间资源和优质产业要素向产业基地和园区集聚，统筹规划和配套建设多层次、各具特色的产业空间载体，建设功能完善的城市综合体和复合型城区。加快基础设施一体化，打通交通瓶颈。

强化福田—罗湖市中心功能，建设前海新市中心。提升龙岗—坪山东部中心功能，提升龙华中心、光明新城中心和盐田中心等城市副中心功能，将大鹏半岛建成世界级滨海生态旅游度假区。

二　塑造湾区超级城市形象

坚持世界眼光、国际标准、高层定位，依托优越区位，打造世界级城市建筑群，塑造世界一流湾区城市的景观形象。

（一）集中布局最优美的地标建筑

加强城市天际线、城市色彩、建筑立面、城市家具的规划管理，建设一批城市"新客厅"。高标准规划建设前海、深圳湾、盐田滨海港城，成为提供滨海生活方式、展现城市面貌和建设标准的核心地区，成为参与湾区和城市间竞争合作的强大载体。构建世界级滨海天际线，打造成为基于智慧城市和未来城市、虚拟空间和实体空间高度融合的未来城市典范。

（二）构建海洋风貌浓郁的湾区景观带

在湾区集中布局最具活力的高附加值产业、最优美的天际轮廓，成为都市景观的集中典范。实施最严格的岸线资源保护和土地管理制度，强化执法监督，杜绝非法占用。根据不同湾区的自然条件和发展定位，合理布局城市功能，突出湾区整体形象和天际轮廓。

在西部前海湾、宝安珠江口东岸，集中打造展示产城融合发展新形象的景观带。在中部深圳湾，集中打造展示国际大都会形象的景观带。在东部大鹏湾、大亚湾，集中打造展示现代化海港风貌和国际水准滨海生活典范的景观带。通过构建体现现代化都市风貌的湾区景观带，塑造"城海交融"的湾区景观风貌。

三 建设海碧岸绿的湾区生态带

开发和保护好湾区作为城市最珍贵的自然资源，塑造海碧、天蓝、地绿的美丽湾区环境，形成人与自然高度和谐的高品质滨海生态空间。

（一）突出滨海活力岸线风貌

根据海洋资源承载力和环境容量，调整岸线功能布局，控制沿岸区域发展规模和开发强度，切实保护湾区存量土地资源，严格控制开发时序，对湾区建设用地、海域和海岸线等进行战略储备。释放更多的滨海公共空间，打造重要滨海城镇节点区域，划定更多开放岸线。营造更多的亲海亲水空间，推动部分道路下沉改造，提升近海空间的可达性，建设一批亲水平台、休闲通道、服务设施，展现美丽海岸形象。

建设更多公共沙滩浴场，以水为脉构建慢行绿道系统，优化兼具生产、生活、生态功能的综合性活力湾区岸线布局，实现海滨栈道、都市绿道和滨海公园等互联互通，突出湾区整体生态景观。

（二）优化湾区生态布局

实施最严格的湾区污染管控制度，完善治污设施，综合治理污染。实施"以海定陆"产业发展策略，以海湾水质改善倒逼湾区水环境整治，实施前海湾、深圳湾、大鹏湾、大亚湾等重点海湾污染物入海总量控制，大幅减少陆源污染物排放对湾区环境的污染，提升湾区污染综合治理力度，建立湾区重要片区生态节点及周边地区保护与修复体系。

保护和重建宝安珠江口东岸、深圳湾、大鹏湾等湾区岸带生态系统。加强各类公园、自然保护区、湿地、城区背景山林的建设，推进城市主干道绿化景观以及海岸线生态景观林带建设，发展立体绿化。加强历史文化资源、特色景观资源的保护，展现山海特色明显的湾区生态风貌。

第四节　推动"一带一路"建设

以高质量的湾区经济推动"一带一路"倡议，以多层次的区域合作筑牢"一带一路"发展基础，建设成为"一带一路"倡议枢纽城市。

一　促进基础设施互联互通

打造国际航空枢纽、国家铁路枢纽、世界级集装箱航运枢纽和区域城际轨道枢纽，构建海陆空铁全方位立体化战略通道体系，深入参与全球港口国际合作，提升深圳机场国际合作能力，积极参与国家信息丝绸之路建设。

（一）打通"一带一路"战略通道

沿着深中通道、深茂铁路缩短粤东通往粤西的距离，推动南广、贵广高铁接入深圳，打开联运大西南面向东盟的战略通道；沿着赣深铁路、东部沿海通道，打通长江经济带面向东南亚、南亚的通道；沿着海上丝绸之路打通前往印度洋、中东、南太平洋等市场的通道，前瞻布局关键港口节点；沿着陆上丝绸之路经济带，以深圳—喀什合作区为支点，打通中亚欧洲通道。

（二）建设海上丝绸之路港口链

增强深圳"国际名港"地位，推动成立国际港口链。支持相关企业加快推进斯里兰卡科伦坡深水港、汉班托塔港集装箱码头、坦桑尼亚巴加莫约港以及吉布提港等项目建设。积极参与国家推动的瓜达尔港等港口建设，加强与印度尼西亚国家港口集团的合作，共建友好港口和临港物流园和产业园区。举办21世纪海上丝绸之路港口链论坛，新增若干个目标友好港。筹建深圳港海上丝绸之路港航培训基地，全方位多渠道加快深圳港全球友好港网络建设。继续拓展和完善深圳港与海上丝绸之路沿线港口间的集装箱班轮航线，完善优化港口国际航线网络。

（三）建设"一带一路"航空枢纽

鼓励深圳机场集团积极参与沿线国家机场的投资建设和运行。继续吸引沿线国家航空公司落户深圳机场，支持基地公司国际网络联盟化，鼓励南航、深航等航空公司开通或加密与沿线国家的航空客货航线，继续开通一批面向沿线国家的国际直飞航线和旅游包机航线。落实144小时过境免签政策，持续优化机场双跑道运行模式，继续增强"经港飞、经深飞"影响力。

（四）打造信息丝绸之路战略节点

积极支持骨干企业参与国家"一带一路"重大信息互联设施建设，争取布局建设服务沿线国家的大型国际数据中心。加大电子口岸建设力度，搭建面向东盟国家的跨境电子商务及物流信息共享平台。加强与沿线国家通信运营商的业务合作，促进移动互联领军企业深度开拓沿线国家通信市场。

二　深入推进国际产能合作

重点面向"一带一路"沿线国家，推广深圳经济特区建设的成熟经验，带动技术标准、品牌、制度和文化的适当向外输出。通过"走出去"和"引起来"相结合，继续创新国际贸易方式，开拓重点国家新兴市场，拓展产业国际合作领域，增强高端服务业、高技术产业开放合作能力。

（一）创新国际贸易方式

探索以跨境电商平台促产业发展的新模式，全力打造跨境电商信息中心、金融服务中心和运营中心。推动通信、医疗、核电技术等成套设备输出，形成线上线下相互促进的新型贸易方式，逐步建立直接面向沿线国家的商品销售渠道。鼓励企业采取自建或与外方合作等方式，在沿线交通枢纽设立零售网点和海外仓。搭建与国际贸易促进组织等机构的合作平台，重点支持服装、珠宝等优势产业领军企业在沿线国家设立展销中心、连锁店、直销店，建立售后服务网络。大力发展现代服务贸易，开展与沿线国家的服务外包合作。充分发挥"走出去"联盟、海外投资风险保险服务平台作用，实施"一带一路"专项市场拓展计划。深化与海上丝绸之路沿线国家的合作，探索 ATA 担保制度改革，提供优质通关服务。

（二）大力开拓重点国家新兴市场

积极参与中国－东盟自由贸易区升级版建设，深度挖掘老挝、印度尼西亚、俄罗斯等国家市场潜力。加强与中东国家经贸投资往来力度，加大力度开拓南太平洋岛国等新兴市场。加快推进深越经贸合作区、中白物流园等境外经贸合作区建设。把巴布亚新几内亚打造成为与南太平洋岛国合作的重要支点，鼓励设立远洋渔业基地，提升巴新基础设施建设水平。组织企业赴"一带一路"沿线国家开展经贸活动，同时创造条件吸引"一带一路"沿线国家经贸企业在深圳设立面向国内市场的经贸平台。

（三）拓展产业国际合作领域

在"一带一路"沿线国家组织举办深圳精品展、经贸环境推介、对接洽谈等系列经贸活动。与沿线发达国家重点围绕大数据、生命信息、卫星导航、海洋高端装备等前沿领域开展产业合作。支持企业在现代农业、先进制造业等领域开展深度合作，拓展多双边产能合作机制，布局生产基地和境外营销网络。鼓励彩电、钟表、服装、珠宝等优势企业与东盟等国家、地区开展产能合作。加强与"一带一路"沿线国家法律服务机构的合作，为企业在"走出去"过程中遇到的涉外法律纠纷提供法律咨询和商事调解服务。积极开展相关咨询服务，推广深圳特区品牌。

（四）增强金融商贸物流等开放合作能力

争取沿线国家金融机构和主权基金、投资基金落户。与"一带一路"沿线国家和地区开展证券等业务合作，继续吸引金融资产、大宗商品等新型交易市场落户。鼓励金融机构在沿线国家开展飞机租赁和船舶租赁，发展贸易金融业务。布局面向沿线国家的物流支点，鼓励物流骨干企业与沿线国家合作建立物流服务基地。鼓励有条件的生产性服务业企业开拓国际国内市场。积极吸引沿线国家的世界 500 强公司、国际知名企业、高科技企业在深设立区域总部或研发中心、运营中心、结算中心等功能性机构，支持沿线国家重点行业领军企业在深圳设立采购中心、贸易中心。

三　增强科技创新辐射功能

支持领军企业到"一带一路"沿线国家设立研发中心、产品技术设计中心，合作建设国际技术转移中心和推广基地，推动企业从输出产品向输出技术标准和品牌转变，提升对"一带一路"沿线国家科技创新辐射能力。

（一）建设面向全球的创新策源地

吸引全球高端创新资源和要素，前瞻布局颠覆性技术、先导性产业。鼓励企业与沿线国家开展跨区域、跨国界、跨领域产学研结合，联合国际高等院校、科研机构、上下游企业、行业组织等共建技术创新平台和创新战略联盟，合作开展核心技术、共性技术及关键技术的研发和攻关。与国际顶尖研究机构开展技术、标准、装备等方面的深度合作，积极参与全球新兴产业技术标准等新规则的制定。

（二）提升创新辐射效能

建设若干个海外创新中心，支持与沿线国家互设研究机构、技术转移机构和科技服务机构，打造一批研发中心、检测平台、创新基地。加强与沿线国家的知识产权保护交流合作，完善企业涉外知识产权维护援助机制。突出创新技术合作重点，加强与印度软件产业方面的技术合作，加强与菲律宾、马来西亚、泰国、印度尼西亚等国在电子、海工装备、新型农业等领域的技术合作，共同加强资源开发技术合作研发和推广。

四　推进海洋经济战略合作

发挥国家首个海洋综合管理示范区的率先作用，加强南海开发和南太平洋产业合作，增强作为国家级海洋中心城市的产业基础和发展后劲。

（一）推进国家海洋综合管理示范区建设

强化陆海统筹，推动大空港海洋新兴产业基地、中欧蓝色产业园等建设。提升科学用海水平，拓展城市发展空间。优化配置海域海岛资源，成立海洋发展基金，加入中国海洋发展基金会，承担相应责任与履行相关权利。鼓励远洋渔业骨干企业在相关国家建立远洋渔业陆上基地，鼓励以多种方式参与海外渔港建设，拓展远洋渔业发展空间。加强远洋渔船更新改造，提高远洋渔船装备水平和远洋渔业开发能力。

（二）深入推进南海开发合作

积极参与南海资源自主开发和南海南部资源共同开发，重点建设油气开采服务企业国际或区域总部集群。支持海工装备、海洋生物、海洋电子信息等领域的成果转化和产业化。支持深圳深海海洋工程装配配套试验平台等重点项目建设，打造国家级海上试验场。加快海洋工程配套服务体系建设，重点提高海洋工程装备研发和总装集成能力。

五　强化人文交流联系纽带

进一步促进民心相通，加强和"一带一路"国家（地区）的文化交流和文明互鉴，全面增进感情交流。通过外籍人口的导入、国际社区的建设以及国际组织的引入，拓展国际人文网络，在制度规则、文化价值观、标准制定等方面提升国际治理话语权。

（一）突出深化文化体育交流

办好"一带一路"音乐季，打造对外文化交流国家级名片。在"一带一路"沿线重要城市举办"深圳文化周"。在"一带一路"沿线国家主流媒体开展城市宣传，加强与各国主流媒体及华语媒体的战略合作。推动特种电影和主题公园、高端工艺陶瓷、油画、动漫游戏等优势文化产品"走出去"。推动深圳文化产权交易所、中国文化产业投资基金、国家对外文化贸易基地（深圳）等国家级平台的升级发展。办好中国（深圳）国际文化产业博览交易会"一带一路"专馆。办好"中国杯"国际帆船赛、深圳国际马拉松赛等国际赛事，形成常态化国际品牌体育赛事系列。

（二）加强教育医疗国际合作

发挥好联合国教科文组织高等教育创新中心（中国深圳）的平台作用。办好深圳北理莫斯科大学，开办清华—伯克利深圳学院、湖南大学深圳罗切斯特设计学院等一批特色学院。推进教育国际化行动计划，与沿线国家著名高校开展合作，吸引沿线国家更多人员来深留学。鼓励沿线国家高等医学院校与深圳医疗卫生机构合作开展医院管理和临床技能培训、临床新技术新项目的应用等方面的合作，推动建立友好医院，共同提升诊疗水平。强化传染病疫情信息互通、防治技术交流方面的合作，加强与沿线国家在检验检疫方面的交流合作，建立检验检疫合作的长效机制。

（三）提高旅游国际化水平

加快建设中国邮轮旅游发展试验区，在深圳蛇口口岸实施 144 小时过境免签和外国旅游团经蛇口口岸乘坐邮轮入境 15 天内免签政策。引进全球知名邮轮产业服务商，开辟更多"一带一路"邮轮线路。开辟深圳与沿线国家的更多旅游线路，与沿线城市合作开展旅游项目开发。拓展沿线国家旅游市场，依托城市重要会展、文化活动和体育赛事等平台，策划举办各类"一带一路"文化旅游主题活动。

（四）进一步增进感情交流

办好"深圳鹏友圈"国际友城交流活动，广建人脉关系。深化与华人华侨密切联系，办好"侨交会"，探索"侨交会"走出国门。支持海外沿线国家成立深圳籍社团。支持与沿线国家华人华侨社团合作开展文化交流和华文教育等活动，继续加强与沿线国家华文媒体的战略合作。

第 十 四 章

建设港深国际大都会区

香港科技大学创校校长吴家玮早在 20 世纪 90 年代就提出，以香港为核心对标旧金山湾区建设"香港湾区"（或深港湾区），利用国际资本科技创新推动区域经济升级。在粤港澳大湾区框架下，港深共同构建国际大都会区，将能承担起"深港湾区"的功能与职责。

经过近四十年的改革开放，深港间早期的"前店后厂"发展模式已发生了根本性转变，深圳已成长为与香港经济体量相当的国内一线城市。深港合作的主体趋于平等，深港利益共识和信任关系的重要性进一步凸显。2016 年港深 GDP 合计多于 6000 亿美元（见表 14 - 1），相当于 10 年前的旧金山湾区的经济规模。港深三个码头的远洋集装箱吞吐量合计则占全球远洋集装箱吞吐量的 1/5。2017 年 6 月世界知识产权组织等机构发布的2017 全球创新指数报告指出，深圳—香港地区以通信技术为主要创新领域在全球创新集群中排名第二，仅次于东京湾区的东京—横滨地区。

表 14 - 1　深港主要经济指标及在粤港澳大湾区中地位（2016 年）

指标	深圳	香港	深港合计	占粤港澳大湾区比重（%）
GDP（亿美元）	2934.6	3206.8	6141.4	43.8

指标	深圳	香港	深港合计	占粤港澳大湾区比重（%）
财政收入（亿美元）	472.2	561.9	1034.1	59.0
外贸进出口额（亿美元）	3984.4	9786.9	13771.3	62.6
社会消费品零售总额（亿美元）	829.9	562.5	1392.4	66.8
土地面积（平方千米）	1992	1103	3095	7.2
人口（万人）	1138	890	2028	30.4
港口集装箱吞吐量（万标箱）	2398	1963	4361	67.1
机场旅客吞吐量（万人次）	4197.1	7000	11197.1	64.0

　　随着广深港客运专线、莲塘口岸的开通运营，前海、落马洲河套合作开发的加快推进，粤港澳服务贸易自由化的深入实施，深港合作潜能将进一步激发和释放。在打造粤港澳世界一流湾区进程中，以香港—深圳为轴心的世界级大都会区发挥了不可替代的作用。推动深港国际大都会区建设，应是粤港澳大湾区规划建设的重要选项。

第一节　深港国际大都会区战略定位

作为湾区内最开放、最国际化、最市场化的都市和自由港、香港在大湾区中的作用无可替代。香港的国际金融贸易中心地位、良好的市场、高质量的国际机构、优秀的人才和创新能力，是香港借助粤港澳大湾区重新腾飞的核心优势，也必将推动大湾区整体上更加开放、更国际化、更市场化，以及生产要素在湾区内外更自由流动。从大湾区的空间特征、产业聚合、城际关系、国际价值来看，深圳对接香港共建国际大都会区，共同构建粤港澳大湾区的中央都会区，高效推进"双城融合"，可充分发挥两地的金融服务力和创新驱动力，以此引领大湾区国际化发展。香港、深圳与100个世界城市的联系强度状况见图14-1。

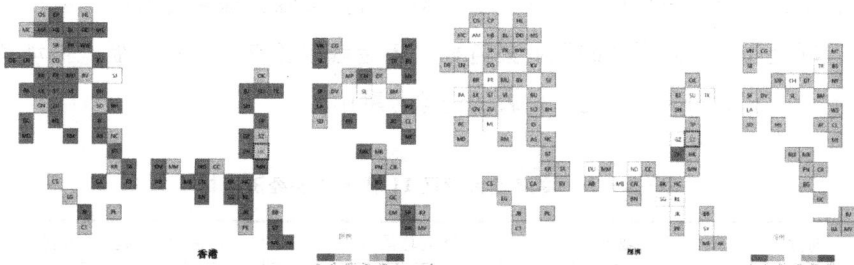

图 14-1　香港、深圳与 100 个世界城市的联系强度

表 14-2　全球十大访客最多的城市

序号	城市	访客人数（万人）
1	香港	2260
2	曼谷	2120

序号	城市	访客人数（万人）
3	伦敦	1920
4	新加坡	1660
5	澳门	1540
6	迪拜	1490
7	巴黎	1440
8	纽约	1270
9	深圳	1260
10	吉隆坡	1230

资料来源：全球市场调研公司欧睿国际发布《2017 年全球百大（旅游）目的地城市排行榜》，2017 年 11 月。

一　共建世界级金融中心

香港和深圳是大湾区内的两大金融中心，大湾区一共汇集 26.35 万亿资金，港深合计占据 62.4%（见表 14 - 3）。香港拥有成熟的金融市场及与世界资本市场无缝接轨的优势，在全球金融中心中名列前茅。而深圳致力于打造多层次资本市场和以创业投资为特色的区域性金融中心，得益于拥有离岸市场和在岸市场，深圳可着重与香港对接人民币离岸中心等职能，率先建成人民币跨境资本流动中心。可探索强化深圳与香港金融服务的互联互通，开发更多的融资渠道和跨境金融服务支持企业发展，推动粤港澳大湾区成为比肩纽约、伦敦的全球金融中心。

表 14 - 3　粤港澳大湾区 11 城市主要经济指标

排序	城市	资金总量（万亿）	地区生产总值（万亿）
1	香港	10.0	2.12
2	深圳	6.44	1.95
3	广州	4.75	1.96
4	佛山	1.33	0.86
5	东莞	1.15	0.68
6	珠海	0.61	0.22

排序	城市	资金总量（万亿）	地区生产总值（万亿）
7	中山	0.50	0.32
8	惠州	0.50	0.34
9	澳门	0.43	0.30
10	江门	0.40	0.24
11	肇庆	0.24	0.21

注：资金总量指按人民币计算的银行存款余额。上述数据截至 2016 年年末，来自各地统计局，均已换算为人民币。

二　共建全球专业服务高地

深圳产业体系比较完备，制造业基础雄厚，科技含量不断提升，金融、信息、物流、商务、科技等高端产业快速发展，已形成先进制造业和现代服务业双轮驱动的产业体系。香港则拥有大量的法律和各个专业领域的人才，具有丰富的处理国际业务的经验，聚集了大量的专业服务机构，能够提供国际化程度很高的专业服务。

2017 年全球 500 强企业在粤港大湾区的分布情况见表 14 - 4。

表 14 - 4　2017 年全球 500 强企业在粤港大湾区的分布情况

地区	香港	广州	深圳	大湾区合计
数目	6 个	2 个	7 个	17 个
名称	华润 联想 来宝 友邦 怡昌 长和	广汽 南方电网	平安 华为 招行 万科 恒大 正威 腾讯	除广深港之外的 碧桂园、美的

资料来源：《福布斯世界 500 强企业排行榜》，2017 年 7 月发布。

深圳可与香港展开更具广度和深度的合作，发挥香港超级联系人作用，推动规划、标准、服务等国际化，进一步提升深圳对外开放和现代服务业发展水平。以香港专业服务带动深圳制造、创新"走出去"，利用前海、落马洲河套地区，与香港共建专业服务业集聚区，率先在前海等地放开对香港乃至境外法律、会计、投资咨询、规划设计、医疗培训等专业服务的市场准入，尤其要放开在人才进出方面的限制，以此提升对外开放水平。

深港两地人员往来情况见表14－5。

表 14 – 5　深港两地人员往来

类别	2007 年		2011 年		2015 年	
	总数	比例	总数	比例	总数	比例
跨界上班人士	3770	5.7%	49200	7.0%	47600	5.4%
	香港人士	内地人士	香港人士	内地人士	香港人士	内地人士
	18100	19600 (96.5%)	21500	27700 (99.2%)	21500	26000 (97.4%)
经常跨界公干人士	212800	32.1%	137600	19.6%	167400	19.1%
	香港人士	内地人士	香港人士	内地人士	香港人士	内地人士
	183600	29200	118100	19500	135700	31000

资料来源：香港出入境事务处网站。

三　共建一流宜居宜业湾区

"绿水青山就是金山银山"。构建粤港澳大湾区居民共同的生活家园，共同建立湾区宜居宜业的首善之区，着力解决养老金、医疗、教育等福利的跨境及可携带性问题。学习借鉴香港先进的城市管理经验，以此提升深圳的城市管理和社会治理水平。加强水、大气、土壤环境协同治理，建立绿色低碳发展合作机制，打造国际化教育高地，完善就业创业服务体系，促进文化繁荣发展。

第二节　深港重大合作平台

在近 40 年改革开放发展过程中，深港合作带动了珠三角的崛起，在共建深港国际大都会区中，打造东有沙头角、中有落马洲河套、西有前海的三大重大合作平台，对提升粤港澳大湾区综合竞争力具有重要促进作用。

一　前海蛇口自贸片区

前海蛇口自贸片区是国家全球化战略的重点区，担负着中国人民币国际化、国家金融改革实验等重大任务，承担了对标国际自由贸易规则、体制机制改革、对外开放的多重职责。应利用前海深入对接香港，带动大湾区贸易、投资、金融自由化。推动前海与周边区域联动发展，构建"大前海"发展格局，成为粤港澳深度融合示范区。

（一）突出金融创新合作

依托前海跨境贷款优势，与香港对接人民币离岸中心职能，率先建成人民币跨境资本流动中心，搭建前海与香港中环等金融高地的互动发展架构。将前海试点较为成功的金融制度创新，有条件地扩展至整个粤港澳大湾区。

由于内地资本市场资本账户尚未对外开放，粤港澳大湾区资本市场仍然相对独立，跨境资本仍有诸多限制。可在前海蛇口自贸区"深港通"基础上，争取试点内地与香港双向"债券通"，争取深港股票初次融资一级市场、大宗商品交易市场的互联互通。推动粤港澳金融产品创新，推动QFII 等跨境投资业务在大湾区发展。研究推进大湾区个人境外投资试点，支持更多香港金融机构在两地设立合资证券公司。在大湾区实现广泛应用的区域性电子商贸平台，开展数字货币、区块链研究运用，降低大湾区实体和电子商务交易成本。争取央行、银监会、保监会支持设立驻深金融监管机构前海办事处，推动"一行三会"前海合署办公并试点金融综合监管，为国家金融监管改革探索积累经验。

（二）推进服务贸易自由化

落实粤港澳服务贸易自由化和便利化相关政策措施，先行试点放宽在前海蛇口自贸区工作的香港居民不得超过 183 天才免征内地个人所得税的规定，并逐步向大湾区推广。

吸引香港建造专业服务人士参与前海建设，可推出针对香港专业人士的深港合作项目，率先推行以国际会计准则（IAS）和国际财务报告准则（IFRS）来编制企业会计报表（中英文双语版）全面采用香港的制度、标准、模式，通过香港的专业服务制度、标准在内地实践，累积香港专业服务标准"在地化"经验，吸引香港专业服务人才到前海发展。

二　落马洲河套深港科技创新合作区

深港河套地区是 1997 年深圳河治理裁弯取直后"造出"的一块面积约 87 公顷的区域，位于深圳河中游，北邻深圳皇岗口岸的货运停车场，南抵香港新界西北区的落马洲，东临上步码头，西至皇岗口岸大桥下。经两地政府多次规划研究，2008 年两地政府签署《落马洲河套地区综合研究合作协议书》，将研究范围拓展划分为三个片区，包括河套地区及深港两地有可能需要提供公共及市政设施配套的邻近范围，即河套地区（A 区）、港方邻近范围（B 区）和深方邻近范围（C 区），整体发展方向确定为以高等教育为主，辅以高新科技研发及文化创意产业的知识科技交流区。围绕该地区的规划及工程研究，深港两地共同探讨，逐渐在发展定位、适用法律等事项上达成合作意向和共识。

2017 年 1 月 3 日，深港两地签署《关于港深推进落马洲河套地区共同发展的合作备忘录》，明确双方在河套地区（A 区）共同发展"港深创新及科技园"，以创新及科技为主轴，建立重点科研合作基地，并将在园内配套建设相关高等教育、文化创意和其他配套设施。同时，香港也支持深圳将深圳河北侧毗邻河套地区的约 3 平方千米区域规划打造成为"深方科创园区"，双方优势互补，共同构建具有集聚效应和协同效应的深港科技创新合作区。

（一）规划建设范围

核心区域包括深圳河以南的落马洲河套片区 A 区、B 区，深圳河以北的河套 C 区和福田保税区，总面积约 6 平方千米（其中深方范围约 3 平方千米），其中河套 A 区占地面积约 0.87 平方千米，为深圳河新旧河道围合成的区域，现位于香港行政区境内，按"共同开发、共享成果"原则，两地合作开发。河套 B 区占地面积约 1.82 平方千米，为紧邻 A 区香港境内对外交通的连接区域。河套 C 区占地面积约 1.67 平方千米，包括皇岗口岸、福田口岸以及周边配套功能区。福田保税区围网内面积约 1.35 平方千米，东起皇岗口岸，西至红树林自然保护区，毗邻河套 C 区。

（二）发展重点

打造粤港澳大湾区跨境协同创新合作新平台，聚焦科技创新及实体经济，打造要素流动畅通、科技设施联通、创新链条融通、人员交流顺通的跨境及国际合作通道。在基础研究、前沿技术等领域加强国际科技合作平台布局，建设一批突破型、引领型的国家实验室、国家重大科研基础设施和大型科学装置等，建设一批世界级的公共研发平台、知识产权平台、技术转化平台、技术及大数据交易平台。

对接和延展两地科研基础设施，布局建设世界级大科学设施、跨国公司全球研发中心和开放式创新平台。鼓励深港两地共建重点实验室和人才培养基地，联合开展产业链核心技术攻关。加强港深知名企业、研究机构、风投机构、高校之间的深度交流与合作。

在合作区探索科技服务业新一轮扩大开放先行先试，发展研发设计、技术咨询、科技推广、技术贸易、检验检测、科技金融等科技服务业。试点境外科技创新类非政府组织在区内设立代表机构，试点境外组织或个人在区内发起设立科技创新类民办非企业单位。推动深港两方共建国际科技成果转化和技术转让平台，完善挂牌竞价、交易、结算、信息检索、政策咨询、价值评估等功能，探索知识产权资本化、证券化交易，推动知识产权跨境交易便利化，提高知识产权专业化服务能力。

三　沙头角中英街商贸合作区

沙头角中英街文化资源丰富，"一街两制"的特殊文化景观至今仍然吸引众多游客。中英街内不仅保留着多样的历史文物，还保留着传统独特的岭南风情和客家文化。建设沙头角中英街商贸合作区，有助于推动深港湾区东部地区的发展，探索在新形势下商贸中心创新发展新模式。

（一）规划目标定位

沙头角中英街作为改革开放初期的购物天堂，虽因内外部配套设施落后等问题无法充分发挥商业价值，但在粤港澳大湾区战略框架下，沙头角中英街可以充分利用两地边境贸易的商业优势，借鉴前海引入香港知名企业发展品牌港货中心的成功经验，将沙头角中英街打造成边境购物城、旅游生活示范区，切实推动商贸升级，打造深港旅游文化商务区域，从而成为深港特别生活示范区。

（二）相关政策支持

港深可积极向中央争取，实现"一国两制"下将沙头角中英街建设成为更加自由的人流、物流、资金流和信息流的生活圈。统一规划建设大型商贸城综合体，成为一体化综合空间的口岸购物城。双方取消出入配额制，共同缩减申请人类别，放宽进出和停留有效期，提高人均出区物品价值限额。提高交通通达性，完善区内生活设施，可联动沙头角保税区和盐田港保税区，发展与零售商贸相结合的跨境电商业务。

依托前海、河套、中英街等深港合作平台，争取中央及港方支持，率先开展大湾区要素自由流动试点。探索为深港双方认可的海内外科研人员提供最大限度的出入境安排，对深方区域内聘用的香港籍员工、归国留学人员等，个人所得税参照香港税法征收。对进口科研设备和材料免征关税，通过有效协商争取先以业务横跨深港的内地电信商在上述区域免除两地漫游费，条件成熟后推动香港电信商共同实现电信收费标准同城化。

第三节 深港国际大都会区协同发展建议

香港是世界最主要的自由港之一，连续多年成为世界最自由经济体。深圳高科技产业在国内居领先地位。深圳和香港多项指标在全球城市排名中位居前列，若简单相加，港口集装箱吞吐量居世界第一，机场客运吞吐量居世界第二，金融实力进入全球前五。如果深港两地真正优势互补、分工协作、错位发展，完全可以承担起粤港澳大湾区发展的主引擎功能。

一 率先消除体制阻隔壁垒

深港两地居民的活动半径彼此覆盖，这种同城基础为深港合作向纵深发展创造了良好的条件。在粤港澳大湾区框架下，深港关系需要从过去追求规模和数量的浅层次合作转向产业融合、制度对接、人才流动、贸易自由等方面的深度合作和全面开放。

（一）探索成立深港都会区推进工作组

可组建规划建设、金融、公共服务等专责小组，强化深港合作会议的战略决策功能。进一步深化 CEPA 框架下经贸合作，依托香港国际商业网络、金融服务、专业服务等优势，强化对企业"走出去"的综合服务功能。对服务贸易自由化等政策要优先推动落地，并将重点事项列入清单管理，逐级分解目标，推动各具体事项落地。

在粤港澳大湾区框架下，在港深都会区推进工作组机制下，可共同协商组建由政府人士、企业家、专业人士组成的深港都市规划专门委员会，在"一国两制"原则下，在保证各自利益的基础上，遵循区域利益最大化原则，共同商定深港功能布局、城际基础设施等重大事项，经双方立法机构或行政机构通过后，由两地政府共同组织实施。提升深港都市规划专门委员会中港口、空港等专责小组的执行职能，以此来提升双方跨境协作能力。

（二）率先启动个税税制改革试点

针对困扰港澳高端人才的"个税墙"问题（指港澳等境外个人在内地居住超过 183 天，就要申报缴纳个税，而内地个税缴纳高于港澳 30 个百分点，导致港澳高端人才不得不返回港澳进行纳税），争取获得更大的个税改革权限，通过人大立法授权深圳加大区域优惠政策执行力度。可探索将 40% 的个税收入用于人才激励计划，通过税收返还或加大抵扣等方式对港澳高端人才进行补贴。

（三）促进人流物流进一步便捷流动

深港跨境流动已成为常态。据香港规划署《南来北往》统计，2015 年香港与内地之间每天有 65 万人次跨境往来，相当于一个移动的中等城市。其中往来内地的香港居民七成目的地是深圳，大约 25 万人次/日，赴香港的内地游客有六成来自深圳，大约 7.5 万人次/日。在内地工作生活的香港居民九成在深圳，大约 9 万人次/日。每日在深港之间奔波的人次高达 40 万，占香港与内地每日往来人次总量的60%。因此，迫切需要继续推动"大通关"改革，降低通关流通资本，减少通关时间。应创新出入境便利通关政策，在深圳湾口岸等地区试点"两地同检，一次验放"的便利通关模式。放宽深圳户籍居民因私赴港次数限制，适时恢复"一签多行"。试点深港湾区游艇自由行。提高电子化通关效率，推动深圳通和香港八达通深度合作。推动深港通信本地化，开通跨境直通巴士。

针对现时 CEPA 框架下"大门敞开，小门不开"的问题，可探索实施简易认可程序。例如，只要证实有关人士有在香港取得专业认可资格及相关工作经验，即可发放"认定专业人士"的资格，准许其先在深圳开展服务，未来甚至可以进一步将服务范围扩大至整个湾区。

二　提升区域合作能级

构造跨越两地的同城化的高质量生活居住环境，以及高效率营商空间，建立以城际协调、利益补偿为重点的城际基础设施和公共事务协同机制，在"一国两制"原则下确立深港两地法律体系的相互支援与保障。

（一）促进重大基础设施分工协作

推动港口、机场、铁路、口岸等跨境交通设施分工合作，建设融合发展的现代物流设施网络、基于互联网科技和商务的信息设施网络、基于银行证券保险及跨境人民币等领域合作的金融设施网络、基于人才便利交流的通关设施网络，等等。

整合港深城际资源，在各自总体规划和发展策略的基础上衔接城际功能，共同规划、投资和建设城际交通、水电气、环境保护、生态治理等城际跨境设施。在深港口岸地区可谋划设立若干个城际跨境商务区或商贸区。

（二）统筹推动交通一体化

进一步完善港深一体化交通网，协调推进港深西部城际轨道建设，规划研究深港东部轨道通道，形成"中、东、西"深港跨界轨道体系。优化香港西部地区发展策略，调整港深西部快轨功能，形成兼顾机场联络线和城际服务功能的轨道线路。推动贵广、南广铁路通过深茂、深肇铁路等直通深圳与香港，及早研究香港经深圳快速直达厦门、长沙方向的高铁。

研究利用广深港客运专线开通城际列车，服务于港深都市圈通勤需求。建设前海口岸、梅沙口岸、南澳口岸等深港客运口岸，联通港澳与深圳西部沿线海岸，通过水路直达 T3 机场、赤鱲角机场口岸码头。

三　加强区域产业协同发展

在港深国际大都会框架下，推动港深产业协同发展，不仅有助于释放双方产业发展潜力，也有利于促进产业优势资源的互补和强强联合，推动双方产业结构转型升级。

（一）推进经济走廊联结布局

以深圳河为主轴，自东向西串联沙头角、莲塘、文锦渡、落马洲河套、福田保税区，配合香港边境地区未来发展规划，将香港古洞、坪车、香园围、落马洲等新界东都市发展有机整合，打造深圳河深港经济合作带。发展西部经济走廊，连接深圳及珠江东岸至广州的广深科技走廊。把一些新发展区、新市镇地区连接起来，沿港珠澳大桥、深中通道等扩展，带动珠江西岸发展。发展东部知识与科技走廊，串联多间大专院校、科研机构、科学园、落马洲河套深港科技创新合作区，加速知识与科技方面的配套。构建洪水桥发展区与前海蛇口自贸区更便捷高效的交通联系，以铁路连接莲塘/香园围口岸，为香港新界北部经济带注入发展动力，形成新的产业和就业平台，促进深港融通和职住平衡。

（二）推动创新型产业协同发展

培育以港深为基地，融入国际产业链的产业总部和国际营运中心，形成国际领先、全球知名的创意创业都会体。整合香港高等教育资源及科研机构资源，发挥亚洲风险投资管理中心优势，利用好知识产权交易活跃和保护制度完善、国际科技创新信息高度集聚等特殊资源，在落马洲河套深港科技创新合作区等地共建若干国家级科研机构，促进深港科研要素和资源一体化配置，以更好发挥"深港创新圈"的作用。

（三）促进旅游休闲产业合作发展

协调深港陆海空间利用，推动形成错位发展，打造粤港澳大湾区东部黄金海岸旅游带。建设国际游艇帆船展示交易基地，探索国际游艇登记制度创新，争取国家游艇租赁试点先行，推动建设"国际游艇离岸管理中心"。

（四）促进港口物流协同发展

探索将前海蛇口自贸片区的港口比照成境内关外的香港码头，蛇口港区的泊位、堆场将等同香港港口。对于经蛇口港区的水路中转进出口货物，完全享有经香港码头水路中转的通关便利。创新其监管流程，促进深圳港口与香港港口之间的资源共享、优势互补、协同发展。

通过将深圳产业链扩展外溢功能与香港金融投资辐射功能，深圳内地市场内向拓展功能与香港国际网络外向跳板功能有机结合，形成深圳高新技术制造＋香港专业服务、深圳创新平台＋香港知识产权保护研发的强大辐射效应，从而成为大湾区产业发展的引擎。

四　探索构建深港湾区生态共同体

根据深港双方生态资源的实际情况，在已有生态合作的基础上，实施深港生态共同体战略，推动建设天蓝水净的大湾区。

（一）探索建立深港统一的生态资源账户

以边界河流、共有海湾、饮用水源、垃圾处理等跨界生态问题为重点，在粤港澳大湾区合作大框架下，深港政府直接协调，建立生态和发展协调机制，建立生态环境资源账户和生态地图，加强双方生态规划的对接，合理确定土地开发规模和强度，限制不符合湾区资源环境条件的产业发展，实现生态资源账户的增值保值。加强深港中长期生态规划的协调和对接，对已有的生态环境问题进行合作研究治理，保护两地河流、海湾、大气等生态环境，维护和恢复两地生态物种多样化和良好的生存环境。

（二）建立生态环境合作监测和交流机制

建立生态灾害预警、通报和应急处理机制，将环境事故的影响降到最小范围。建立重大生态问题合作治理机制，对河流、海湾、垃圾处理等重大生态问题进行合作治理。扩建和完善河流、海湾、大气监测网络，消除深港交界地区生态监测死角，开展联合监测、测试和对接双方的监测标准。

（三）坚决避免"以邻为壑"

将深港边界建设为宜居宜业的生态区，从源头上控制和减少垃圾填埋量。港深可共同寻求垃圾处理办法，以远离市区、位于下风处、无人居住的岛屿为宜，深港双方可按比例出资，共同建设、共同管理、共同使用。切实改变在边界地区布局垃圾填埋场的现状，将垃圾填埋场等生态负担搬离。

第四节　争取先行先试对策建议

在港深共建国际大都会区的探索中，争取相关的先行先试政策十分重要，也必不可少，尤其对金融创新、人才流动等短时间内不具备在湾区范围内整体实施的政策，可先在"深港湾区"这个"小湾区"范畴下试行，条件成熟后再向大湾区推广复制，这也是深圳经济特区在粤港澳大湾区新时期的使命与担当。

一　释放港深金融合作潜力

支持强化香港全球离岸人民币业务枢纽地位和国际资产管理中心功能，打造大湾区绿色金融中心，共建国际化金融创新中心、保险创新发展试验区等，推进深港金融市场互联互通，开展科技金融试点，加强金融科技载体建设。

（一）建立港深金融合作创新沟通协调机制

争取获准建立港深金融合作创新联席工作机制，在金融基础设施、金融科技及人才培训等方面进行合作。协调推进港资金融机构在前海开办离岸证券和衍生品金融交易业务，协调推动港交所前海联合交易中心建设，推动香港金银业贸易场在前海开展保税交割业务。协调推动为再保险提供配套服务的香港保险中介机构及相关专业公司在深设立机构。

协调推动前海航交所与香港合作开展 FFA（远期运费协议）交易，吸引船运保险营运、经纪、公估、海损理算等机构入驻。探索港资主体发起或参与设立法人银行机构、非银行金融机构、探索开展跨境人民币信贷资产转让、跨境资产管理业务。

（二）深化港深金融科技合作

建设港深金融科技孵化基地，实施深港金融科技人才交流计划，相互引荐金融机构落户。争取中央支持在深圳新建人民币现钞发行库，成为具备覆盖港澳台及东南亚，延伸至"一带一路"国家乃至全球的人民币现钞投放、回笼以及清算处理能力的人民币现钞发行处理中心，巩固香港离岸人民币中心地位，为人民币国际化提供平台支撑。

（三）开展港深绿色金融合作

为了更好地服务"一带一路"绿色战略的实施，应推动绿色投融资产品与服务创新，共同推动绿色金融实务合作及政策落地。搭建港深绿色金融合作平台，建设国际认可的绿色债券认证机构，共同推动全国碳市场交易平台的建设和发展。

二　加快科技创新合作"破冰"

在人员通关、科研设备等创新要素集聚、知识产权等创新成果转化等方面争取国家相关先行先试政策，落实跨境流动政策，创新相关政策，共同推动构建大湾区开放型协同创新体系。

（一）推动落马洲河套深港科技创新合作区政策创新

突出深港共建合作和科技产业创新发展定位，有效整合深港双方科技创新优势，完善共建对接机制，鼓励香港高校的科研成果优先在合作区实现产业化。

（二）促进港深创新人才无障碍流动

共同向国家争取相关支持政策，促进港深创新人才更加便利往来，在技术移民、国际人才资格准入负面清单等方面先行先试。探索"深圳绿卡"制度，扩大养老、医疗等对外籍人才的覆盖范围，实现本土生活无障碍。先行实施严格的知识产权保护政策，研究优化知识产权保护机制。率先探索建立知识产权跨境合作平台，依托中国版权保护中心粤港澳版权登记大厅，打造粤港澳知识产权合作平台。

（三）加强香港青年来深创新创业支持

深圳作为香港青年到内地创新创业的第一站，多措并举促进香港青年在深创新创业。发挥好青年创新创业基地、深港青年梦工场等作用，对深港青年创新创业在税收优惠、资金扶持、场地租金、创业指导、基地运营等方面给予大力支持。争取国家支持，在香港青年在内地社会保障、企业税率和所得税、执业资格认定等方面取得政策性突破。

三　促进港深机场港口互补发展

同步促进香港、深圳港口由吨位大港向价值大港转型，探索香港机场、深圳机场合建国际航空枢纽。

（一）共同推进港口协同发展

鼓励深圳及内地企业使用香港的船舶管理及租赁、船舶融资、海事保险、海事法律及仲裁等高增值海运服务。探索建设港深组合港，创新港深港口快速通关模式，开展"港深自贸通"试点，形成自贸试验区与香港间的直通物流大通道，实现两地港口物流服务一体化。进一步促进港航政策和标准全面对接，推进港深在货物和服务贸易、现代航运服务业及"走出去"等方面进行更紧密合作。

（二）继续深化港深机场合作

2016 年，深港机场正式签署合作协议，在客运旅客中转等领域开展深度合作。可探索采用股权互换、合资经营以及战略合作等方式推动机场合作，形成差异化的航线网络布局，合力建设国际航空枢纽。港深双方可共同推动珠三角空域改革，推动低空空域开放，实现空域资源更加合理、高效地利用。

（三）开展湾区清洁航运政策试点

粤港澳大湾区作为全球最大的集装箱港口群，发展清洁航运对改善湾区大气质量和水质有重要意义。由于船舶的移动源特性，船舶污染控制必须实施区域联治。双方共同推进粤港澳大湾区核心港口岸电设施建设，推广船舶靠泊期间使用岸电。提前实施珠三角水域领海范围船舶排放控制区，制定在用内河、江海直达船舶大气污染物排放标准，安装使用排气在线监测系统。

四　促进专业服务全面对接

落实 CEPA 投资协议，对香港在金融、教育、法律及争议解决、航运、物流、铁路运输、电信、中医药、建筑及有关工程等领域实施特别开放措施，支持提升香港作为国际会议展览及采购中心的地位，共同建设国际时尚文化之都。

（一）推进港深法律咨询会计等专业服务合作

争取在前海允许符合条件的民商事案件选择适用香港法律进行审判和仲裁，试行符合条件的香港法律专业人士参与涉外涉港澳案件审理。深化粤港澳联营律师事务所试点，推动外国律师事务所设立办事机构。鼓励香港会计师事务所、规划设计院、投资及工程咨询公司在前海开设分支机构，拓展全国市场。在风险可控前提下，部分开放前海国际互联网络事项。

（二）深化港深文化教育医疗专业服务合作

深圳继续办好香港·深圳城市/建筑双年展、深港设计双年展、深港文化创意产业论坛、"深圳·香港创意艺术双周"等文化创意活动，办好"深港设计创意产业园"，吸引香港创意设计人员和企业来深发展。继续支持"深港澳姊妹学校缔结计划"，办好"深港澳中小学校长论坛"。支持香港中文大学（深圳）等香港高校在深发展，探索与香港高考互认、区内转学和学分互认。共同办好香港大学深圳医院，鼓励港资医院在深发展。加强医疗卫生人才交流和培养，共同打造国际化医疗美容中心。加强生物医药领域合作，争取在深圳设立国家药品审评深港分中心，共同推动深港高端医疗、美容等产业发展。

（三）开展大湾区食品安全专业服务合作

推动建立深港食品安全标准与信息交流、联络沟通机制，建设大湾区区域食品安全标准研究中心，加强大湾区食品风险监管与防控能力建设，建设食品安全与标准化人才队伍培养基地，建设食品安全协作交流平台，推进食品安全标准与技术法规、风险信息等信息共享。

五 推进口岸通关模式创新

加强深圳与香港口岸部门协作，完善口岸功能规划，逐步推进及深化创新通关模式的合作，推进深港人员往来便利化，进一步促进深港两地要素自由流动，提升湾区整体竞争力。

（一） 共同推动口岸布局调整

共同优化口岸功能布局，按期开通莲塘/香园围口岸，研究新增前海轨道交通口岸、深圳东站口岸和坪山站口岸，恢复梅沙和南澳旅游口岸，重建皇岗口岸和沙头角口岸，调整深圳湾口岸和文锦渡口岸功能，形成港深跨界交通东进东出、西进西出的总体格局，推动口岸格局由"一线窄带"向原特区外延伸。

（二） 推进通关模式改革

向海关总署、边检总局、质检总局等部门申请创新海关监管模式，进一步增加24小时通关口岸数量，实施更为便利的口岸出入境管理政策。实施外国旅游团经蛇口口岸乘坐游轮入境15天内免签政策。在条件成熟的更多口岸，落实对外国人144小时以上免签政策。积极推进国际贸易"单一窗口"建设，与香港口岸管理部门"信息互换、监管互认、执法互助"。推行"联合查验、一次放行"等通关新模式，全面推进"一站式作业"。完善跨境电商生鲜进口关检联合作业改革试点，打通生鲜产品进口快速通关渠道。

（三） 探索建设国际游艇自由港

以香港坪洲岛、惠州三门岛和深圳大鹏半岛为支点，探索构建国际游艇旅游自由港，试行"一船多港"，试行"深港惠联合海事监管"机制，试点三地游艇租赁与旅游自由行。试点开展国际游艇登记改革，合作试行"一船两制"的船舶登记制度。在前海蛇口自贸片区率先实施深港游艇自由行。

第 十 五 章

深圳参与粤港澳大湾区建设要点

　　粤港澳大湾区力图突破现有"一个国家、两种制度、三个独立关税区"的体制机制障碍，充分激发和释放该区域的发展潜力和活力。作为粤港澳大湾区的重要城市，打造粤港澳世界一流湾区是深圳再造发展新优势的重大战略机遇，深圳应及时把握并充分利用。

第一节　参与粤港澳大湾区建设战略意义

作为粤港澳大湾区的三大中心城市之一，深圳在推进粤港澳世界一流湾区进程中将发挥十分重要的作用。同时，参与并融入粤港澳大湾区建设，对面临"高位过坎"发展空间局促等难题的深圳而言，具有极其重要的战略价值和意义。

一　竖立更高质量发展新标杆

深圳 2016 年全市 GDP 超过 2940 亿美元，人均 GDP 达 2.5 万美元，虽居国内大中城市前列，但对标纽约、东京等世界一流湾区城市，目前深圳人均 GDP 仅为纽约的 1/4、东京的 1/3；地均 GDP 也只相当于纽约的 1/8、东京的 1/3 左右。在引领全球要素资源配置等方面，深圳与世界一流湾区城市相比差距巨大。

从上述数据看，深圳绝不能故步自封，要清醒认识到自身的差距和不足，主动对标国际一流湾区城市，弥补发展短板，深入挖掘未来发展潜力和空间。要充分借鉴世界一流城市建设和管理经验，争取顺利实现"高位过坎"，能够在更高平台上实现更高质量的发展。

二　增强全方位开放合作发展新动力

在粤港澳大湾区框架下，珠三角"一小时都市生活圈"加快形成，前海蛇口等自贸片区加速开发，广深港客运专线、港珠澳大桥、深中通道等基础设施加速推进，湾区各兄弟城市合力发展的潜力将会进一步释放。

作为全国市场化程度最高、市场体系最完备的地区之一，深圳基本形成了一套与国际接轨的体制机制和营商环境。深圳可更好发挥比较优势，与其他城市合力培育国际竞争新动能，促进大湾区产业链和价值链向高端延伸。

三 拓展中心城市辐射引领新空间

作为全国经济中心城市，与其他一线城市相比，深圳行政区域狭小，发展腹地严重不足。粤港澳大湾区为深圳拓展战略腹地和纵深发展提供了重要的平台和空间。向东，借助厦深铁路、沿海客专，深圳将能更好地辐射带动惠州、汕尾乃至粤东地区发展；向北，通过赣深高铁，深圳与河源、粤北乃至江西的合作将更为紧密；向西，通过深中通道、深茂铁路，深圳与中山等珠江西岸可由"隔江相望"变为连为一体发展。

借粤港澳大湾区建设契机，将深圳创新、金融、航空航运、会展等要素优势与珠江西岸、粤东西北乃至泛珠三角地区的制造、资源、土地等优势充分整合，深圳作为国家中心城市的辐射引领作用将得以更充分地释放和发挥。

第二节　在粤港澳大湾区中目标定位

深圳毗邻港澳，背靠珠三角，地处亚太主航道，具有突出的区位优势、浓厚的改革创新氛围、强大的人才和产业基础以及国际化市场化的体制机制优势，深圳应充分认识和利用好这些优势，确立切合自身实际的战略目标和定位。

一　深圳发展优势

在粤港澳大湾区中，深圳具备毗邻香港的独特优势、创新发展领先一步的优势、高端要素聚集的领先优势，这些优势也正是深圳可以成为粤港澳大湾区建设主力军作用的强大支撑。

（一）毗邻香港的独特优势

深圳与香港陆路相连，经过三十多年的改革开放，深港之间由早期的"前店后厂"模式进入了合作共荣的新阶段。随着前海蛇口自贸片区、落马洲河套港深创新及科技合作区开发合作的加快推进，广深港客运专线以及莲塘口岸的全面开通，港深金融、专业服务、教育医疗等领域合作的不断深化，港深共建国际大都会区已成为现实可能。

（二）创新发展的强大优势

2008 年深圳获批成为全国首个创建国家创新型城市试点，2014 年获批成为国家自主创新示范区，是全国首个以城市为基本单元的国家自主创新示范区。以创新为特色的深圳实体经济持续快速增长，一批高科技企业更是领先全球同行。深圳强大的创新优势在粤港澳大湾区中独树一帜，而打造粤港澳世界一流湾区也迫切需要深圳创新的引领和带动。

（三）市场化国际化的先行优势

深圳在深化改革中一直走在全国前列，获批成为国家综合配套改革试验区，是国内对外开放的先行地，全国市场化程度最高、市场体系最完备的地区，率先形成了一套与国际接轨的体制机制和营商环境。2016 年在深圳投资的世界 500 强企业累计达到 215 家，国际友好城市和友好交流城市达到 83 个。在华为、中集、招商局国际等骨干企业的带动下，深圳在海外通信工程、工程承包、海工装备、港口建设等"走出去"方面走在各大城市前列。如能充分利用好这些优势，深圳在"一带一路"等建设中将有更大作为。

（四）高端要素资源集聚的领先优势

作为国家经济中心城市，深圳已成为全国重要的金融中心、国际远洋航运中心，初步被明确为国家级铁路枢纽城市。金融、航运、贸易等湾区核心功能业态齐备。深圳可与湾区其他城市优势互补，错位发展，全面增强湾区核心要素功能的辐射引领能力，共同促进发展创新、增长联动、利益融合，推动产业链和价值链向高端延伸。

二 深圳战略定位

深圳在粤港澳大湾区规划建设中特色鲜明、优势显著，应强化作为湾区重要中心城市的引领作用，按照国际大都市标准规划、建设、管理和运营城市，以产业技术链和物流链为纽带，合力打造香港—深圳—广州为轴心的世界级金融、航运、贸易、科技产业中心，在更大范围、更高层级集聚配置要素资源，从而增强对接世界、服务全国的能力。

（一）国际科技产业创新引领区

立足全球视野，主动整合全球创新资源。以国家自主创新示范区为载体，建设一批重大科技基础设施、基础研究机构、制造业创新中心，建立与国际接轨的海外人才政策体系，打造国际引智示范区，形成与上海全球科技中心以及北京科创中心同等地位，但各有侧重的粤港澳大湾区创新主引擎，引领粤港澳大湾区成为真正的"科技湾区"。

（二）全面改革开放先行区

充分发挥深圳作为经济特区和综合配套改革试验区的叠加效应，统筹推进供给侧结构性改革和重点领域改革，释放经济社会发展新潜能，扩大高质量产品和服务供给，着力推进基础设施供给侧结构性改革，率先形成更加有利于科学发展的体制机制、利益导向和政策体系。

（三）对港合作先导区

率先促进基础设施互联互通和发展要素高效便捷流动，为内地与香港更紧密合作提供示范，更有力地促进香港长期繁荣稳定。依托香港引入国际先进行业标准和管理经验。打造综合性高端开放平台，共建开放高效的世界级港口群和机场群，共同打造世界级的港深国际大都会区。

深圳与大湾区其他城市引力数值见表 15 - 1。

表 15 - 1　深圳与大湾区其他城市引力数据

城市	2006 年	2011 年	2016 年
香港	39270	85577	194369
东莞	3235	11544	28199
广州	2221	7649	20390
惠州	762	3400	9382
佛山	826	3465	8518
中山	469	1966	4863
澳门	232	977	2100
江门	238	914	2046
珠海	182	676	1816
肇庆	57	295	785

资料来源：国务院发展研究中心：《粤港澳大湾区城市群圈层结构的定量分析及对深圳的启示》（内部材料），2017 年 12 月。从引力模型测度结果可以看出，深圳与香港的引力数值极高，远远超出深圳与其他城市的引力数值。深圳与东莞、广州引力数值居于第二梯队，而与珠江西岸城市引力数值则明显偏低。

第三节　参与粤港澳大湾区建设重点方向

在参与粤港澳大湾区建设中，深圳应在湾区产业形态、空间形态等方面确立相应的重点方向，提升湾区核心功能产业和高端功能产业发展能级，构造多中心网络状湾区整体发展架构，缩短湾区内外时空距离，优化湾区城市功能分工体系，努力提升湾区都市圈经济、城市群经济的集聚和辐射带动能力。

一　推动提升大湾区一体化发展层级

推动深港澳融合发展，推进基础设施与公共服务等领域的一体化，争取更多国家政策先行先试，条件成熟后逐项在大湾区内推广。

（一）主动推进深港澳融合发展

推动与港澳在金融贸易和专业服务、科技文化、医疗教育、环境保护等领域的更多合作事项落地。开展粤港澳陆海空交通一体化规划研究，共同推进口岸布局优化调整和通关模式改革。完善大湾区交通基础设施，争取推进大湾区空域试点改革。加强深港澳知识产权合作，积极推动港澳青年来深创新创业。继续深化深港澳文化创意产业合作，拓展提升深港澳教育合作领域。在大湾区港口设施共享、取消大湾区内电话漫游、大湾区"一程多站"邮轮旅游、湾区生态修复和垃圾处理设施共建等方面，进一步加强与港澳和其他城市的沟通与合作。

利用CEPA框架，探索由香港的航空公司与深圳合资组成以深圳为基地的新航空公司，行使深圳始发的"第九航权"（即深圳与内地城市之间的航线），通过香港优质航线提升深圳机场国际知名度，香港借深圳本地基地航空公司能力拓展内地市场。

（二）争取落实相关先行先试政策

争取国家和省里以及港澳方面支持，争取在前海蛇口自贸片区实施更加灵活开放的政策，落实前海金融创新优惠政策，开展深港科技创新合作区科技政策创新试点。依托太子湾邮轮母港加快建设中国邮轮发展试验区，率先探索实施更为便利的出入境政策。

争取实施最严格的知识产权保护先行区政策，成为国际引智示范区。创新高等教育和职业教育办学机制，使深圳真正成为全球创新人才的"栖息地"，争取率先实现湾区人才流、物流、资金流、信息流的高效便捷流动。

二　牵头建设 C5 都市圈

在粤港澳大湾区城市群发展框架下，应积极推动深莞惠（3＋2）经济圈升格为区域高度一体化的 C5（City five）都市圈，成为深圳构建国家中心城市的强大支撑和战略腹地。

（一）在国家层面确定深圳中心城市定位

利用新一轮城市总体规划编制契机，将深圳由"全国经济中心城市"提升为"国家中心城市"，成为 C5 都市圈的真正"扇心"。将龙岗—坪山东部中心打造为继福田—罗湖、前海—南山两大中心之后的深圳发展第三极，切实发挥对周边兄弟城市的辐射带动能效。

深圳应进一步强化核心功能，尤其是金融、贸易、科技创新以及航运和文化创意中心功能，优化重点功能板块。同时应疏散一些非核心功能，带动都市圈共同发展。应建立圈层化功能分工网络，优化深莞惠发展轴，培育深莞创新中轴，扶持深惠河发展轴，贯通深惠汕沿海发展轴，建立开放式轴带网络。

（二）创新都市圈发展合作机制

促进产业与科研一体化发展，共同搭建技术升级环境和平台，共同培育电子信息、新能源汽车、装备制造等世界级产业集群。探索建设新型产业合作试验区，通过委托管理、投资合作等多种形式共建各类园区，建立跨行政区产业合作的利益分享机制，促进产业组团式承接和集群式发展。发挥深圳财政资金充裕等优势，探索成立都市圈建设引导基金，发挥财政资金杠杆放大效应，引导社会资本广泛参与，形成都市圈合作重点项目投资合力，促进更多社会资本参与都市圈交通、环保、综合管廊等设施建设。

探索"共享城市"理念，推动都市圈发展，促进政府内部数据互通，实现信用信息互认。在跨区域经济核算、税收分成、基础设施投融资、资源调度使用、环境容量调剂补偿、土地利用统筹等方面大力推进政策创新。加强各重点功能区分工合作，培育多层次类型的战略节点，有效引导人口，与就业岗位合理分布。

（三）推动临深地区与深圳一体化发展

借鉴广佛同城化经验，将东莞、惠州临深片区作为深圳外延发展的首要圈层，在自愿基础上选择若干片区开展同城化试点，探索编制试点地区同城化发展规划，理顺同城化合作机制。按"空间一体、共建共享"的总体思路，推动两大空港地区与东莞滨海新区协同发展，共建国际门户功能区。推动观澜—平湖—凤岗—塘厦—清溪等临界地区协同发展，打造产城融合新空间。优化龙岗—坪山—东部中心与惠阳—大亚湾工业布局，促进龙岗—坪山—惠阳等跨界地区的协作发展。

推进临深地区公共服务，基础设施等方面的共建共享，合作机制临界地区整合发展规划，有序引导城市组团发展。探索合作建设保障性住房，强化公共交通设施建设与管理服务对接，推动轨道、跨境地铁线路建设。鼓励深圳知名医疗、教育集团在临深片区设立分院、分校，促进医保即时联网互通。

"深莞惠 + 河源、汕尾"大都市区空间发展规划要点见表 15 – 2。

表 15 – 2　"深莞惠 + 河源、汕尾"大都市区空间发展规划要点

空间要素	空间发展规划
城镇中心体系	1. 区域性主中心：深圳主城区（罗湖—福田—南山—前海—宝安中心）
	2. 地区性主中心：东莞中心组团（市区—松山湖—生态园）、惠州主城区、河源主城区（源城—江东新区—东源县城）、汕尾主城区
	3. 地区性副中心：盐田区、龙岗区、龙华区、坪山区、光明新区、虎门—长安—长安新区、常平—粤海银瓶合作创新区、水乡新城、塘厦镇、环大亚湾新区、仲恺高新区
	4. 地方性中心：沙井—松岗、大鹏新区、沙田镇—虎门港、石龙镇、麻涌镇、博罗县城、惠东县城、龙门县城、海丰县城、陆丰市区

续表

空间要素	空间发展规划
区域发展轴带	1. 广州—东莞—深圳—香港
	2. 深圳龙岗—惠州仲恺—惠州主城区—河源城区，东向辐射梅州、福建等，北向辐射江西等区域
	3. 南沙—水乡新城—虎门—长安新区—常平—仲恺—惠州南部新城—惠东—稔平半岛
	4. 珠海主城区—深圳主城区—龙岗—坪山—惠阳—大亚湾—稔平半岛—汕尾城区—汕潮揭城镇群
发展策略分区	1. 区域绿地：都市区外围区域，博罗罗浮山—象头山区域—龙门南昆山及周边区域—河源万绿湖及周边区域—惠东东部区域（莲花山—白盆珠水库）—惠东稔平半岛—汕尾海丰北部区域
	2. 转型提质发展地区：深圳主城区、东莞主城区、惠州主城区
	3. 产城融合发展地区：深圳龙华—观澜、松岗—光明，东莞松山湖、虎门—长安—长安新区、生态园、东莞粤海银瓶合作创新区、常平镇、东莞港、塘厦镇，惠州仲恺—潼湖、环大亚湾新区，深汕特别合作区
	4. 经济振兴扶持地区：河源主城区、汕尾主城区，博罗县城、惠东县城、龙门县城、海丰县城，东莞水乡特色发展经济区
	5. 城际规划建设协调地区：沙井—长安地区、坪山—惠阳地区、坪山—新圩—清溪地区
	6. 粤港澳跨界合作发展地区：深圳前海、河套地区
	7. 农业现代示范区：博罗县、惠东县、龙门县、海丰县、东源县
重要节点	1. 服务业政策试点：前海深港现代服务业合作区、深圳大学城、深圳大空港地区、长安新区
	2. 国家级高新区：深圳高新技术产业开发区、东莞松山湖高新技术产业开发区、惠州仲恺高新技术产业开发区
	3. 重点城市新城：深圳光明新城、龙华新城、坪山新城，东莞长安新区、东莞粤海银瓶合作创新区、水乡新城，汕尾新城、深汕特别合作区，河源江东新区
	4. 区域性重大交通枢纽：深圳火车站、深圳北站、东莞火车站、惠州火车站、汕尾火车站，宝安机场、惠州机场，深圳盐田港、蛇口港、惠州港、东莞港、汕尾新港
	5. 历史文化特色村镇：深圳大鹏街道鹏城村、布吉街道大芬村，东莞茶山镇南社村、寮步镇横坑村和西溪村、石排镇塘尾村，惠州西湖、惠东县平海古城、惠东县皇思扬古围村、龙门县龙华功武村，河源东源县义合镇苏围村，汕尾海丰县海城镇等。
	6. 重点旅游发展目的地：深圳华侨城、大鹏滨海旅游区，惠州罗浮山风景区、南昆山森林公园、西湖风景区、稔平半岛滨海旅游区，河源万绿湖、加霍山风景区、巴伐利亚庄园，汕尾红海湾旅游示范区

资料来源：《广东省新型城镇化规划（2016－2025）》。

三 促进珠江两岸发展一体化

深圳位于广东沿海经济带的中点，向东，可依托厦深铁路、沿海客专等，构建深圳—惠州—汕尾—汕头的东向发展轴；向西，可依托深中通道、深茂铁路等，构建深圳—中山—江门—阳江—茂名的西向发展轴。因此，深中通道、深茂铁路使珠江西岸经济圈与深圳由"隔江相望"变为"近邻"，将为深圳提供新的广阔腹地和战略空间。

（一）努力缩短与珠江西岸时空距离

抓紧研究跨珠江口多路径联络通道，推进深中通道及配套联络线、深茂铁路过江通道等建设，规划研究深珠公路复合通道、港珠澳大桥接入深圳可行性，加快建设中虎龙城际、深珠城际，规划建设环湾城际轨道。实现与珠江西岸城市的快速交通体系，支持湾区沿海功能拓展带的互动发展。

（二）打造"深圳总部研发＋西岸制造"新模式

为珠江西岸制造业提供专业化金融、商务、信息及研发服务，加强在智能制造装备、船舶与海洋装备、汽车制造等产业链合作，为深圳新兴产业拓展市场。消除珠江西岸城市对深圳的"虹吸效应"以及深圳对制造业西移导致产业空心化的双重担心，落实国家鼓励发展飞地经济的相关要求，加快布局建设更多类型的深圳产业转移园，实现互利共赢。探索产业转移异地监管方式，即入园企业保留"深圳身份"，部分管辖权仍属深圳。

（三）推动珠江两岸城市建设一体化

探索尝试在中山等地建设人才安居房，按同城化目标推动教育、医疗、社保、养老以及公共交通与珠江西岸城市的对接，积极降低两岸通行成本，努力消除人员流动障碍。着力提升前海、大空港等对珠江西岸城市的辐射带动作用，加快建设深圳会展中心、新科学馆等一批重大项目，聚焦发展金融、会展以及总部经济、临空经济等，打造"东进西拓、两翼齐飞"的城市发展新战略格局，带动提升珠江两岸发展能级。

四　全面拓展大湾区发展纵深

在厦深铁路、粤赣高铁等战略通道的带动下，深圳与粤东西北与泛珠三角地区的时空距离大幅缩短。应以基础设施一体化和区域统一市场建设为重点，着力促进区域要素自由流动、资源高效配置和市场深度融合。

（一）构建“四小时生活圈”

深圳充分发挥高速铁路、高速公路在改变区域经济形态上的作用，抓紧建设成为国家铁路枢纽城市。规划建设深肇铁路，实现贵广、南广铁路直达，打通通往大西南的战略通道；依托赣深铁路、东部沿海客专打通通往中部及东部地区的战略通道，将与泛珠省区由“8 小时生活圈”缩短为“四小时生活圈”。国家铁路深圳地区布局构想见表 15 – 3。

表 15 – 3　国家铁路深圳地区布局构想

铁道名称	辐射方向
深茂铁路	海南、粤西地区
沿海客专西线	西南地区、成渝地区
广深港客专	长沙、武汉、京津冀
深圳至湖南客专	粤北、泛珠地区
赣深客专	江西、安徽、京津冀
深圳至长海客专	福建、长三角
厦深铁路	东南沿海地区
沿海客专东线	长三角、京津冀、东北

资料来源：深圳市交委、发改委《深圳对外战略通道规划布局研究》（内部资料），2017 年 8 月。

（二）构建外溢型经济新模式

促进粤东西北及泛珠三角地区土地、农产品、原材料等资源优势与深圳资本、技术、市场等优势紧密结合，整合延伸产业链条，推动电子信息制造等产业链上下游深度合作。共建一批内陆港，完善“总部＋基地”外溢发展模式，促进形成新型“前店后厂”产业分工格局，引导产业有序转移承接，共同提升产业价值链。

强化深圳国际科技产业创新中心的引领作用，加快组建一批产业标准联盟，提升"深圳标准"的辐射影响力，完善区域协同创新体系，共同发展知识产权交易市场。深化基础研究、国防科工等领域交流合作，共建研发平台和科技创新战略联盟，成为粤东西北及泛珠三角地区的科技创新服务中心。

（三）推动区域共同市场建设

积极消除市场准入障碍，合作建设区域农产品市场、大宗商品交易市场、产权交易市场以及人力资源市场，实现与深圳本地市场的无缝对接，共同拓展国内外市场，积极参与泛珠三角区域信用标准化建设，共同建设区域信用合作体系。积极参与粤东西北及泛珠三角地区新型城镇化建设，发挥在城市规划设计、工程咨询等方面的专长，以及城市基础设施管理的先进经验，支持深圳建工、燃气、水务、能源、地铁等企业参与粤东西北及泛珠三角城乡基础设施和公用事业的建设和运营。鼓励推进 PPP 等模式，给予项目适当的投融资等政策支持，共享资源、共筑市场、共获收益。

深圳参与粤港澳大湾区规划建设互联互通主要指标设想见表 15 - 4。

表 15 - 4　深圳参与粤港澳大湾区规划建设互联互通主要指标设想

	2016 年	2030 年
1. 港口承担泛珠三角外贸集装箱比例（%）	7.2	40
2. 机场国际及地区旅客吞吐量占比（%）	6.8	20
3. 机场国际及地区货物吞吐量占比（%）	26	50
4. 民航国际城市通航数量（个）	27	100
5. 与泛珠三角区域主要城市高铁直达率（%）	36	86
6. 与大湾区其他城市高铁或城轨直达率（%）	45	100
7. 港深莞惠都市圈通勤时间（小时）	>90	<60
8. 与大湾区城市货物运输时间（小时）	24	12

资料来源：深圳市交委、发改委《深圳对外战略通道规划布局研究》（内部资料），2017 年 8 月。

结　语

2014 年初，深圳市委、市政府决定召开全市湾区经济工作会议，并出台全市发展湾区经济的相关指导意见。本人十分荣幸有机会参与了这项工作，由此与"湾区经济"这一概念结缘。经过 3 年多的思考与摸索，我终于有了提笔写作的勇气。在对这几年湾区经济研究素材重新梳理的过程中，又产生了一些新的思考，把这些思考整理出来，也算是对自己从事这项工作的阶段性总结吧。

在本书撰写过程中，综合开发研究院郭万达博士、曲建博士、胡振宇博士，深圳大学钟若愚教授，深圳市委党校申勇教授，深圳市社会科学院袁义才研究员，深圳市中观经济研究所薛占栋博士等诸位专家给了我诸多启发，深圳国家高技术产业创新中心李宗明博士做了大量协助工作，在此一并致谢。同时还要特别感谢我的夫人徐雅女士，她是本书最热心的读者、最坚定的支持者，正因为她的鼓励和坚持，这本书才能最终面世。

最后要感谢那些参考文献的作者们（若有遗漏，深表歉意），他们的思想、智慧给了我莫大的启迪。还要感谢我所供职的深圳市发展和改革委员会的诸位领导和同事，他们为本书提供了诸多思想火花。他们的敬业、勤勉和钻研精神一直让我引以为傲。

受地图出版新规限制，本书原准备的数十幅精美插图忍痛割爱。此外，囿于统计数据的缺失，本书对湾区经济发展的计量分析未能进一步展开，特此向各位读者致以最真诚的歉意！

卢文彬

2017 年 12 月 30 日于深圳

参考文献

一 书籍类

[1] 魏后凯：《现代区域经济学》，经济管理出版社，2011。

[2] 张工、卢映川、张远：《北京2030——世界城市战略研究》，社会科学文献出版社，2011。

[3] 陈前虎：《多中心城市区域空间协调发展研究——以长三角为例》，浙江大学出版社，2010。

[4] 康学芹：《粤港澳增长三角次区域经济一体化研究》，中国社会科学出版社，2014。

[5] 高国力、汪阳红等：《深圳东莞惠州区域协调发展规划研究》，中国市场出版社，2013。

[6] 冼雪琳：《世界湾区与深圳湾区经济发展战略》，北京理工大学出版社，2017。

[7] 徐宪平：《中国经济的转型升级——从"十二五"看"十三五"》，北京大学出版社，2016。

[8] 〔美〕丝奇雅·沙森：《全球城市：纽约、伦敦、东京》，周振华译，上海社会科学院出版社，2005。

[9] 〔美〕保罗·克鲁格曼：《发展、地理学与经济理论》，北京大学出版社，2000。

二　论文类

［1］许勤：《加快发展湾区经济服务"一带一路"战略》，《人民论坛》2015 年第 6 期。

［2］鲁志国、潘凤、闫振坤：《全球湾区经济比较与综合评价研究》，《科技进步与决策》2015 年第 11 期。

［3］綦鲁明：《深圳发展湾区经济监测指标体系建议》，《全球化》2016 年第 6 期。

［4］张锐：《世界湾区经济的建设经验与启示》，《中国国情国力》2017 年第 5 期。

［5］崔亚敏：《湾区空间形态及我国海湾城市环境打造理论方法初探》，硕士学位论文，青岛理工大学，2014。

［6］马忠新、伍凤兰：《湾区经济表征及其开发机理发凡》，《改革》2016 年第 9 期。

［7］汪行东、鲁志国：《粤港澳大湾区城市群空间结构研究：从单中心到多中心》，《岭南学刊》2017 年第 5 期。

［8］孙焕丽：《滨海湾区城市空间发展研究》，硕士学位论文，天津大学，2009。

［9］颜小将：《不断强化裂变动力　加快发展湾区经济》，《政策瞭望》2017 年第 8 期。

［10］刘贤腾：《东京的轨道交通发展与大都市区空间结构的变迁》，《城市轨道交通研究》2010 年第 11 期。

［11］申勇、马忠新：《构筑湾区经济引领的对外开放新格局——基于粤港澳大湾区开放度的实证分析》，《上海行政研究学报》2017 年第 1 期。

［12］申明浩、杨永聪：《国际湾区实践对粤港澳大湾区建设的启示》，《发展改革理论与实践》2017 年第 7 期。

［13］赵孟千、郭萌萌：《基于增长极理论的"湾区城市"发展现象研究》，《中国城市规划学会论文集》，2016。

［14］韩忠：《二战后旧金山湾区中心城市发展道路比较研究》，博士学位论文，厦门大学，2008。

［15］田长霖、王乃粒：《旧金山湾区的区域经济》，《世界科学》1999 年第 5 期。

［16］张涵：《百年纽约湾区的光荣与梦想》，《21 世纪经济报道》2017 年5 月 8 日，第 13 版。

［17］李桃、王文：《透视"世界三大湾区"》，《参考消息》2017 年 7 月14 日。

［18］陈江生、刘瞳：《城市间分工协作是发展的决策性基础——纽约都市圈建设的经验与启示》，《共产党员》（河北）2017 年第 10 期。

［19］房庆方、蔡瀛等：《打造粤港澳全球城市区域》，《2008 年中国城市规划论文集》，2008。

［20］李道勇：《大都市区多中心视角下轨道交通与新城的协调发展》，博士学位论文，天津大学，2013。

［21］王圣军：《大都市圈发展的经济整合机制研究》，博士学位论文，西南财经大学，2008。

［22］杨德进：《大都市新产业空间发展及城市空间结构响应》，博士学位论文，天津大学，2012。

［23］国务院发展研究中心课题组：《东京都市圈的发展模式治理经验与启示》，《中国经济时报》2016 年 8 月 19 日。

［24］张晓兰：《东京和纽约都市圈经济发展的比较研究》，博士学位论文，吉林大学，2013。

［25］郑京淑、郑伊静：《东京一极集中及其城市辐射研究》，《城市观察》2013 年第 5 期。

［26］韦亚平、赵飞：《都市区空间结构与绩效——多中心网络结构的解释与应用分析》，《规划研究》2006 年第 4 期。

［27］王鹏、张秀生：《国外城市群的发展及其对我国的启示》，《国外社会科学》2016 年第 4 期。

［28］徐海贤、庄林德、肖烈柱：《国外大都市区空间结构及其规划研究进

展》，《现代城市研究》2002 年第 6 期。

［29］唐艺彬：《美国纽约大都市圈经济发展研究》，博士学位论文，吉林大学，2011。

［30］张强：《全球五大都市圈的特点、做法及经验》，《城市观察》2009 年 1 期。

［31］王剑、薛娟、孙智勇：《世界城市功能区空间结构演变浅析——以纽约、东京、伦敦为例》，《北京财贸职业学院学报》2011 年第 2 期。

［32］吴思康：《深圳发展湾区经济的几点思考》，《人民论坛》2015 年第 6 期。

［33］申勇：《湾区经济的形成机理与粤港澳大湾区定位探究》，《特区实践与理论》2017 年第 5 期。

［34］高国力：《引导我国城市群健康发展》，《宏观经济管理》2016 年第 9 期。

［35］广东省社会科学院国际经济研究所：《发挥深圳在粤港澳大湾区中的独特作用》，《深圳特区报·理论周刊》2017 年 8 月 8 日。

［36］王宏彬：《湾区经济与中国实践》，《中国经济报告》，2014 年第 11 期。

［37］伍凤兰、陶一桃、申勇：《湾区经济演进的动力机制研究——国际案例与启示》，《科技进步与对策》2015 年第 23 期。

［38］李红：《跨境湾区开发的理论探索：以中越北部湾及粤港澳湾区为例》，《东南亚研究》2009 年第 5 期。

［39］宋丁：《深圳＋香港：构建粤港澳大湾区的"中央国际都会区"》，微信公众号"城 Plus"2017 年 4 月 26 日。

三　内部资料类

［1］广东省住建厅：《大珠江三角洲城镇协调发展规划研究》，2010。

［2］中国国际经济交流中心：《粤港澳大湾区合作发展规划研究》，2016。

［3］中国（深圳）综合开发研究院：《再创 30 年的辉煌——深圳建设现代化国际化先进城市的战略选择》，2010。

［4］深圳市政府研究中心：《深圳发展外溢型经济研究报告》，2011。

［5］深圳市港澳办：《合作发展深港边境地区研究》，2013。

［6］推进深莞惠一体化空间课题组：《珠江东岸都市圈一体化发展研究》，2011。

［7］深圳市发改委、中国国际经济交流中心：《深圳发展湾区经济研究》，2015。

［8］深圳市发改委、深圳大学：《湾区经济国际研究》，2015。

［9］深圳市发改委、深圳市应用经济研究会：《湾区经济产业形态研究》，2015。

［10］深圳市政协、香港一国两制研究中心：《深圳如何在粤港澳大湾区中发挥更大作用》，2017。

［11］深圳市发改委、深圳市政府研究中心：《服务国家战略携手打造粤港澳世界一流湾区》，2016。

［12］深圳创新发展研究院：《深港合作参考》，2017。

［13］中国（深圳）综合开发研究院：《创新驱动与都市转型——打造中国级的世界级湾区》，2017。

［14］深圳市政府研究中心：《旧金山湾区经济发展考察报告》，2014。

［15］浙江省发展规划与体制改革研究院：《杭州发展湾区经济初步思路》，2017。

［16］宁波市发展规划研究院：《沪杭甬大湾区发展总体设想》，2017。

［17］深圳市港澳办、综合开发研究院（中国·深圳）：《打造以深港为核心的湾区国家战略》，2014。

［18］深圳市决策咨询委员会（查振祥）：《关于深圳发展湾区经济路径建议》2014 年第 6 期。

［19］中国（深圳）综合开发研究院：《湾区经济国际比较研究》，2014 年。

［20］深圳市政府研究室：《聚焦湾区经济努力把深圳打造成为 21 世纪海上丝绸之路的重要支撑》，2014。

［21］国务院发展研究中心：《构建深港生态共同体打造国际一流宜居城市》，2015。

［22］深圳市交委、发改委：《深圳对外战略通道规划布局研究》，2017 年。

四 外文类

［1］Bay Area Council Economic Institute，*The Bay Area a Regional Economic Assessment*（2012）.

［2］Bureau of City Planning Tokyo Metropolitan Government，*A New City Planning Vision for Tokyo*（2011）.

［3］Schafran A.，*Origins of an Orban Cricis：The Structuring of the San Francisco Bay Area and the Grography of Foreclosure*（International Journal of Urban and Regional Research，2013）.

［4］Alcobendas M. A.，*Airline – airport Agreement in the San Francisco Bay Area：Effects on Airline Behavior and Congestion at Airports*（Economics of Transportation，2014）.

［5］Berry，B. J. L.，*Long Waves in American Urban Evolution*，*in J. F. Hart，Our Changing Cities*（Baltimore：Johns Hopkins University Press，1999）.

五 政府文件类

［1］深圳市委、市政府：《关于大力发展湾区经济建设 21 世纪海上丝绸之路桥头堡的若干意见》（深发〔2014〕16 号），2014 年 12 月。

［2］广东省人民政府：《广东省新型城镇化规划（2016 – 2025 年)》，2016 年 10 月。

［3］香港特区政府：《香港城市规划 2030 +》，2011 年 7 月。

［4］深圳市、东莞市、惠州市人民政府：《深莞惠区域协调发展总体规划（2012 – 2020)》，2013 年 8 月。

［5］国家发改委、广东省政府、香港特区政府、澳门特区政府：《深化粤港澳合作推进 大湾区建设框架协议》，2017 年 7 月。

图书在版编目（CIP）数据

湾区经济：探索与实践/卢文彬著. -- 北京：社
会科学文献出版社，2018.3（2020.5 重印）
ISBN 978 - 7 - 5201 - 2285 - 6

Ⅰ.①湾… Ⅱ.①卢… Ⅲ.①沿海经济－区域经济发
展－研究－中国 Ⅳ.①F127

中国版本图书馆 CIP 数据核字（2018）第 033771 号

湾区经济：探索与实践

著 者／卢文彬

出 版 人／谢寿光
项目统筹／陈凤玲
责任编辑／宋淑洁 吕 颖

出 版／社会科学文献出版社·经济与管理分社（010）59367226
地址：北京市北三环中路甲 29 号院华龙大厦 邮编：100029
网址：www. ssap. com. cn
发 行／市场营销中心（010）59367081 59367083
印 装／北京盛通印刷股份有限公司

规 格／开本：787mm × 1092mm 1/16
印张：18.25 字数：260 千字
版 次／2018 年 3 月第 1 版 2020 年 5 月第 5 次印刷
书 号／ISBN 978 - 7 - 5201 - 2285 - 6
定 价／89.00 元